Bettina Becker

HERAUSSPAZIERT

Von mutigen Schritten und bewegender Hoffnung
für unsere Welt

SCM
R.Brockhaus

SCM

Stiftung Christliche Medien

Der SCM Verlag ist eine Gesellschaft der Stiftung Christliche Medien, einer gemeinnützigen Stiftung, die sich für die Förderung und Verbreitung christlicher Bücher, Zeitschriften, Filme und Musik einsetzt.

© 2016 SCM-Verlag GmbH & Co. KG, 58 452 Witten
Internet: www.scm-brockhaus.de; E-Mail: info@scm-verlag.de

Soweit nicht anders angegeben, sind die Bibelverse folgender Ausgabe entnommen:

Hoffnung für alle ® Copyright © 1983, 1996, 2002, 2015 by Biblica, Inc.®. Verwendet mit freundlicher Genehmigung des Herausgebers Fontis – Brunnen Basel

Weiter wurden verwendet:

Lutherbibel, revidierter Text 1984, durchgesehene Ausgabe in neuer Rechtschreibung, © 1999 Deutsche Bibelgesellschaft, Stuttgart. (LUT)

Neues Leben. Die Bibel, © der deutschen Ausgabe 2002 und 2006 SCM-Verlag GmbH & Co. KG, Witten. (NLB)

Elberfelder Bibel 2006, © 2006 by SCM-Verlag GmbH & Co. KG, Witten. (ELB)

Bibeltext der Neuen Genfer Übersetzung – Neues Testament und Psalmen
Copyright © 2011 Genfer Bibelgesellschaft
Wiedergegeben mit freundlicher Genehmigung. Alle Rechte vorbehalten. (NGÜ)

Umschlaggestaltung: Kathrin Spiegelberg, Weil im Schönbuch
Porträt der Autorin: Dirk Mahler
Titelbild: istockphoto.com
Satz: typoscript GmbH, Walddorfhäslach
Druck und Bindung: CPI books GmbH, Leck
Gedruckt in Deutschland
ISBN 978-3-417-26795-2
Bestell-Nr. 226.795

INHALT

Für Liz.
Ich danke dir. Du leuchtest.

VORWORT VON ANDREAS MALESSA

Ich wage die Prognose: In 50 Jahren werden manche Sätze von Bettina Becker genauso zitiert werden wie heute die von Dietrich Bonhoeffer oder Mutter Teresa. Das klingt Ihnen jetzt zu großspurig, zu pathetisch? Na ja, den Beweis oder die Widerlegung meiner Behauptung werde ich ja nicht mehr erleben. Aber Sie, heute, Sie können auf den folgenden Seiten doch mal nachschauen, ob es irgendwo sonst eine Theologin, Theaterpädagogin, Sozialaktivistin, Ehefrau und Mutter gibt, die ihrem Publikum so viel Umdenken zumutet und so viel Ermutigung zusagt, wie Bettina Becker das tut. Sie wird hoffentlich nicht von einem Unrechtsregime ermordet und vermutlich nicht vom Vatikan heiliggesprochen werden – aber das braucht sie auch nicht, um richtungsweisend zu sein. Autorität bekommen ihre Sätze durch die radikale Tatsache, dass Bettina Becker tatsächlich alles schon getan hat, worüber sie theologisch reflektiert. Die schlichte Faktizität, der Beweis des Feldversuchs – die verleihen diesem Buch Gewicht. Deshalb, so meine ich, wird man es als Kraftquelle, Ideenbrunnen und spirituelle Navigationshilfe wertschätzen und zitieren, wenn es um Glaube, Hoffnung und Liebe geht.

Und um Nutten, Neonazis, Asylanten und Asoziale.

Warum man denen vertrauen soll, für sie hoffen, beten, rackern und – sie lieben kann. Lieben?? Nee, oder? Echt jetzt? Ja, echt jetzt.

Ihre Schreibe ist Sprache, ihr Humor ist loriotartig lakonisch, ihre Auslegung biblischer Texte ist präzise. Ob sie vom Apostel Petrus, von den Jüngerinnen Maria und Marta, vom Zweifler Thomas oder vom Zöllner Zachäus erzählt; ob sie den jüdischen Philosophen Martin Buber, den dänischen Pädagogen Jasper Juul oder den russischen Schriftsteller Leo Tolstoi als Zeugen aufruft – immer geht es ihr um das Trompetensignal zum Aufbruch. Raus aus der geölten Mechanik sozialer Sachzwänge, bürgerlicher Sicherheiten und geistlicher Selbstbestätigung. Sie will „lieber ein Teelicht im Dunkeln sein als eine weitere Glühbirne im Kronleuchter". Eben! Ich auch.

Andreas Malessa

EIN PAAR WORTE VORWEG VON MIR

Hallo!

Ich habe den Gedanken, ein Buch zu schreiben, schon lange mit mir herumgetragen. War motiviert, habe gezögert, war begeistert. Jetzt ist es fertig und ich stelle fest:

Dieses Buch ist kein Buch, das viele schlaue Antworten gibt, sondern eher ein Buch mit vielen Fragen.

Fragen, die aufkamen, als ich herausspaziert bin. Raus aus meinem alltäglichen Umfeld, hin zu den unterschiedlichsten Menschen. Fragen, die aufkamen, als ich gemerkt habe, dass vieles einfach nicht mehr zusammenpasst. Fragen, die ich immer noch habe und denen ich mich in diesem Buch aus unterschiedlichen Richtungen nähere.

Fragen, die vielleicht auch bei Ihnen aufkommen. Manche werden Sie vielleicht provozieren, manche ärgern, manche erschrecken und vielleicht werden Sie manche Fragen auch freuen. Und vielleicht haben Sie nach diesem Buch auch ein paar mehr Fragen als vorher ... das wäre schon mal gut.

Aber es geht mir natürlich um noch mehr als um die Fragen. Ich habe mich entschieden, all diese Geschichten, Gedanken, Fragen und vielleicht sogar ein paar Einsichten in ein Buch zu packen, damit es hinterher mehr Menschen gibt, die herausspazieren. Die aufstehen und losgehen, hin zu den Menschen in ihrer Stadt. Menschen, die dieser Welt guttun, die Hoffnung verbreiten, die mit schuld daran sein wollen, dass wir eine wunderbare Zukunft haben. Die herausspazieren, auch wenn noch viele Fragen offen sind.

Die Geschichten sind nicht meine Geschichten. Es sind zwar Geschichten, die ich erlebt habe, und Menschen, denen ich begegnet bin, aber eben diese Menschen sind es, die die Geschichten lebendig gemacht haben. Die Geschichten sind alle wahr, auch wenn ich die Namen und manche Kleinigkeiten zum Schutz der betreffenden Personen geändert habe.

Während ich an diesem Buch schrieb, bekam ich eine Postkarte mit dem Spruch: *Rausgehen ist wie Fenster aufmachen, nur krasser.*

Nun, dieses Buch, könnte für Sie vielleicht so etwas sein wie ein offenes Fenster. Da weht ein bisschen frische Luft, ein bisschen Gestank, und etwas Stimmengemurmel rein. Und dann können Sie entscheiden, ob Sie das Fenster wieder zumachen und die Eindrücke nachwirken lassen, oder ob Sie neugierig geworden sind und selber rausgehen. Rausgehen, um den Menschen in Ihrer Stadt auf Augenhöhe zu begegnen, um dann zu schauen, was passiert. Das wäre toll! Dann ist das Ziel des Buches erreicht. Denn das braucht diese Welt, die an vielen Punkten so aus dem Gleichgewicht geraten ist: Menschen, die herausspazieren und Hoffnung leben.

Noch ein paar Worte zu mir: Ich schreibe dieses Buch aus meinem Alltag, meinem Leben und meinem Glauben heraus. Dem Glauben, den ich von klein auf gelernt habe. Es ist der jüdisch-christliche Glaube. Der Alltag und das Leben sind die einer Theaterpädagogin, Theologin, Improschauspielerin, Freundin, Frau und Mutter in Magdeburg. Das alles ist quasi meine Muttersprache. Wenn Sie einen anderen Alltag, ein anderes Leben oder einen anderen Glauben haben (ich vermute, es ist so), sind manche Dinge vielleicht neu, unverständlich oder irritierend für Sie. Wie eine Fremdsprache möglicherweise. Mir ist es wichtig zu sagen, dass es mir nicht um eine Ab- oder Aufwertung irgendeiner anderen Tradition, eines anderen Glaubens oder anderen Lebens geht. Es ist einfach nur die Sprache, in der ich mich am besten ausdrücken kann.

Ich habe dieses Buch geschrieben, um uns Mut zu machen: Egal, welches Leben wir leben, egal, ob wir Helden sind und egal, ob wir uns manchmal unsicher, feige, sprachlos, vorwitzig, spontan oder irritiert fühlen.

So, und nun wünsche ich ihnen viel Spaß beim Lesen!

Danke,

Bettina Becker

TEIL 1

Rausgehen ist wie Fenster
aufmachen – nur krasser.

KAPITEL 1:
VERWIRRT

Bitte, Gott, mach, dass niemand da ist

Voller Herzklopfen schlich ich durch den Wald und hatte nur ein Gebet: „Bitte, Gott, mach, dass niemand da ist." Ich näherte mich einem Wohnwagen – dem Arbeitsplatz einer Prostituierten. Eigentlich wollte ich ganz cool sein und entspannt „Hallo" sagen, aber in Wirklichkeit wollte ich auch ganz schnell ganz weit weg von hier. Denn ich wusste überhaupt nicht, wie ich ihr begegnen sollte. Und dass ich jetzt hier war, gehörte nicht zum Plan. Und gehörte bestimmt nicht zu meiner Praktikumsbeschreibung! Was machte ich also hier – quasi auf dem Straßenstrich des Westerwaldes?

Ich hatte wenige Monate vorher mein Theologie-Studium beendet und war froh, endlich in die Praxis zu dürfen. Lange hatte ich mit den Hufen gescharrt und nun konnte ich rausgehen. Das wurde auch Zeit! Ich startete (natürlich) mit einem Praktikum. Einem Praktikum als Evangelistin. Ein sehr altes Wort, was so viel bedeutet wie „eine, die unterwegs ist, gute Nachrichten zu verkündigen". Man könnte auch von einer Art modernen Wanderpredigerin reden. Ich wollte nicht fest in einer Gemeinde oder Kirche arbeiten und so schien dieses vielfältige, projektbezogene Herumreisen genau das Richtige für mich zu sein. Eine meiner ersten Aufgaben bestand in der Organisation und Durchführung einer evangelistischen Woche gemeinsam mit einer Gemeinde und einem erfahrenen Kollegen.

Ziel war es, die Leute aus dem Ort auf fröhlich-natürliche Weise mit der christlichen Botschaft in Kontakt zu bringen.

So saßen wir eines Abends in geselliger Runde im Jugendraum der Gemeinde, überlegten, diskutierten und sammelten Ideen, wie man die Leute in diesem Ort am besten zu unseren Abendveranstaltungen einladen könnte. Welche Themen würden sie interessieren, was beschäftigt sie usw.? Ich war hoch motiviert und voller Vorfreude! Vor allem hatte ich Lust mit Menschen in Kontakt zu kommen, die nicht schon seit gefühlten hundert Jahren in die Kirche gingen. In der festen Überzeugung, dass das auch Gottes Wille war, wollten wir zum Schluss gemeinsam für diese Woche beten. Ich ermutigte die anderen: „Wenn wir jetzt die Augen schließen, dann bittet Gott doch darum, euch ganz konkret eine Person zu zeigen, der er begegnen möchte." Wie alle anderen auch schloss ich brav meine Augen und war gespannt, was Gott in dieser Gemeinde tun würde. Ich sah mich als Dienstleisterin für die Gemeinde. Damit Gott durch sie, an diesem Ort, …

> Eigentlich hatte ich gar nicht vor, selbst bei diesem Gebet angesprochen zu werden.

Was ich nicht ahnte war, dass dieses Gebet auch für mich selber Auswirkungen haben sollte. Denn eigentlich hatte ich gar nicht vor, selbst bei diesem Gebet angesprochen zu werden – es ging ja um die anderen.

Ein Wohnwagen???

Wir beteten also still vor uns hin (oder dachten mit geschlossenen Augen an andere Dinge, wie das manchmal halt so ist) und plötzlich sah ich vor meinem inneren Auge einen Wohnwagen. Das ist ja an sich nichts Besonderes – es hätte auch eine Aufforderung zum Campingurlaub werden können. Aber da ich zu diesem Zeitpunkt im Westerwald wohnte, war mir ziemlich schnell klar, was das zu bedeuten hatte: Im Westerwald an den Bundesstraßen arbeiten Frauen als Prostituierte in Wohnwagen – und das nicht unbedingt unauffällig. Ich hatte sie natürlich schon vorher wahrgenommen. Alle wussten, dass es sie gab, hin und wieder machte jemand beim Vorbeifahren einen Spruch, aber letztendlich lebten diese Frauen in einer anderen Welt.

Eine Welt, mit der „anständige Menschen" (und natürlich insbesondere Christen) nichts zu tun hatten. Eine Welt, von der man besser (hoffentlich) Abstand hielt. Und bei der man einfach nur froh sein konnte, dass das alles weit weg war.

Und da saß ich nun mit diesem Bild im Kopf und diesem ganz deutlichen Eindruck: *Geh da hin.*

Das war nun wirklich nicht das, was ich mir vorgestellt hatte. Wenn ich schon persönlich aktiv werden sollte (neben dem ganzen Vorbereitungskram und der ein oder anderen Predigt), hätte ich eher an Leute wie meine Vermieterin gedacht. Ihr einen Flyer als Einladung zuzustecken oder so. Das hätte meiner Meinung nach schon genug Mut erfordert.

Aber zu einer Prostituierten im Wohnwagen? Sollte ich ihr etwa einen Flyer zu einer Gemeindeveranstaltung unter den Scheibenwischer klemmen? Was für ein Quatsch! Während unserer Abendveranstaltungen müsste sie ja bestimmt eh arbeiten.

Das Treffen mit der Gemeinde ging zu Ende und wieder zu Hause musste ich die ganze Nacht grübeln. Ich konnte nicht schlafen, also ging ich spazieren und legte Gott alle meine Argumente vor, warum ich nun wirklich nicht die geeignete Person für so etwas war: zu behütet aufgewachsen, zu jung, zu fromm, zu unsicher, zu …

Ich doch nicht!

Und: Was sollte ich ihr überhaupt sagen?

Wie sollte ich überhaupt ein Gespräch anfangen?

Wann wäre der beste Zeitpunkt?

Würde die mich nicht wegscheuchen?

Was, wenn gerade ein Mann in dem Wohnwagen …?

Was ist mit dem Zuhälter?

Meine Gedanken überschlugen sich und ich fand meine Argumente auch sehr überzeugend, aber in mir blieb dieses Bild von dem Wohnwagen fest haften. Meine Argumente schienen Gott nicht im Geringsten zu interessieren. In meiner Verzweiflung schrieb ich dann in der gleichen Nacht eine E-Mail an einen Mann, den ich vor einiger Zeit kennengelernt hatte: Er war selbst einmal Zuhälter gewesen, hatte dann eine

Lebenswende erlebt und arbeitete nun bei der Heilsarmee. Ungeduldig wartete ich auf Antwort. Die kam aber nicht so schnell, wie ich es gerne gehabt hätte (am liebsten postwendend).

Als am nächsten Mittag immer noch keine E-Mail von ihm in Sicht war, wurde ich so kribbelig, dass ich beschloss, einfach loszufahren. Ich hatte keinen Plan, keine Idee, nur die Ahnung: Da sollst du hin. In meinen Rucksack packte ich eine Bibel (kann ja nie schaden) und schwang mich auf mein Mountainbike. Über ein Feld und durch einen kleinen Wald war ich in wenigen Minuten da. Für mein Gefühl ging das viel zu schnell. Ich weiß nicht, wann ich schon einmal solches Herzklopfen hatte! Da ich eine extrem ausschweifende Fantasie habe, versteckte ich mein Fahrrad im Wald, sodass ich – sollte eine Flucht nötig sein – wie Winnetou sofort davonjagen könnte. Vorsichtig schlich ich mich also von hinten an den Wohnwagen.

> Mein einziges Gebet war: „Bitte, Gott, mach, dass niemand da ist."

Mein einziges Gebet war: „Bitte, Gott, mach, dass niemand da ist." Denn dann hätte ich es ja wenigstens versucht und könnte mit ruhigem Gewissen wieder nach Hause fahren. Dieses Gebet wurde aber nicht erhört.

Als ich mich dem Fenster näherte, sah ich, dass dort eine ca. 40-jährige afrikanische Frau saß. Ich versuchte, ein möglichst entspannt wirkendes Lächeln aufzusetzen, ging zum Fenster, schaute sie direkt an, nickte und sagte: „Hallo." Sie nickte ebenfalls und sagte: „Hallo." Dummerweise fiel mir dann nichts mehr ein, sodass ich einfach stehen blieb und guckte.

Sie guckte auch. Schweigen.

Blöde Situation. Noch mehr Schweigen. Ich fühlte mich immer blöder.

Irgendwann kurbelte sie das Fenster runter und fing ein Gespräch an. Ich habe keine Ahnung mehr, was sie sagte, aber ich weiß noch, dass wir uns einige Zeit unterhielten. Und dass es entspannter war, als ich dachte. Sie sprach Englisch und erzählte ein wenig, aber erstaunlich offen, dass sie vier Kinder in Ghana habe und hier sei, um Geld zu verdienen. Dann verriet sie mir ihren richtigen Namen. Auf dem

Nummernschild vorne im Fenster stand Babsi, doch eigentlich hieß sie Liz. So plauderten wir ein wenig, bis irgendwann ein Kunde kam und ich gehen musste (und auch wollte)! Ich streckte ihr noch die Bibel hin, aber da sie kein Deutsch lesen konnte, fragte sie mich, ob ich ihr eine englische bringen könnte, wenn ich wiederkommen würde.

Ich verabschiedete mich, nickte kurz diesem fremden Mann zu, Liz öffnete ihm die Tür und lächelte ihn freundlich an. Die beiden verschwanden im Wohnwagen und ich stolperte zu meinem Fahrrad. Plötzlich hatte ich das Bedürfnis, so schnell wie möglich Abstand zu bekommen!

Verwirrt

Ich radelte los. Aufgewühlt. Zu Hause wusste ich gar nicht, wohin mit mir. Es war irgendwie „so einfach". Sie schien „so normal" zu sein. Zunächst erzählte ich niemandem davon. Ich wollte das erst einmal selber unter die Füße kriegen. Am nächsten Tag fuhr ich – dieses Mal ausgestattet mit einer englischen Bibel – wieder zu ihr. Schon mit weniger Herzklopfen. Und wieder hatten wir eine wirklich gute Zeit. Als sie die Bibel in den Händen hielt, freute sie sich so sehr! Sie erzählte, dass sie sich an ihre Bibel geklammert hatte, als sie, von ihrer Familie geschickt, vor einigen Jahren in Amsterdam am Flughafen angekommen war. Sie hatte keine Ahnung, was sie in Deutschland erwarten würden, wusste nur, dass sie hier irgendwie Geld verdienen musste – für die Familie. Die Bibel hatte ihr in all ihrer Unsicherheit Halt gegeben. Da saß sie nun vor mir: eine Frau, die unglaublich sympathisch und humorvoll war. Von da an besuchte ich sie immer öfter. Ja, ich freute mich regelrecht auf die Besuche.

Irgendwann ließ sie mich nicht mehr nur am Fenster stehen, sondern bat mich hinein. Dort saßen wir dann lange auf *dem Bett* (etwas anderes gab es schließlich nicht), umgeben von all ihren verschiedenen Arbeitsutensilien, und redeten über Gott und die Welt. Ich muss sagen, dass es immer wieder irritierend war, dort zu sitzen, all diese Dinge und Poster zu sehen, zu wissen, was wenige Minuten vor und wenige Minuten nach meinem Besuch dort geschah, und dennoch einfach dort zu sein.

Manchmal beteten wir zusammen, einmal sangen wir „Welch ein Freund ist unser Jesus" – sie auf Englisch, ich auf Deutsch. Im Wohnwagen. Zwischen all den Bildern, Kondomen, Dildos und Verkleidungen. Die Beziehung intensivierte sich und wir redeten über alles Mögliche: über Männer, über einen möglichen Ausstieg, über die Gründe, in diesem Geschäft zu bleiben, über Alternativen, über die Bibel, über das Wetter, über mein Leben.

So ging es einige Monate lang. Und auch wenn ich die Besuche immer normaler empfand, berührten und verwirrten sie mich sehr.

Ich bin in einem christlich-evangelikalen Kontext aufgewachsen und die Geschichten, die ich immer wieder gehört hatte, klangen ungefähr folgendermaßen: Ein Mensch, der ein dunkles (sündiges) Leben irgendwo am Abgrund lebt (Kriminalität, Prostitution, Drogen...), erfährt auf irgendeine Art und Weise von Jesus, liest die Bibel, ringt mit sich, spricht dann ein Gebet und kappt alle Fäden, die ihn oder sie mit dieser Vergangenheit verbinden, um ein neues Leben anzufangen. Gerne mithilfe einer Gemeinde oder auch einer Therapie, gerne auch mit Kämpfen. Aber der Ablauf solch einer Geschichte war eigentlich immer klar: sündiges Leben, Begegnung mit Jesus, Befreiung, Neuanfang!

Das waren die Geschichten, mit denen ich groß geworden war, die als Zeugnisse in Gottesdiensten erzählt wurden oder in Büchern standen. Und die mich fasziniert hatten. Schöne Geschichten mit Happy End! Bewegende Geschichten, die Hoffnung und Vertrauen in Gottes Größe vermittelten.

Jetzt saß ich bei Liz. Die eine tiefe Beziehung zu Gott lebte, ganz viel wusste über Jesus, über Vergebung, Sünde und Moral und die vor allem das Leben auf eine Art und Weise kennengelernt hatte, wie ich es nie würde verstehen können.

Ich wünschte mir so sehr, dass sie ausstieg, ein „normales" Leben mit ihren Kindern leben könnte. Aber gleichzeitig: Wer war ich, dass ich mit meinen damals paarundzwanzig Jahren behaupten konnte, zu wissen, was für sie dran ist? Konnte ich erfassen, welchen Zwängen sie ausgesetzt war? Nicht nur vom Zuhälter hier in Deutschland, nicht nur von einem Staat, in dem sie keine Aufenthaltsgenehmigung hatte, sondern auch von ihrer Familie in Ghana. Einer Familie, die erwartete, dass sie das so dringend benötigte Geld verdiente.

Und die natürlich nicht wussten (oder nicht wissen wollten), auf welche Art sie das tat ...

Wie konnte ich mir anmaßen, über ihr Leben und ihre Entscheidungen zur urteilen?

Wie konnte ich mir anmaßen, über ihr Leben und ihre Entscheidungen zur urteilen? Nur weil ich im sicheren Unterrichtsraum eines theologischen Seminars ein paar Weisheiten gelernt hatte?

Dass ihr das Ganze nicht guttat, wusste sie selber.

Dass sie lieber etwas anderes machen sollte, wusste sie selber.

Dass das Leben nicht immer wie in einer Unterrichtseinheit funktionierte, musste ich lernen.

Fragen brachen über mich herein, die mich irritierten. Die mein bisheriges Weltbild sprengten. Ich war verwirrt.

Einmal sagte sie: „Ich weiß, dass es der Satan ist, der mich hier hält. Und ich weiß, dass ich die Waffen habe, um gegen ihn zu kämpfen. Aber ich verstecke diese Waffen tief unter meinem Bett, weil ich für meine Kinder sorgen will."

Ich lud sie ein, Weihnachten bei uns zu feiern. Sie lehnte ab. Sie hatte eine recht enge Bindung an ihren Zuhälter (den ich später auch noch kennenlernen sollte) und wollte ihn nicht alleine lassen. Er würde ihr sonst so leidtun. Leidtun ... schon klar ...

Einmal kam ich zu ihr und sie wedelte mir mit einer Fliegenklatsche vor der Nase rum und strahlte. „Ich habe gerade eine gute Tat getan", grinste sie. Ein noch sehr junger Mann hatte an ihre Tür geklopft, um ihre Dienste in Anspruch zu nehmen.

Liz fragte den jungen Mann, wie alt er sei und ob er schon einmal bei einer Prostituierten gewesen sei. Als er verneinte (sie erzählte mir das Ganze, indem sie es lebhaft nachspielte), erklärte sie ihm, dass er nie damit anfangen sollte, denn, wenn er es einmal machen würde, würde er immer weitermachen und jagte ihn mit ihrer Fliegenklatsche fort. Jagte ihn fort, obwohl sie sein Geld so dringend brauchte. (Das Finanzierungsmodell bei den Wohnwagen lief so, dass die Frauen pro Tag eine Miete an den Vermieter – sie nannten sich nicht Zuhälter – zahlen mussten. Diese Miete mussten die Frauen erst einmal reinarbeiten, den Rest konnten sie behalten. Oft blieb dabei nicht viel übrig.)

„Leichte Mädchen" werden Frauen, die sich prostituieren, ja manchmal genannt. Frauen ohne Moral. Liz war bestimmt kein leichtes Mädchen. Sondern eine Frau, mit Prinzipien, eine Frau, die ihre Familie liebte, eine Frau die sich selbst aufgab. Sie war eine Frau mit Humor, mit Lebensfreude und eine Frau, die gefangen war in einem System, das Frauen wie sie ausnutzt, anstatt ihnen zu helfen.

Da ist ein Staat, an den sie sich nicht wenden kann, weil sie sonst abgeschoben wird.

Da sind Männer aller Altersklassen und gesellschaftlichen Schichten, die sie ausnutzen, und das irgendwie vor sich selber rechtfertigen. Da sind die sogenannten „anständigen Menschen", die die Augen zumachen und einfach weiterfahren oder dumme Sprüche klopfen. Da sind Christen und Christinnen, die in ihren Kirchen sitzen und für die verlorenen Seelen beten, aber ansonsten lieber auf Abstand bleiben.

Und Liz war alleine. Alleine mit ihrer Verantwortung, mit ihrer Art zu leben.

Man müsste mal ...

Einmal sprach ich mit einem Theologie-Dozenten über diese ganze Thematik und er meinte: „Ja, da müssten die Gemeinden mehr helfen."

Man müsste mal. Ich weiß nicht, wie oft ich diese Phrase selber gesagt oder schon gehört habe. Aber mit „man müsste mal" ist niemandem geholfen.

Mit „man müsste mal" ist niemandem geholfen.

Leider fehlen zu oft die konkreten Schritte, ist die Hemmschwelle zu hoch. Und ich selber fühlte mich so klein!

Das ganze Thema Prostitution, Menschenhandel, organisiertes Verbrechen ist ein riesiges Feld! Ein Feld, über das sich Tausende von Menschen den Kopf zerbrechen. Es wurden sehr gute Organisationen gegründet, die gerade solchen Frauen helfen, zum Beispiel Solwodi von Lea Ackermann oder Alabaster Jar von Patricia Green. Wer sich weiter mit dieser Thematik beschäftigen und noch besser helfen möchte, kann auf den Homepages[1] einiges an Material finden.

Mir wurde durch die Besuche bei Liz ziemlich schnell klar, wie sehr ich an meine Grenzen komme. Im Umgang mit Liz, im Blick auf die anderen Wohnwagen, in denen auch wieder Frauen mit eigenen Geschichten saßen, im Blick auf das System, in dem wir leben.

Wie hilflos ich eigentlich bin.

Und wie absurd mir die Geschichten meiner Kindheit (ein kaputtes Leben – Begegnung mit Jesus – alles ist gut) plötzlich vorkamen. Ich wurde das Gefühl nicht los, dass bei diesen Geschichten ein großer Teil einfach weggelassen worden war.

Oder etwa nicht?

Machte *ich* etwas falsch?

Jedenfalls war ich sehr erleichtert, als mich eines Tages eine Bekannte anrief und fragte, ob sie mich zu den Frauen begleiten dürfte (mittlerweile hatte sich das Ganze ein wenig rumgesprochen). Und so beschlossen wir, gemeinsam auch zu den anderen Wohnwagen zu fahren und auch die Frauen dort zu besuchen. Denn auch wenn wir viel mehr Fragen als Antworten hatten, war uns klar, dass uns diese Fragen und unsere Unsicherheiten nicht davon abhalten durften, die Frauen zu besuchen. Denn die Besuche waren etwas Gutes.

Sie waren bestimmt nicht alles und eigentlich wäre viel mehr nötig gewesen. Aber sie waren das Gute, das wir jetzt gerade tun konnten.

Und so entwickelte sich mit der Zeit ein kleiner Arbeitszweig von Frauen, die die Frauen in den Wohnwagen besuchten. Wir waren meist zu zweit unterwegs und möglichst immer mit dem Blick für die einzelne Frau. Manchmal brachten wir ihnen kleine Geschenke mit, um den Gesprächseinstieg zu erleichtern. Mal erlebten wir ein freundliches Willkommen, mal Ablehnung, mal waren die Frauen einfach nicht da oder arbeiteten gerade. Mal wurden wir in unseren Gesprächen von

Kunden unterbrochen, mal mussten wir wegen eines Zuhälters verschwinden, mal wurden wir gefragt, ob wir auch zu haben seien.

Spannende und ganz unterschiedliche Begegnungen ergaben sich. Und es stellte sich heraus (eigentlich nicht überraschend): Auch hier ist jede Frau anders. Jede einzigartig. Jede hat ihre eigene Geschichte. Zwangsprostituierte aus Osteuropa, Hausfrauen aus dem Ruhrgebiet, abgeklärte Frauen, weinende Frauen. Frauen, die verzweifelt aussteigen wollten, Frauen, die das Ganze mit Humor nahmen, Frauen, die bitter und Frauen, die gleichgültig geworden waren. Gebrochene Frauen und Frauen, die die Hoffnung nicht aufgegeben hatten.

Da wir auch als Team immer wieder an unsere Grenzen kamen, beschlossen wir, mehr Menschen über die Arbeit zu informieren und um Gebet für die Frauen zu bitten.

Das war eine große Hilfe für uns und machte uns sehr viel Mut.

Fragen über Fragen

Aber egal, wie viele Frauen wir besuchten, ob ich alleine bei Liz saß und Tee trank oder ob wir eine neue Frau kennenlernten. Immer wieder kamen ähnliche Fragen auf:

Was ist das Ziel dieser Besuche? Wofür mache ich das?

Ich hatte gelernt, dass ein Ziel klar definiert und messbar sein sollte. Schöne Idee, aber kann ich den Erfolg meiner Arbeit davon abhängig machen, dass die andere sich verändert? Dass sie Schritte geht, die *ich* für sinnvoll halte?

Wenn ich an die geplante Evangelisation dachte, war das Ziel und auch der Erfolg klar: Menschen sollten kommen, hören, Entscheidungen treffen und ihr Leben verändern.

> Ist meine Arbeit dann erfolgreich, wenn sie aussteigt – auch wenn ihre Kinder dann vielleicht auf der Straße landen?

Gedacht an Liz: Ist meine Arbeit dann erfolgreich, wenn sie aussteigt – auch wenn ihre Kinder dann vielleicht auf der Straße landen?

Was ist *Erfolg* in solch einer Arbeit?

Und das betrifft nicht nur Arbeit mit Prostituierten, sondern hat mich überhaupt in meinem Denken über mein Leben, meine Arbeit und meinen Glauben stark herausgefordert. Kann ich meinen Erfolg davon abhängig machen, dass ein anderer Mensch sich verändert? Wie schnell greife ich dann zu manipulativen Mitteln? Wir sagen immer, dass es uns um den Menschen geht. Aber wie sehr legen wir *unsere* Maßstäbe an? Wie sehr hoffen wir auf Veränderung bei ihnen, um es als Erfolg verbuchen zu können?

Und natürlich kam die Frage auf: Welche Hoffnung habe ich? Welche Hoffnung für eine Frau wie Liz? Was bedeutet Hoffnung in dieser verwirrenden Welt?

Meine Welt war bis dahin eingeteilt in drinnen und draußen. Licht und Finsternis, hell und dunkel. Es gab Christen (die waren drinnen) und Nicht-Christen (die waren draußen). Und Mission oder Evangelisation sah folgendermaßen aus: Ein ganz besonders mutiger Christ oder eine tapfere Christin begeben sich nach draußen (während die Leute drinnen ganz viel für sie beten), schnappen sich eine Person, die nicht so glaubt wie sie, machen diese Person dann neugierig und schleppen sie dann wieder mit nach drinnen. Das „Drinnen" war dann meist die Gemeinde, oder um es noch konkreter zu sagen: das Gemeindegebäude und damit ein Gottesdienstbesuch. Dort wird er oder sie dann christlich kompatibel gemacht und alle Leute, die drinnen sind, freuen sich tierisch darüber, dass jemand von draußen geworden ist wie sie.

Und dann hatte man es irgendwie geschafft. Das würde natürlich keiner so formulieren, aber gelebt wurde es durchaus so.

Und schon beim Schreiben finde ich es ziemlich gruselig.

Ein Besuch im Gottesdienst

Aber ist das bitte schön Erfolg???

Da war Anne. Ein unglaublich liebenswerte Frau Mitte 30. Eine Frau, die bei unserem ersten Besuch am Wohnwagen kurz vor Weihnachten so sehr weinte, dass sie uns wieder wegschickte. „Ihr macht es noch schwerer, weil ihr mir zeigt, dass es noch ein anderes Leben gibt. Aber bitte kommt wieder." Eine Frau aus Osteuropa, Mutter eines kleinen Jungen, verheiratet mit dem Mann, der sie auf den Strich schickte. Eine Frau, die mit ihrer Familie im Ruhrgebiet lebte und von der alle dachten: Die arbeitet während der Woche in einem Hotel weiter weg.

Nun, wir hatten ein sehr gutes Verhältnis zu Anne und so luden wir sie ein, mit uns zusammen einen Gottesdienst in ihrem Wohnort zu besuchen. Wir machten eine Gemeinde ausfindig, deren Pastor einen guten Ruf hatte, fuhren in aller Frühe los und gingen zusammen in den Gottesdienst.

Ich war aufgeregt: Das war ja schon etwas ganz Besonderes! Eine besondere Möglichkeit, dass Gott ihr begegnen könnte. Andere Leute und Beter waren mit uns aufgeregt: als würde dort etwas Magisches passieren, alleine indem sie dieses Gebäude betreten und an einer Veranstaltung teilnehmen würde!

Wir betraten das sehr moderne und funktionale Gebäude und vor uns lagen zwei Stunden Qual und Langeweile.

Am Ende war ich so genervt und auch enttäuscht, dass ich aus Frust nichts in die Kollekte tat. Im Gegensatz zu Anne, was mir wiederum neben meiner Enttäuschung auch noch ein schlechtes Gewissen bescherte!

Jetzt wäre es einfach, über die Gemeinde zu schimpfen: Hätten die nicht ahnen können, dass wir genau an diesem Morgen mit so einer wichtigen Person da sind und hätten sie ihre Ältestensegnung nicht irgendwann anders machen können?

Aber das wäre unfair. Natürlich ist es immer einfach, über eine Gemeinde zu schimpfen – noch dazu über eine fremde! Aber was können die denn dafür?

Vielmehr musste ich meine Erwartungen, meine Einstellung diesem scheinbar magischen Moment gegenüber überprüfen. Ich hatte mir das Ganze vielleicht ein bisschen zu einfach vorgestellt. Natürlich gibt es

Geschichten und Erlebnisse, in denen Gott tatsächlich in einem Gottesdienst einem Menschen begegnet. Das soll vorkommen! Ihm ist ja nichts unmöglich. Aber nur, weil jemand ein bestimmtes Gebäude zu einer bestimmten Uhrzeit betritt, ändert er oder sie nicht sein ganzes Leben. Manchmal passiert auch einfach nichts!

> Jemanden in einen Gottesdienst zu lotsen und dann ist alles gut, funktioniert nicht.

Wir können unsere Verantwortung nicht delegieren. Jemanden in einen Gottesdienst zu lotsen und dann ist alles gut, funktioniert nicht.

Und wieder kamen die Fragen über drinnen und draußen.

Mit den Besuchen bei Liz im Wohnwagen war ich ja nun definitiv „draußen", aber Liz war eine Frau, die mit ihrem Herzen und ihrer Einstellung absolut „drinnen" war.

Auf der anderen Seite kannte ich Menschen, die offiziell „drinnen" waren, aber so eine Hartherzigkeit an den Tag legten, dass sie eigentlich in die Kategorie „draußen" gehörten …

Was also?

Was heißt Hoffnung für Liz? Muss sie nicht da raus aus ihrem Umfeld? Was ist meine Aufgabe? Wie weit geht meine Verantwortung?

Argumentierte ich nicht deutlich genug? War ich zu weichgespült? Zu nett? Habe ich ihr die Konsequenzen nicht deutlich genug aufgezeigt? Zu wenig gebetet?

Fehlten mir vielleicht ein paar Geistesgaben oder andere Dinge? Das richtige Traktat?

Sätze flogen durch mein Hirn vom Propheten Hesekiel, dem sogenannten Wächter, der die Verantwortung trägt für das Geschick des Gottlosen.

Aber was ist denn meine Verantwortung?

Und Liz war ja gar nicht gottlos! Im Gegenteil: Gott war da. Bei ihr. Im Wohnwagen. Sie suchte nach Gott. Sehnte sich nach Jesus. War Jesus denn im Rotlichtmilieu?

Ich war verwirrt.

Jesus im Rotlichtmilieu

Ein Blick ins Neue Testament zeigte mir deutlich: Ja, Jesus hat sich genau für solche Frauen Zeit genommen. Er hat sie sehr wertschätzend behandelt und von den Pharisäern dafür kräftig eins auf den Deckel bekommen. Das hörte sich schon mal gut an. Gedanken schossen kreuz und quer durch meinen Kopf und besonders über einen Bibeltext bin ich gestolpert:

> *Jesus spricht zu ihnen: Wahrlich, ich sage euch, dass die Zöllner und die Huren euch vorangehen in das Reich Gottes.*
> *(Matthäus 21,31; ELB)*

Sie *gehen euch voran*, sagt Jesus zu den Menschen im Tempel. Zu den Hohepriestern, die ihn in eine Diskussion verwickelt haben. Zu denen, die „drinnen" sind, und sich bemühen, alles richtig zu machen.

Sie gehen euch voran?

So richtig vorneweg? Nicht etwa durch den Dienstboteneingang hinten reinschleichen, wenn überhaupt?

Jesus malt da ein beeindruckendes Bild. Das muss man sich mal vorstellen: Die züchtigen, sittsamen, akkurat gekleideten Frommen gehen hinter den Prostituierten her. Normalerweise gehen doch immer die vorneweg, die am bravsten aussehen. Der Pastor in der Gemeinde oder die Stars oder die hochrangigen Politiker … und dann ganz lange nix und dann irgendwann mal die anderen. Und der Pöbel, der bleibt mal schön im Hintergrund.

Diese Leute gehen euch voran in das Reich Gottes. In das Reich, also mitten rein …

Ein schöner Text, den ich gerne las. Ein Text, der mir Hoffnung machte, aber der auch direkt wieder neuen Fragen aufwarf:

Was ist denn hier mit dem Reich Gottes gemeint?

Geht es um eine Ewigkeitsperspektive? Irgendwann einmal? Im Himmel? Dürfen die einen zuerst rein und dann die anderen hinterher? Muss man sich da in Zweierreihen anstellen? Wo würde ich denn da eigentlich stehen – da ich ja zu keiner der beiden Gruppen gehöre? Aber nein, hier steht ja gar nichts von irgendwann einmal!

Marschieren die etwa jetzt schon voran?

Wohin denn eigentlich?

Was bedeutet das, um Himmels willen!?

Genau genommen steht hier ja gar nichts vom Himmel, sondern vom Reich Gottes.

Wir sind da nur so ein bisschen falsch gepolt, dass wir bei Reich Gottes immer „Himmel" denken. Schauen wir also genauer hin.

Wie üblich hat so eine Aussage von Jesus ja auch einen Hintergrund. Vorher erzählt er eine etwas verwirrende Geschichte, über die es erstaunlich wenige Predigten gibt:

Was meint ihr aber hierzu? Ein Mensch hatte zwei Söhne, und er trat hin zu dem ersten und sprach: Mein Sohn, geh heute hin, arbeite im Weinberg! Der aber antwortete und sprach: Ich will nicht. Danach aber gereute es ihn, und er ging hin. Und er trat hin zu dem zweiten und sprach ebenso. Der aber antwortete und sprach: Ich gehe, Herr; und er ging nicht.

Wer von den beiden hat den Willen des Vaters getan? Sie sagen: der erste. Jesus spricht zu ihnen: Wahrlich, ich sage euch, dass die Zöllner und die Huren euch vorangehen in das Reich Gottes.

(Matthäus 21,28ff; ELB)

Sie gehen euch also voran, die Zöllner und Huren. Hier steht nicht: die *ehemaligen* Prostituierten, die sich bekehrt und ein neues Leben angefangen haben. Hier steht nichts von einer scheinbaren Umkehr, einer Erfolgsgeschichte oder Lebenswende …

Hier ist die Rede von Menschen, die „Nein" sagen und „Ja" leben. Die erst mal so tun, als hätten sie mit dem allen nichts zu tun und dann doch richtig handeln … Aus welchen Gründen auch immer. Ich meine, es geht hier um Menschen, die in ihren Möglichkeiten das Gute tun.

> Hier steht nicht: die *ehemaligen* Prostituierten, die sich bekehrt und ein neues Leben angefangen haben.

Vielleicht nicht nach außen sichtbar für die ganze Welt, so mit großer Ankündigung, mit Homepage und Buch drüber schreiben und so. Aber sie sind im kleinen, kaum sichtbaren Bereich treu. Vielleicht ist das ja manchmal viel bedeutsamer und ehrlicher.

Und vielleicht ist ja genau das das „Reich Gottes"?

Das Wort „Reich" ist ja nun gerade in Deutschland sehr negativ belegt, deswegen fällt es mir immer schwer, es zu verwenden, weil es so viele schlimme Assoziationen weckt. Weil es so nach Macht und Herrschaft und Unterwerfung klingt, gegen die sich keiner wehren kann.

Und während die einen an das Dritte Reich denken, denken die anderen an einen entfernten Ort im Jenseits – den Himmel, so wie in all den Witzen, die man sich erzählt (und von denen manche tatsächlich richtig lustig sind). Wie gesagt, ein Ausdruck, der zu vielen Missverständnissen führt. Nun, ich glaube, keins von beidem ist hier gemeint.

Dieses Reich Gottes ist nicht bloß ein entfernter Ort zu einer entfernten Zeit. Und es ist vor allem kein Reich, in dem es um Macht und Unterwerfung geht.

Ich verstehe dieses Reich Gottes als eine göttliche Dimension, die jetzt schon da ist und die immer größer wird. Die wir auch in einem Wohnwagen auf dem Straßenstrich erleben können, wenn Menschen ehrlich miteinander sind und sich mit Wertschätzung begegnen.

Eine göttliche Dimension, die zum Beispiel in dem Moment aufgeleuchtet ist, als wir nach vielen Jahren von einer Frau, die immer sehr wortkarg war, einen kleinen Strauß getrockneter Rosen bekamen. Blumen, die wir ihr einst geschenkt hatten und die sie uns jetzt als Dank zurückgeben wollte. Ohne mehr dazu zu sagen.

Es gibt diese Menschen, die vorangehen, in genau dieser Dimension. Menschen, die oftmals mit beiden Füßen an den Boden der Tatsache gefesselt sind, aber mit ihrem Herzen in ein anderes Reich, eine andere Welt eingetaucht sind. Menschen, wo es scheint, als würden sie ein großes „NEIN" sagen, um dann aber doch ein „JA" zu leben, so wie bei den Typen im Weinberg. Und dann sind es die kleinen Gesten, die klingen wie ein Echo aus einer unsichtbaren Welt, aus einer göttlichen

Dimension. Dann ist diese Dimension nichts Vages, Zukünftiges, sondern etwas Konkretes im Hier und Jetzt.

Es geht um Menschen. Menschen, die wir, auch wenn sie bei uns viele Fragen und Verwirrungen auslösen, nicht ignorieren dürfen!

Mir wurde in den Begegnungen mit Liz vor allem eins klar: Ich habe hier nichts zu entscheiden! Ich kann keine Linie ziehen zwischen drinnen und draußen. Und vielleicht gibt es diese Linie auch gar nicht.

Es geht um Menschen.

Klar war: Liz liebt ihre Kinder. Liz liebt Gott und sehnt sich nach ihm. Liz fühlt sich manchmal verzweifelt und manchmal schuldig und sucht nach Frieden. Liz verscheucht einen potenziellen Kunden, um ihm nicht zu schaden.

Würden wir alle, egal, ob Prostituierte oder Managerin, mit solch einer Grundeinstellung leben, wäre das Leben vielleicht gar nicht so verkehrt.

Und ja genau, in manchen Einstellungen und in manchen Taten ist Liz mir vorausgegangen, ist Liz mir ein Vorbild geworden.

Ich möchte betonen: Es geht mir hier nicht darum, Prostitution zu verharmlosen oder zu verteidigen! Niemals! Im Gegenteil! In einem Buch über die negativen Folgen der Prostitution gäbe es genug erschütternde, widerwärtige und unfassbar traurige Beispiele, die das Leben und Schicksal einzelner Frauen erzählen. Es wäre ein Buch, das zum Weinen bringen und wütend machen würde. Prostitution und insbesondere Zwangsprostitution ist grausam. Und ja, in Deutschland gibt es immer noch sehr viele Frauen, die als Zwangsprostituierte gefangen gehalten werden. Es ist ein von Entwürdigung geprägtes Milieu. Und nach allem, was ich im Westerwald gehört und gesehen habe, kann ich jede Romantisierung von Prostitution nur aufs Schärfste ablehnen.

Und wir sollten alles dafür tun, dieses System zu brechen und Frauen zu unterstützen und zu schützen. Und Organisationen, die das zum Ziel haben (wie z. B. die beiden erwähnten), unterstützen. Dringend!

Aber es soll hier nicht um ein System gehen, sondern um Menschen. Wertvolle Menschen, wie Liz und Anne.

Menschen, die wir vielleicht als „draußen" abstempeln. Menschen, die von Gott geliebt sind, die bei ihm willkommen sind und die ganz vorne mit dabei sind, in seinem Reich!

Diese Begegnungen mit Liz waren erste Schritte auf einem spannenden Weg, einem Weg, der mich (nach früheren Maßstäben betrachtet) immer weiter nach „draußen" geführt hat. Und auf dem ich immer wieder erleben durfte: Draußen ist manchmal gar nicht draußen. Dunkel ist manchmal gar nicht dunkel. Sondern gerade hier ist Gott. Gerade hier leuchtet ein Licht, eine Schönheit, ein Segen. Gerade hier darf ich inmitten von Leid in eine göttliche Dimension eintauchen. Das Reich Gottes kann auch schon jetzt in einem Wohnwagen sein: zwischen Kondomen, Dildos und Peitschen. Und vielleicht ist es endlich an der Zeit, an genau solche Orte zu gehen, um diese göttliche Dimension zu erleben. Nicht, um das Drumherum gutzuheißen, sondern um zu entdecken, wie stark Gottes Licht ist. Und wie hell ein noch so kleines Licht im Dunkeln leuchtet.

> Nicht um das Drumherum gutzuheißen, sondern um zu entdecken, wie stark Gottes Licht ist.

Ich bin sehr dankbar dafür, denn Frauen wie Liz haben meinen Horizont erweitert und haben meinen Glauben verändert.

Verwirrende Gedanken?

Ja! Und ich möchte ganz bewusst diesen verwirrenden Moment ein wenig aushalten und auch nicht sofort mit einer theologisch-korrekten Antwort um die Ecke kommen.

Ich würde so gerne oft klare Linien haben, eindeutige Antworten und klare Maßstäbe. Und beim Schreiben höre ich die Stimmen meiner Kindheit rufen: Aber die gibt es doch! Wir haben doch die Bibel, sie sagt uns doch …

Ja, tut sie und doch sagt sie auch noch viel mehr und vieles halt nicht und vieles bleibt auch verwirrend.

Ich lade Sie ein, mit mir noch ein paar Schritte weiter herauszuspazieren. Und mit mir die Fragen auszuhalten, die man eben aushalten muss, wenn man sich auf diese Welt und auf die Menschen hier einlässt. Wenn man hingeht, zuhört und versucht zu verstehen, statt Flyer in Briefkästen zu verteilen.

Denn wann man herausspaziert, gehört Verwirrung dazu.

KAPITEL 2:
ICH VERURTEILE DICH NICHT

„Ich verurteile dich nicht", sagte Jesus zu einer Frau, die Ehebruch begangen hatte. Ich verurteile dich nicht. Ein Satz, der mir bei Liz nicht schwerfiel. Ich hatte keinen Grund, sie zu verurteilen, überheblich zu sein. Im Gegenteil. Ich mochte sie. Doch dann gab es da noch andere Menschen.

WM-Finale beim Zuhälter

Es war 2002. Fußball-Weltmeisterschaft. Deutschland im Endspiel gegen Brasilien. Liz lud mich ein, es mit ihr zusammen zu schauen. Bei ihr zu Hause. Genau genommen, bei Uwe zu Hause. Ihrem Vermieter. Oder deutlicher gesagt: ihrem Zuhälter.

Das war wieder eine neue Erfahrung.

Fühlte ich mich bei Liz im Wohnwagen mittlerweile schon einigermaßen sicher, wurde es jetzt wieder spannend.

Ich hatte mit der Zeit gelernt, dass ich Menschen wie Liz auf keinen Fall verurteilen sollte, aber meine Einstellung änderte sich schlagartig in dem Moment, als ich Uwe kennenlernte.

Bisher war er nur derjenige, der hupend am Wohnwagen vorbeifuhr, was für Liz bedeutete, mich wegzuschicken. Er gab ihr damit zu verstehen, dass sie zu arbeiten und nicht zu quatschen hätte. Deswegen bat sie mich ja irgendwann in den Wohnwagen hinein – so konnte Uwe sie und vor allem mich nicht sehen. Manchmal hängte sie sogar für mich das „Besetzt-Schild" vor die Tür.

Ich war also zum Finale eingeladen. In die Wohnung eines Zuhälters. Ich hatte überhaupt keine Ahnung, was mich erwartete. In meiner Vorstellung war Uwe ein älterer, dicker, ungepflegter Mann mit Goldkettchen, fettigen Haaren, unmöglichem Benehmen und am besten noch mit einem kleinen Hund.

Ich kam in die Wohnung und merkte: Alle meine Klischees passten so 100 %ig auf Uwe, dass ich nicht wusste, ob ich enttäuscht sein oder laut lachen sollte. Aber für beides war ich eigentlich zu aufgeregt.

Uwe saß in einem Sessel: Jogginghose, fleckiges T-Shirt, etwas zu kurz für seinen gewaltigen Bauch, graue Haare, Schnurrbart, goldenes Kettchen und streichelte seinen kleinen Hund mit Namen Buschi (dieser Name ist nicht geändert). Im Nachhinein wirklich absurd. Ich registrierte, wie er Liz und Susan herumkommandierte. Beide waren Afrikanerinnen, beide arbeiteten für ihn im Wohnwagen, wohnten bei ihm, kochten ihm Essen, machten den Haushalt und erledigten auch noch diverse andere Tätigkeiten für ihn, die sie auch aus ihrem Berufsleben kannten. Das alles war ein Wirrwarr aus Eindrücken, die ich erst im Nachhinein für mich sortieren konnte! Und dazu noch ein WM-Finale!

> In meiner Vorstellung war Uwe ein älterer, dicker, ungepflegter Mann mit Goldkettchen, fettigen Haaren, unmöglichem Benehmen und am besten noch mit einem kleinen Hund.

Ich habe mich selten so wenig auf ein Endspiel konzentrieren können wie 2002!

Wir haben es geschaut, das weiß ich – auch bis zum Ende. Aber wirklich mitfiebern konnte ich nicht. Gut, dass ich damals nicht wusste, dass ich 12 Jahre würde warten müssen, bis Deutschland es wieder so weit schaffen würde!

Ich saß also in Uwes Wohnzimmer und war voller Fragen:

Was tust du hier eigentlich, Bettina?

Bist du wahnsinnig, einfach so in das Haus eines Zuhälters zu spazieren?

Da war einfach nur Abscheu, Ekel und Wut auf diesen Mann, der Frauen, die ich mochte, so hemmungslos ausnutzte.

Und wie ich dich verurteile!

„Ich verurteile dich nicht???" Dieser Satz wurde für mich sofort gestrichen. Und wie ich ihn verurteilte! 1000 Dinge fielen mir ein, für die ich Uwe gerne verurteilen würde!

Und während Oliver Kahn irgendwann untröstlich in seinem Tor saß, jagten mir die wütendsten Gedanken durch den Kopf und ich begann mit Gott ein Zwiegespräch (im Stillen natürlich):

„Gott, wie kannst du so etwas zulassen? Wieso darf ein Mann wie Uwe so etwas tun? Warum lässt du ihn nicht einfach platzen? Wieso bestrafst du ihn nicht dafür?" Ich wünschte mir Donner und Blitz vom Himmel oder so etwas Ähnliches zumindest. War selber kurz davor, einfach aufzustehen und ihm meine Meinung ins Gesicht zu sagen. Eine musste das ja schließlich mal tun!

Aber während meiner gesammelten innerlichen Hasstiraden, hatte ich plötzlich wieder ein Bild vor meinem inneren Auge, das mich den Mund halten ließ. (Zur Erklärung: Das habe ich eigentlich nicht ständig, nur in Zusammenhang mit diesen Begegnungen schienen diese Bilder irgendwie notwendig für mich zu sein.)

Ich sah einen kleinen blonden Jungen, mit den gleichen blauen Augen wie Uwe, der gerade laufen lernte, dabei fröhlich strahlte und immer wieder auf seinen Po plumpste. Das traf mich wie der Blitz!

Uwe war mal ein kleiner, fröhlicher Junge gewesen, der laufen lernte. Liebenswert.

Und dieser kleine Uwe hatte bestimmt nicht in sein erstes Freundschaftsbuch geschrieben: „Wenn ich groß bin, werde ich mal … Zuhälter."

Nein, vermutlich stand da: Feuerwehrmann, Ritter oder Indianer.

Irgendetwas in Uwes Leben musste gewaltig schiefgelaufen sein, so dass er jetzt hier saß.

Uwe. Der Zuhälter, der mal ein kleiner Junge war.

Das macht sein Verhalten jetzt natürlich nicht besser. Und ich werde es bestimmt nicht schönreden. Aber es macht Uwe menschlicher. Näher.

Und es macht (mal wieder) schwerer zu verurteilen, Grenzen zu ziehen, einzuteilen in Drinnen und Draußen, in Gut und Böse. Wie immer, wenn man Menschen plötzlich persönlich kennenlernt. Uwe. Es war eigenartig, Uwe zu kennen und diese Begegnung beim Finale sollte nicht die letzte sein.

Immer wieder wurden wir gefragt, ob es nicht gefährlich sei, mit Zuhältern in Kontakt zu sein, ob sie uns nicht daran hindern wollten, den Frauen zu begegnen. Und wir hatten auch Begegnungen, die unheimlich waren, wo wir spürten: Hier ist Vorsicht geboten. Wo eine Frau, die übersät war von blauen Flecken, uns ängstlich wegschickte und die wir anschließend nie wiedersahen.

Bei Uwe war das nie der Fall. Im Gegenteil: Ich war in seiner Wohnung willkommen. Zu sagen, dass sich eine Freundschaft entwickelt hat, wäre nun wirklich übertrieben, wir stichelten, stritten miteinander und hatten auch einige deutliche Diskussionen. Ihm war mehr als klar, was ich von seinem Lebensstil hielt. Da nahm ich kein Blatt vor den Mund. Aber er schien vor mir irgendwie Respekt zu haben.

Eines Tages hatte er gerade ein neues Programm auf seinem Computer installiert und fragte mich nach meinem Lieblingslied – kurz darauf schallte History Maker von Delirious? (es war halt 2002) durch seine ganze Wohnung. Ein anderes Mal machte er ein Foto von Liz und mir und druckte es mir stolz mit seinem neuen Farbdrucker aus.

Irgendwann ging ich mit Simon (da war Simon noch mein Freund, jetzt ist er mein Freund und Ehemann) in eine Pizzeria. Wir wollten einfach mal einen netten Abend zu zweit verbringen. Und wen trafen wir? Liz und Uwe – die ebenfalls einen Abend zu zweit in der Pizzeria verbrachten. Sie winkten uns beide fröhlich zu sich. Und wir setzten uns zu ihnen an den Tisch und aßen zusammen.

Was für eine verrückte Zusammenstellung!

Als die Rechnung kam, hat Uwe für uns alle bezahlt.

Mit dem Geld, das Liz und Susan erarbeitet hatten! Mit welchem sonst?

Dabei hob er frecherweise sein Glas und sagte das unglaublich einfallsreiche Wortspiel: „ Prost!-itution" Und grinste dabei.

Mal die Meinung sagen?

Was tun? In der Pizzeria eine Szene machen? Ihm die Cola ins Gesicht schütten?

Das Geld nicht annehmen? Es war eine Provokation – natürlich. Aber gleichzeitig waren der gemeinsame Abend und das gemeinsame Essen auch eine Einladung gewesen. Eine Einladung zu Nähe und Beziehung. Wir haben es angenommen, dass er für uns bezahlt hat.

Ich habe mich mit einem Augenrollen begnügt, mehr sollte er von mir nicht bekommen. Sicher hätte es zig andere Reaktionsmöglichkeiten gegeben, aber das, was mir einfiel, schien unpassend und auf schlaue Sätze bin ich so schnell nicht gekommen.

Oftmals musste ich in dieser Arbeit so spontan reagieren und improvisieren. Denn auf die Dinge, Fragen, Aussagen, die in Situationen wie diesen auf mich zustürmten, konnte ich mich nicht vorbereiten – sie waren außerhalb meines bisherigen Erfahrungs- und auch außerhalb meines Erwartungshorizontes.

Deshalb betete ich für Liebe und Respekt, für Klarheit und Wertschätzung.

Ich wünschte mir, den Leuten so zu begegnen, wie Jesus ihnen begegnet wäre.

Denn wenn ich das Neue Testament durchblättere, dann staune ich immer wieder, mit wie viel Respekt und wie liebevoll Jesus gerade den Menschen begegnete, deren Leben in Chaos versank, und wie klar er dabei war.

Ja, Jesus konnte auch anders. Er konnte wütend werden und aus der Haut fahren. Und als er sich im Tempel über all die Händler aufgeregt hat, hat er das auch nicht mit säuselnder Stimme und einem Staubwedel gemacht, sondern hat sie mit deftigen Worten und einer Peitsche (die er sich mal eben so geknüpft hatte) rausgejagt, während er ihr Geld auf den Boden geschleudert und die Tische umgestoßen hat. Wow![2]

Da passt es nicht, wenn man Jesus als einen verweichlichten, harmlosen Pädagogen sehen will. Jesus fand harte Worte – aber für wen? Für die, die sich drinnen so sicher fühlten. Für die, die Grenzen aufgebaut hatten, um nicht in Kontakt mit irgendetwas angeblich Bösem zu kommen. Für die, die andere ausgrenzten und ihnen und sich selbst das Leben schwer machten.

Wäre Jesus mit Uwe in der Pizzeria gewesen?
Hätte er das Geld angenommen?

Wäre Jesus mit Uwe in der Pizzeria gewesen?

Kleine, fiese Mitbürger

Da gibt es diese schöne Geschichte von diesem kleinen Fiesling. Von dem, der Menschen ausgebeutet und betrogen hat, von dem, den keiner im Ort leiden konnte. Dem, der sich mit dem Geld, das er anderen gestohlen hatte, ein schönes Nest gebaut hatte, der schlicht und einfach reich war. Reich dadurch, dass er andere ausnutzte.

Und Jesus? Jesus trifft diesen Mann und lädt sich bei ihm zum Essen ein. Lässt sich von ihm verköstigen.

Oh! Ich kann sie gut verstehen, die vernünftigen, rechtschaffenen Bürger, dass sie da angefangen haben zu schimpfen. Sie, die sich brav hinten angestellt hatten, um mit Jesus ins Gespräch zu kommen, und dann geht er genau auf den zu, der ihnen gestern noch das Geld aus der Tasche gezogen hat! Und ihren Freunden und Nachbarn auch! Und an dessen Haus sie Tag für Tag vorbeikommen und sehen, wie es pracht- und prunkvoller wird, während sie in einer bescheidenen Hütte leben. Und sie wissen genau, mit wessen Geld er sich das alles leistet! Mit ihrem eigenen! Puh! Natürlich hätte ich da auch geschimpft!

Aber Jesus geht ausgerechnet zu *dem* mit nach Hause und genießt die Gastfreundschaft. Das kann doch nicht wahr sein!

Hätte die Geschichte nach moralisch-korrekten Maßstäben nicht eigentlich so lauten müssen:

Jesus zog mit seinen Jüngern durch Jericho. Dort lebte ein sehr reicher Mann namens Zachäus, der oberste Zolleinnehmer. Zachäus wollte Jesus unbedingt sehen; aber er war sehr klein, und die Menschenmenge machte ihm keinen Platz. Da rannte er ein Stück voraus und kletterte auf einen Maulbeerbaum, der am Weg stand. Von hier aus konnte er alles überblicken. Als Jesus dort vorbeikam, entdeckte er ihn. „Zachäus, komm schnell herab!", rief Jesus. „Ich muss mit dir reden!" Eilig stieg Zachäus vom Baum herunter und die beiden gingen eine Weile nebeneinander her. Jesus erzählt ihm Geschichten von Nächstenliebe und Barmherzigkeit. Dann sprach Zachäus: „Jesus, willst du nicht mein Gast sein?" Doch Jesus sah ihn ernst an, antwortete und sprach: „Nein. Wie kannst du bloß von mir denken, ich würde mich an dem bereichern, was du dir zu Unrecht genommen hast? Würde ich nicht meine Brüder und Schwestern verraten, die du betrogen hast? Nein, Zachäus, ich werde dein Haus nicht betreten und werde nicht an deinem Tisch essen. Reinige dich erst und tue Buße und wenn du alles zurückgegeben hast und dein Besitz mit den Armen geteilt hast und nur noch fair gehandeltes Bioessen hast, dann werde ich mich gerne an deinen Tisch setzen."

Und eilends ging Zachäus und verteilte seinen Besitz unter den Armen. Danach lud er Jesus zum Abendessen ein. Jesus nahm die Einladung mit einem väterlichen Lächeln an...

So wäre es doch nach unserem Empfinden wesentlich korrekter und sauberer abgelaufen, oder? Aber Jesus wählt nicht den für alle sichtbar korrekten Weg. Er lädt sich selber bei Zachäus ein, isst mit ihm, nimmt seine Gastfreundschaft an, obwohl er weiß, was für ein Halunke das ist!

In der Bibel (Lukas 19) finden wir interessanterweise keinen Hinweis darauf, was Jesus und Zachäus bei diesem gemeinsamen Essen beredeten. Aber wir lesen, was für Auswirkungen der Besuch Jesu auf Zachäus hatte:

Herr, ich werde die Hälfte meines Vermögens an die Armen verteilen, und wem ich am Zoll zu viel abgenommen habe, dem gebe ich es vierfach zurück.
(Lukas 19,8)

Es scheint nicht wichtig zu sein, was geredet wurde und was nicht. Entscheidend scheint zu sein, dass Jesus Zachäus zu Hause besucht hat und was Zachäus daraufhin getan hat.

Nun, leider hat Uwe nach unserem gemeinsamen Essen in der Pizzeria keinen Schwur geleistet, Liz gut zu versorgen und mit Geld überschüttet zurück nach Afrika zu schicken. Er hat einfach so weitergemacht wie vorher. Das finde ich nach wie vor schade. Der „Erfolg" war also nicht so deutlich und schnell sichtbar wie im Lukasevangelium.

Ich hoffe einfach, dass wir an diesem Abend richtig gehandelt haben. Etwas Besseres ist uns nicht eingefallen. Und wenn wir Dinge hätten sagen sollen, die wir nicht gesagt haben, dann möge Gott andere schicken, die das nachholen.

Nun, leider hat Uwe nach unserem gemeinsamen Essen in der Pizzeria keinen Schwur geleistet, Liz gut zu versorgen und mit Geld überschüttet zurück nach Afrika zu schicken.

Ich habe an dem Abend und bei vielen anderen Begegnungen nicht immer die Zeit gehabt, vorher gut zu überlegen, was korrekt ist. Sicher hätte ich manchmal besser, weiser, liebevoller oder klarer reagieren können. Das geht mir öfters so, dass mir hinterher die schlauen Sachen einfallen. Aber ich wünsche mir, dass sowohl Liz als auch Uwe gespürt haben, dass wir sie als Person wertschätzen.

Das Happy End

So dann wäre jetzt Zeit für das Happy End. Das würde doch Sinn machen – am Ende des zweiten Kapitels eine Erfolgsstory, die motiviert weiterzulesen. Während ich diese Zeilen schreibe, ist es 15 Jahre her, dass ich Liz zum ersten Mal begegnet bin.

Aber das Happy End …

… fehlt.

Da waren die Begegnungen mit Liz und Uwe. Fünf Jahre lang hatte ich intensiven Kontakt zu ihnen. Ich besuchte Liz im Wohnwagen und zu Hause. Wir telefonierten an Weihnachten, wenn sie bei Uwe saß und ich im fröhlichen Kreis meiner Familie.

Eines Tages hieß es, ihre Tochter solle nach Deutschland kommen. Hoffnung keimte in mir auf! Vielleicht könnte das ein entscheidender Moment sein! Vielleicht wäre das die Chance, dass sie endlich doch aussteigt!

Die Tochter (mittlerweile auch erwachsen) kam und ich lernte sie kennen: im Wohnwagen. Jetzt saß sie an Liz' Platz. Sie hatten beschlossen, sich den Wohnwagen zu teilen – das hieß mehr Geld für die restliche Familie in Afrika. Wieder war ich verwirrt. Bitte???

_____

Ich dachte, das Geld sei für die Kinder?!

_____

Würden nach und nach alle Kinder nach Deutschland kommen, sich hier prostituieren, um dann das Geld nach Afrika zu schicken? Für wen in Afrika?

Ich dachte, das Geld sei für die Kinder?!

Eine Welt, die ich bis heute nicht verstehe.

Wie konnte eine Mutter zulassen, dass ihre eigene Tochter …?

Immer noch betete ich, hoffte ich.

Dann – eines Tages kam ich zu Liz' Wohnwagen und dort saß eine blonde Frau. Eine Deutsche. Ihr war ich noch nie zuvor begegnet.

Das war ungewöhnlich. Während bei den anderen Wagen die Frauen öfters wechselten, blieben Uwes Frauen sehr konstant.

Auf meine Frage, wo denn Liz sei, erzählte sie mir Folgendes:

„Ach – die vom Uwe. Na, die Schwarzen warn doch alle betrunken und ham sich gezofft, dann gab's ne Messerstecherei. Alles voll Blut! Die Bullen kamen und jetzt sind se alle hoffentlich wieder da, wo se hingehören. Ham hier ja auch nix verloren, nehmen uns nur die Kunden weg."

Alle anderen Infos, die ich versucht habe, über Polizei und Medien einzuholen, führten zu demselben Ergebnis: Afrikanerinnen ohne

Aufenthaltsgenehmigung im Rotlichtmilieu entdeckt und abgeschoben. Was an der Messerstecherei dran ist – keine Ahnung.

Jedenfalls habe ich Liz nie wiedergesehen. Vielleicht ist sie in Afrika bei ihrer Familie. Vielleicht über Schlepperbanden schon längst wieder zurück in Europa – auf irgendeinem Straßenstrich. Vielleicht ... lebt sie gar nicht mehr.

Der Kontakt zu Uwe hat sich dann auch verloren.

Kein Happy End für eine Geschichte, die eins verdient hätte. Eine Geschichte, die ich auch gerne hier aufschreiben würde, um mir selber zu zeigen: Ich habe alles richtig gemacht!

Aber ich habe keins.

Und trotzdem will ich vertrauen, dass es ein Happy End gibt. Auch wenn ich es nicht miterlebe, vielleicht nie davon erfahren werde.

Ich glaube, wenn Gott nicht für jemanden wie Liz da ist, dann ist es nicht Gott. Und wenn Gnade nicht für jemanden wie Liz und Uwe reicht, dann ist es keine Gnade. Deswegen klammere mich an Hebräer 11,1:

> *Wenn Gott nicht für jemanden wie Liz da ist, dann ist es nicht Gott.*

„Was ist nun also der Glaube? Er ist das Vertrauen darauf, dass das, was wir hoffen, sich erfüllen wird, und die Überzeugung, dass das, was man nicht sieht, existiert."

Mehr hab ich nicht.

KAPITEL 3:
DU BIST JA NICHT GANZ DICHT

Gemeine Jugendwoche?

Ein paar Jahre später. Gemeinsam mit einigen Studenten vom Theologischen Seminar wollten wir eine Jugendwoche in einer Kleinstadt in Thüringen gestalten.

Schon die Vorbereitungen liefen super und als es dann anfing, erlebten wir eine atemberaubende und wunderbare Woche. Wir stellten für die Jugendlichen der Stadt alles auf die Beine, was uns nur möglich war: eine coole Band, die aktuelle Chart-Hits spielte, intensive Theaterstücke, die nah an den Themen der Jugendlichen dran waren, Religionsstunden an den Schulen (wir waren überzeugt: Das war der coolste Unterricht, den es dort jemals gegeben hatte), machten kreative Workshops, hielten ansprechende Predigten – eine riesige Show! Viele Jugendliche fühlten sich angezogen, kamen ins Gemeindehaus, schütteten uns ihr Herz aus und wir führten intensive Gespräche. Man könnte meinen, diese Woche war ein voller Erfolg!

Initiator dieser Woche war eine kleine Kirchengemeinde, die mal etwas Gutes für die Jugendlichen im Ort tun wollte. Und ja, diese Woche war gut! Und ja, sie tat den Jugendlichen gut!

Aber dann kam der Sonntag: der Abschlussgottesdienst, an dem sich die Jugendlichen und die Gemeindemitglieder begegnen und sich kennenlernen sollten.

Und an dieser Stelle begannen meine Bauchschmerzen: In dem kleinen Gemeinderaum saßen viele Teenager. Begeistert, aufgewühlt und dankbar für die Wertschätzung und Anerkennung die sie erlebt hatten, vielleicht ein bisschen verliebt in den Schlagzeuger, aber vor allem hoffnungsvoll, dass in ihrer Stadt jetzt etwas passieren könnte. Und sie wussten, dass alles, was sie erlebt hatten, irgendwie mit Jesus zu tun hatte – wie auch immer. Und dass sie wertvoll sind, dass ihre Begabungen gebraucht werden können. Dass es einen Ort gibt, wo sie einfach sein dürfen. Das hatten wir ihnen zumindest so gesagt, um ganz sicherzugehen.

Und ich sah die Gemeindemitglieder. Sehr freundliche, nette ältere Menschen. Unglaublich lieb. Gastfreundlich. Viele hatten die ganze Woche gebetet und das Ganze finanziert. Sie freuten sich über die jungen Leute. Sie fanden die Woche gut, auch wenn nicht alles so ihr Stil war. Und sie akzeptierten auch jetzt zum Abschluss noch einmal die Band mitsamt ihren englischen Liedern im Gottesdienst.

Und ich sah uns: begeistert von dieser Woche, übernächtigt und froh, jetzt gleich wieder nach Hause zu fahren.

Ich predigte im Abschlussgottesdienst, wir setzten uns in unsere Autos und ließen die beiden Gruppen zurück. Gemeinsam allein und völlig überfordert.

Natürlich kann man sich jetzt schöne Geschichten ausdenken, wie die älteren Leute mit den Jugendlichen zusammen… aber… nein. Die wussten einfach nichts miteinander anzufangen. Und da kann man niemandem einen Vorwurf machen.

Die Älteren waren hilflos, die Jugendlichen enttäuscht.

So gingen alle wieder ihrer Wege. Was blieb, war vielleicht eine nette Erinnerung.

Ich fühlte mich so gemein.

Und auch wenn es viele Gründe gibt, so etwas zu rechtfertigen, wussten Simon und ich: Das wollen wir nicht. Das tut niemandem wirklich auf Dauer gut. Das ist irgendwie sogar gemein.

Und den Jugendlichen jetzt zu sagen: Wir sind zwar weg, aber die Gemeinde ist noch da und Jesus ja auch – schien einfach nur Hohn.

Ebenso der Gemeinde zu sagen: Wir sind jetzt weg, die Jugendlichen mit den zerrissenen Jeans, die sind jetzt eure Aufgabe. Das passte einfach nicht.

Ein paar Entscheidungen

Und so beschlossen wir, unser „Evangelisten-Leben" hinter uns zu lassen. Dieses Reisen von Ort zu Ort, gute Botschaften zu verkündigen, etwas aufzuwühlen, um die Menschen dann wieder alleine zu lassen, dass wollten wir nicht. Wir wollten herausspazieren, ganz bewusst.

Für uns gab es nach reiflichen Überlegungen noch zwei Städte, die wir uns ansehen wollten: Berlin und Magdeburg. In Berlin gab es für uns beide ein Jobangebot in einem sozialen Projekt, das sehr kreativ, innovativ und postmodern mit Jugendlichen arbeitet. In Magdeburg gab es – erst mal nichts. Zumindest nichts, was wir kannten und schon gar kein Jobangebot. Zwei Freunde von uns waren ein Jahr zuvor dorthin gezogen und hatten interessante Ideen, die auch mit Jugendlichen und sozialem Engagement zu hatten.

Wir haben uns Zeit genommen und sind einen ganzen Tag durch Berlin gefahren, haben uns alles angesehen und waren tief beeindruckt von diesem großartigen Projekt, aber auf Berlin hatten wir keine Lust. (Klingt komisch, ist aber so.)

Nachdem wir auch ein paar Stunden durch Magdeburg gefahren sind – das ging irgendwie viel schneller –, saßen wir abends bei unseren Freunden beim Essen und konnten sagen: „Wir ziehen her!"

Das bedeutete, dass wir uns beide selbstständig machen mussten (Simon als Musiker, ich als Referentin und Theaterpädagogin). Wir hatten keine Sicherheiten, was unser Einkommen anging, aber wir wussten irgendwie, dass das jetzt genau richtig war. Magdeburg hatte unser Herz erobert und wir ahnten, hier erwartete uns ein Abenteuer oder auch mehrere ...

Klingt vielleicht nicht ganz dicht.

Wir kannten noch ein paar mehr Menschen mit verrückten Ideen. Liebe, abenteuerlustige Freunde, die zwar leider nicht nach Magdeburg wollten, sondern an andere lustigen Orte, und um all diesen Ideen zumindest einen groben strukturellen Unterbau zu geben, gründeten wir den Verein *Sunrise*. Im Nachhinein stellte sich heraus, dass das mit dem Verein eine gute Idee war. [3]

Für uns hieß es nun: raus aus dem Westerwald, in eine Großstadt in Ostdeutschland. Weg vom Dorf, in die Stadt.

Andere Freunde, andere Philosophien, andere Werte.

Das hat natürlich wieder für Verwirrung gesorgt! Und für Veränderung!

Wer nach allen Seiten offen ist ...

Ein guter Freund saß später in unserer Küche, wir unterhielten uns über Gott und die Welt und dann sagte er: „Bei dir hab' ich von Anfang an gedacht: Die ist nicht ganz dicht!" Ich kann nicht sagen, dass ich mich unbedingt darüber gefreut habe, aber vielleicht hat er ja auch ein bisschen recht.

> „Bei dir hab' ich von Anfang an gedacht: Die ist nicht ganz dicht!"

„Du bist ja nicht ganz dicht!" – wenn wir das hören, ist es meist nicht als Kompliment gemeint. Und vielleicht haben Sie nach diesen Geschichten auch den Eindruck: So ganz dicht ist die Becker aber nicht. Ist das nicht etwas zu offen? Zu weltoffen? Gibt es denn bei aller Liebe nicht irgendwo noch Grenzen?

„Weltoffen" – das ist für einige Menschen in meinem Umfeld ein ganz hoher Wert. Ein Wert, der verbunden wird mit Toleranz und einem weiten Horizont.

Doch dann gibt es da auch noch andere Stimmen. Stimmen, für die Weltoffenheit sehr negativ belegt ist und ihnen Angst macht.

Da ist *die Welt* gefährlich. Da wird gewarnt vor der Welt, vor den schlechten Einflüssen und schnell heißt es dann:

Wer nach allen Seiten offen ist, kann nicht ganz dicht sein.

Ein Satz, dem aus rein logischen Argumenten nicht zu widersprechen ist.

Wie offen dürfen wir denn sein?

Wo sind Bedenken berechtigt?

Wo muss man Grenzen ziehen und wo prägen einen die Menschen, die Einflüsse, denen man sich aussetzt, vielleicht viel mehr, als man es eigentlich für gut hält?

Fragen, die ich sehr gut kenne.

Fragen, die mich herausfordern.

Und ich spürte: Ich muss mich diesen Fragen stellen.

Wie viel Veränderung darf sein?

Die Menschen, die uns umgeben, prägen uns. Das ist erst einmal weder positiv noch negativ.

Martin Buber, der jüdische Religionsphilosoph, hat einmal gesagt: „Der Mensch wird erst am Du zum Ich."[4]

Und an den vielen unterschiedlichen Dus hier in Magdeburg wurde ich immer mehr zum Ich. Zu dem Ich, das ich heute bin.

Und je mehr Dus ich weiterhin begegne, desto mehr kann ich auch zum Ich werden.

Meine Eltern habe mich geprägt, meine Lehrer, meine frühere Gemeinde und ebenso meine Freunde damals und meine Freunde heute.

> Je mehr Dus ich weiterhin begegne, desto mehr kann ich auch zum Ich werden.

Aber auch die Menschen, die ich nicht unbedingt als meine Freunde bezeichnen würde, stehen mir als Du gegenüber.

Sie haben mich geprägt, meinen Glauben und mein Gottesbild herausgefordert und verändert. Gar nicht immer durch harte Diskussionen, sondern einfach durch das Miteinanderleben.

Sie alle haben abgefärbt und tun es immer noch.

Ein Freund brachte es mal auf den Punkt: „Du wolltest die Stadt missionieren und jetzt missioniert die Stadt dich."

Oh. Das klingt für evangelikale Christen und Christinnen gefährlich! Sind wir nicht ganz dicht?

Das kleine Salzkorn

„Weißt du", sagte das kleine Salzkorn zum großen. „Ich glaub, ich geh da jetzt raus."

„Wo? Raus?", fragte das große Salzkorn

„Na, in die Suppe", antwortet das Kleine eifrig. „Ich hab's satt hier im Salzstreuer. Ich glaube, wir sind zu mehr berufen. Ich will würzen."

Das alte Salzkorn schmunzelt: „Du? Dein Eifer in allen Ehren, aber guck dich mal an ... du bist so klein. Geradezu winzig. Und diese Suppe: Das ist ein ganzer Topf. Ich fürchte, du wirst untergehen. Mach dir mal keine zu großen Hoffnungen."

„Ich weiß", sagte das kleine Salzkorn. „Aber weißt du, wenn viele kleine Körner an vielen kleinen Orten, viele kleine Schritte tun, dann ..."

Das alte Salzkorn gähnt und lächelt milde: „Ich verstehe dich so gut. Als ich jung war, da war ich ähnlich wie du. Aber weißt du, ich hatte einen Freund, der ist auch losgezogen – hinein in die Suppe ... und weißt du was: Er war einfach weg. Keiner hat ihn je wiedergesehen. Hat sich völlig aufgelöst."

„Ja, aber ..."

„Weißt du, wir sind Salzkörner. Und das ist gut so. Das ist es, was uns ausmacht und wenn die Suppe gerne gewürzt werden möchte, dann kann sie gerne zu uns kommen. Ich bin mir sicher, keiner wird sie wegschicken. Aber sie muss schon wollen."

Nachdenklich ging das kleine Salzkorn beiseite ...

Ihr seid das Salz der Erde ... sagt Jesus.

Völlig aufgelöst ...

Es ist klar: Die Suppe kommt nicht in den Salzstreuer. Aber trotzdem hat das alte Salzkorn ja recht: Viele, die losgezogen sind, sind untergegangen, wurden nicht mehr gesehen, hatten zweifelhaften Erfolg. Manche haben sich scheinbar komplett aufgelöst, sich angepasst, ganz nach dem Motto: „Du wolltest die Stadt missionieren und jetzt missioniert die Stadt dich."

Die Bedenken sind berechtigt. Und es ist gut und wichtig, sich diese Fragen zu stellen. Sie nicht vorschnell kleinzureden, sondern sich bewusst zu machen, was passieren kann.

In dem sehr lesenswerten Buch „Warum ich nicht mehr glaube"[5] von Tobias Faix, Martin Hofmann und Tobias Künkler wird diesem Thema intensiv auf den Grund gegangen. Warum verlieren junge Erwachsene ihren Glauben? Sie arbeiten heraus, dass einer der Gründe dafür in dem Zeitraum liegt, in welchem sie ihr Umfeld verlassen. Sich anderen Weltanschauungen aussetzen, bereit sind, zu hinterfragen.

Wenn wir also bei dem Thema „Herausspazieren" und „Weltoffen sein" Bedenken haben, Vorsicht walten lassen, ist das durchaus berechtigt. Denn es kann tatsächlich sein, dass wir uns verändern und neu geprägt werden. Glaubenssätze über Bord werfen, für die wir einmal eifrig eingestanden sind.

Wir sind da in guter Gesellschaft von jemandem, der auch mit Bauchschmerzen herausspaziert ist, der auch Bedenken hatte und der vielleicht auch das Gefühl hatte, nicht ganz dicht zu sein.

Das geht zu weit

Er wusste: Das geht hier jetzt zu weit. Er hatte sich schon auf viel eingelassen. Hatte auch wirklich verrückte Dinge mit Gott erlebt, war an seine Grenzen gegangen, hatte sich auf die unmöglichsten Situationen eingelassen und war auch schon manches Mal untergegangen. Aber er wusste immer, wo er herkam und wo er hingehörte. Und er hatte immer seine Prinzipien gehabt. Werte, die ihm Halt gaben, und ihm in dieser verrückten Welt halfen. Er kannte sich aus in der Heiligen Schrift, kannte die guten Weisungen Gottes für sein Leben und konnte mit Fug und Recht von sich behaupten, dass er unterscheiden konnte, was richtig und falsch war. Deswegen wusste er: Das hier geht zu weit. Das kann und darf nicht sein.

Petrus war alleine. Er wollte in Ruhe beten, Zeit mit Gott ver-
bringen und er hatte schlichtweg Hunger. Richtig Kohldampf. Von
unten zog schon der Duft des Essens herauf, das Wasser lief ihm im
Mund zusammen. Und während er versuchte, sich auf seine Gebets-
zeit zu konzentrieren, sah er es plötzlich:
Petrus sah etwas vom Himmel herabkommen. Es sah aus wie ein
großes Leinentuch, das – an seinen vier Ecken zusammengehalten –
auf die Erde heruntergelassen wurde. In dem Tuch waren alle mögli-
chen Arten von vierfüßigen Tieren und Kriechtieren, aber auch von
Vögeln. Alle diese Tiere sind für Juden „unrein" und dürfen deshalb
nicht gegessen werden." (vgl. Apostelgeschichte 10,11-12)

Was muss das für eine Situation für Petrus gewesen sein! Er, ein Jude,
wusste genau, dass diese Dinge für ihn tabu waren. Dass Gott selber
mehrmals eindringlich gesagt hatte, diese Sachen seien unrein. Die
darfst du nicht essen. Ich bin heilig und du sollst auch heilig sein, also
halte dich davon fern.

Und jetzt sitzt er da oben auf dem Dach, alleine, hat Hunger und
dann hört er auch noch eine Stimme: „Petrus steh auf, schlachte diese
Tiere und iss davon!"

Ich kann mir gut vorstellen, dass er sich erst einmal Vorwürfe gemacht hat. Wie kann ich so etwas nur denken? Das muss mein Hunger
sein. Das darf doch nicht wahr sein! Kann ich mich nicht einmal aufs
Beten konzentrieren?

Und er reagiert, wie ein guter Jude reagieren würde. Ganz mit dem
Verstand sagt er völlig überzeugt: „Niemals, Herr! Noch nie in meinem
Leben habe ich etwas Unreines oder Verbotenes gegessen."

Es ist für uns heute ein bisschen schwer zu verstehen, warum Petrus
solche Schwierigkeiten hatte, das Zeug einfach zu essen. Wir kennen ja
so gut wie keine Speisegesetze und Verbote mehr. Ob wir etwas essen,
oder nicht, ist für uns meist keine Sache, die mit Glauben zu tun hat,
sondern mit Gesundheit und Geschmack. Oder, was ich sehr befürwor-
te, auch mit unserer Wertschätzung Tieren oder der Umwelt gegenüber.

Aber von einer Einteilung, wie sie im alten Israel vorgeschrieben war, sind wir noch weit entfernt.

Alles, einfach alles war damals eingeteilt in heilig und unheilig. In drinnen und draußen. Dieses Essen ist gut, das ist böse. In meinem Haus ist es heilig, bei Fremden ist es unheilig. Und während wir heute selten genau wissen, ob Produkte im Supermarkt denn nun wirklich zu 100 % fair gehandelt oder es vielleicht trotz Siegel nur zu 20 % sind, war die Sachlage damals ziemlich deutlich. Es gab nur ganz oder gar nicht. Und so wusste Petrus: Alles, was in diesem Tuch ist, ist unrein. Komplett.

Das, was er in diesem Tuch gesehen hat, war für einen gläubigen Menschen zu der damaligen Zeit das absolute No-Go. Geht nicht. Darf nicht. Bis hierher und nicht weiter. Wir können über Dinge reden, aber hier ist die Grenze. Eindeutig. Und dann hört er Gottes Stimme: „Iss es!"

Petrus antwortet mit einem überzeugten NIEMALS und postwendend kommt die Antwort: „Wenn Gott etwas für rein erklärt, dann nenne du es nicht unrein."

Und anstatt, dass dann Ruhe ist und Petrus es vielleicht mit der Mittagshitze und seinem leeren Bauch wegerklären kann, bleibt dieses Tuch mitsamt seinen Krabbeltieren dort und er hört wieder: „Iss es." Dreimal geschieht das Ganze.

„Iss!" – „Nein!" –„Wenn Gott etwas für rein erklärt hat, dann nenne du es nicht unrein."

„Also Iss!" – „Nein!" –„Wenn Gott etwas für rein erklärt hat, dann nenne du es nicht unrein."

„Und jetzt Iss." –„Nein!" – „Wenn Gott etwas für rein erklärt hat, dann nenne du es nicht unrein."

Und dann – endlich – ist das Tuch wieder weg. Und Petrus hatte keine Ahnung, was das Ganze sollte (vgl. Apostelgeschichte 10,17).

Und das alles auf leeren Magen! Was soll das?

So ein Tuch voll mit Zeug

Was war das für ein Zeug in dem Tuch? Was hatte das zu bedeuten? Ich habe mich gefragt, was wohl heute in so diesem Tuch wäre?

Wer in einer evangelikalen Gemeinde aufgewachsen ist, kennt die Unterteilung in heilig und unheilig vielleicht doch so ein bisschen, nur halt nicht beim Essen. Da gibt es auch Dinge, die unheilig sind. Die einfach nicht gehen. Das macht man nicht. Wo wir uns ebenso wie Petrus ganz sicher sind, dass wir uns davon fernhalten sollten. Vielleicht, weil wir es von klein auf gelernt haben. Vielleicht, weil wir es in unserer Gemeinde so gehört haben. Vielleicht, weil wir meinen irgendwann mal einen Bibelvers zu dem Thema gelesen zu haben („Ich weiß nicht genau, wo es steht, aber sagt Gott nicht irgendwo ... ").

Angenommen, am nächsten Sonntag würde in ihrem Gottesdienst plötzlich so ein Tuch vom Himmel kommen. Mit all den Dingen, die in einer Gemeinde oder in einem Leben eines Christen oder einer Christin bitte nichts zu suchen haben ... was könnte da drinnen sein? Vielleicht das schwule Pärchen? Dieses ganze Esoterik-Zeugs? Der Transvestit? Kiffende Jugendliche? Der Koran, der im Gottesdienst zitiert wird? Der NPD-Wähler? Die Prostituierte und der Zuhälter? Die Tätowierungen? Der Schlagzeugspieler in der Worship-Band, von dem man gar nicht so genau weiß, ob und was der eigentlich glaubt? Oder doch lieber die lesbische Nachbarin ...?

Vielleicht entfährt ihnen gerade auch ein NIEMALS! „Ich habe immer darauf geachtet, mich von so etwas oder so jemandem fernzuhalten. Und wenn, dann sind das Gäste, aber die werden nie mitarbeiten dürfen! Wir halten unsere Reihen sauber!" Willkommen! Sie sind in guter Gesellschaft! Auch für Petrus war diese Aufforderung ein Skandal! Gott forderte ihn auf, eine Grenze zu übertreten, die nicht übertreten werden durfte. Das ist heikel.

Petrus will nicht. Kann nicht. Darf nicht. Die Vision endet mit „Wenn Gott etwas für rein erklärt, dann nenne du es nicht unrein". Dann ist das Tuch weg. Ohne dass Petrus gegessen hat. Aber der Satz steht im Raum, oder besser auf dem Dach: Wenn Gott etwas für rein erklärt, dann nenne du es nicht unrein.

Weltoffen. Das ist ein bisschen viel des Guten, oder? Wenn wir uns auf die Welt einlassen, so wie sie ist, wenn wir losgehen, raus aus unserem Salzstreuer, unserer Gemeinde, unserer Komfortzone, dann kann es passieren, dass wir an unsere Grenzen kommen. Dass wir mit Dingen konfrontiert werden, mit denen wir lieber nicht konfrontiert werden würden. Dass wir Menschen begegnen, deren Überzeugungen wir nicht teilen, vielleicht sogar ablehnen, oder die uns Angst machen. Dass wir dann ganz aufgelöst reagieren. Und ich glaube, das ist auch völlig normal, das geht den meisten so, die sich auf etwas Neues oder anderes einlassen. Es geht mir auch gar nicht darum, alles gutzuheißen, so wie ich Uwes Job als Zuhälter auch niemals gutheißen werde oder manch rechte Einstellungen, die mir begegnet sind, furchtbar finde. Aber ich glaube, dass wir mutiger sein dürfen, Menschen die so ganz anders ticken als wir, zu begegnen. Dass wir viel weniger Angst haben müssen.

Einmal sollte ich auf einer Veranstaltung zu eben diesem Thema sprechen. Bevor es losging, kam die Verantwortliche ein wenig verwirrt zu mir und bat um Gebet. Sie hatte gerade am Büchertisch gestanden, als eine Frau aus dem Ort auf sie zukam und ihr erzählte, sie sei zum ersten Mal hier und wäre sehr gespannt. Sie selber habe gerade ein Yoga–Zentrum eingerichtet, ob sie nicht auch einmal vorbeikommen wolle – so als Gegenbesuch. Meine Gesprächspartnerin war völlig überrumpelt und aufgewühlt. Sie hatte sehr schnell und aus dem Bauch heraus geantwortet: „Nein. Ich habe meine Mitte in Jesus gefunden. Das ist nichts für mich." Jetzt war sie ganz irritiert, dass diese Frau im Publikum sitzen sollte. Könnte das nicht störend auf die ganze Veranstaltung wirken? Da war Angst und da war Unsicherheit. Geht das jetzt nicht zu weit?

Petrus verstand nicht, was das sollte. Momente, die wir nicht verstehen. Momente, in denen wir uns fragen: Sind wir noch ganz dicht? Geht das nicht etwas zu weit?

Konzert im „Knast"

Kurz nachdem Simon und ich nach Magdeburg gezogen sind, haben wir bei einem seiner Konzerte einige Jugendliche kennengelernt. Sie luden ihn ein, bei ihnen im Jugendklub aufzutreten. Der Jugendklub heißt „Knast", weil das Gebäude ein ehemaliges Stasi-Gefängnis ist.[6] So sagen die Jugendlichen nachmittags immer: Wir gehen jetzt in den Knast … und meinen das Jugendzentrum.

Kurz vor Ostern sollte dort eine Disco stattfinden und sie waren der Meinung, es sei eine gute Gelegenheit, dass Simon ein paar seiner Songs singen sollte. Wir freuten uns über die Einladung und sagten zu. Als wir den Jugendklub betraten, war die Disco schon in vollem Gange. Man verstand sein eigenes Wort nicht, dafür aber überdeutlich die Texte der Songs ... Es waren Texte, die ich nicht hören wollte. Texte, die ich auch hier nicht widergeben will. Texte, die menschenverachtend, erniedrigend, obszön und gewaltverherrlichend sind. Eigentlich ein

So sagen die Jugendlichen nachmittags immer: Wir gehen jetzt in den Knast ... und meinen das Jugendzentrum.

Grund, direkt wieder zu gehen, vor allem, wenn man an das Lied „Pass auf, kleines Ohr, was du hörst" denkt. Irgendwie hätte ich mir gewünscht, dass jetzt mal jemand „Herausspaziert" sagt, mich an die Hand nimmt und wieder zurück in so einen netten Jugendraum mit christlichen Sonnenuntergangspostern setzt, aber da kam keiner. Also blieb ich ...

Und die Jugendlichen grölten mit. Wir wurden mit großem Hallo begrüßt und während Simon seine Instrumente aufbaute, hatte ich Gelegenheit, mich ein wenig umzuschauen. Es gab eine Bühne, deren hintere Wand mit Graffitis gestaltet war: Übergroße Menschen zielten dort mit Pistolen in den Raum, Blut spritzte und manche der gemalten Figuren waren sehr spärlich bekleidet. Auf der Bühne war eine Stange, an der gerade ein ungefähr sechsjähriges (und das ist jetzt kein Schreibfehler!) Mädchen aus Spaß tanzte. Das alles wollte in dieser kurzen Zeit gar nicht so wirklich in mein Hirn hinein.

Ich sah Simon, der sein Keyboard aufbaute, dachte kurz an seine Lieder (sowohl von der Art, als auch vom Inhalt) und wollte ihm ins Ohr flüstern: „Tu das nicht! Das passt hier nicht hin! Das wird ein Reinfall! Lass uns von hier so schnell wie möglich verschwinden. Wir haben hier nichts verloren!" Aber meine Gedanken erreichten ihn nicht und so ging er scheinbar unbeirrt auf die Bühne. Ich wäre am liebsten verschwunden und stellte mich auch schon mal vorsichtshalber in die Nähe des Ausgangs.

Dann ging es los. Simon schlug die Tasten an und sang. Ein Lied, das ich sehr gerne mag: *Save in my hands.* (Eine sehr ruhige Ballade mit englischem Text, in der es um Sicherheit bei Gott geht – ich fragte mich kurz, ob es etwas Unpassenderes für diesen Moment gibt?) Doch dann traute ich meinen Augen und Ohren nicht, als ich sah, dass die Jugendlichen sich plötzlich in den Armen lagen, ihre Feuerzeuge hochhielten und begannen, mitzusingen. Sie kannten den ganzen Text vom letzten Konzert noch auswendig, riefen nach einer Zugabe und waren anschließend stolz, selbst ins Mikro singen zu dürfen! Was für eine Stimmung! Die Disco vorher, das Bühnenbild, davor Simon und dann diese Musik. Er verschenkte anschließend über 50 CDs und wir wussten: An diesem Ort waren wir nicht zum letzten Mal. Damals ahnten wir noch nicht, dass wir noch nicht einmal ein Jahr später mit diesen liebenswerten Jungs und Mädels den 1. FC Knast 09 gründen würden und welche Abenteuer das noch alles mit sich ziehen würde.

Hier hatten wir wirklich nichts verloren. Aber viel gewonnen. Weltoffen. Wenn wir uns auf diese Welt, auf die Menschen dieser Welt einlassen, dann werden wir öfters das Gefühl haben: Hier haben wir nichts verloren. Dann sagt der erste Eindruck vielleicht öfter: Nichts wie weg hier. Halt dich fern. Aber manchmal geht man doch weiter. Und dann dürfen wir erleben: Gerade da, wo wir scheinbar nichts verloren haben, können wir viel gewinnen.

> Gerade da, wo wir scheinbar nichts verloren haben, können wir viel gewinnen.

Die Puzzleteile passen zusammen

Zurück zu Petrus. Während Petrus noch über die ganze Sache nachdenkt, klopft es an der Tür. Männer stehen dort, die sich nach Petrus erkundigen. Noch weiß Petrus nicht, wer diese Männer sind, als der Heilige Geist zu ihm spricht: „Es sind drei Männer zu dir gekommen. Geh hinunter und reise mit ihnen. Du brauchst keine Bedenken zu haben, denn ich habe sie gesandt" (Apostelgeschichte 10,20).

Petrus geht und diese Männer erklären ihm, wer sie sind und warum sie hier sind. „Der Hauptmann Kornelius schickt uns. Er ist ein guter Mann, der Gott ehrt und von allen Juden hochgeachtet wird. Durch einen heiligen Engel erhielt er von Gott den Auftrag, dich in sein Haus einzuladen und darauf zu hören, was du ihm zu sagen hast."

Was für eine skurrile Situation. Wie verrückt das Ganze – sowohl für Petrus als auch für Kornelius.

Vielleicht dämmert es Petrus langsam: Die ganze Erscheinung war für ihn eine Vorbereitung. Es ging Gott gar nicht ums Essen. Es ging Gott nicht darum, dass Petrus einfach mal so eine Grenze überschreitet, um zu beweisen, dass man als Christ nicht so eng sein muss. Nein, es geht Gott um etwas viel Größeres, etwas viel Wichtigeres: Es geht ihm um einen Menschen. Und sogar um noch mehr. Es geht ihm um das, was entstehen kann, wenn Menschen aus unterschiedlichen Welten sich begegnen.

In Apostelgeschichte 10,1ff steht, dass auch Kornelius eine Erscheinung hatte, dass auch er von Gott auf die Begegnung mit Petrus vorbereitet wurde. Kornelius war ein römischer Hauptmann, ein Mann, der zwar dem jüdischen Glauben nahestand und auch ein guter Mensch war, aber für damalige Verhältnisse war es trotzdem „draußen". So nach dem Motto: „Naja, ein guter Mensch sein reicht halt nicht, entscheidend ist, dass du Jude bist."

Und somit war es verboten, Umgang mit ihm zu haben, an einem Tisch mit ihm zu essen, in seinem Haus zu sein. Man würde sich verunreinigen.

Doch Petrus lässt die Männer – entgegen aller gesetzlicher Vorschriften – in sein Haus, lässt sie dort übernachten und zieht am nächsten Tag tatsächlich mit ihnen los. Und dann erlebt er: Hier passen die Puzzleteile zusammen. Ich bin nur ein Teil der Geschichte! Es gibt da noch einen Hauptmann, einen Engel, zwei Diener und einen Soldaten. Es geht hier gar nicht nur um mich. Und es geht auch nicht nur um Kornelius.

Wir tun manchmal so, als würde alles nur um uns gehen. Als wären wir entscheidend. Wir lassen uns auf etwas ein, oder eben auch nicht. Manchmal leben wir so, als würde alles an uns hängen, aber das stimmt nicht. Wir sind immer nur ein Teil des Puzzles. Die anderen gehören dazu. Und zwar nicht nur als Objekte, als „zu Erreichende", sondern als Subjekte. Als Menschen,

> Wir tun manchmal so, als würde alles nur um uns gehen.

die ebenso Entscheidungen getroffen haben, sich auf eine andere Welt, einen anderen Glauben, eine andere Weltanschauung einzulassen.

Respekt und Wertschätzung

Denken wir noch einmal an die Frau mit dem Yoga-Zentrum, die plötzlich in der christlichen Veranstaltung saß. Eine Frau, die ihre Überzeugungen hat, ihre Erlebnisse, die sich ihr Weltbild über die Jahre aufgebaut hat. Eine Frau, die gerade etwas gegründet hat, ein Abenteuer gewagt hat, auf das sie jetzt stolz ist. Zu Recht. Eine Frau, die auch den Schritt wagt – hin zu diesen Christen. Die neugierig ist, sich auf etwas einlässt, was vielleicht bisher noch keine große Rolle in ihrem Leben gespielt hat. Warum auch immer sie zu der Veranstaltung kam, irgendwas hatte sie angelockt. Das ist mutig und dieser Mut sollte respektiert und geachtet werden.

Und vor diesem Mut braucht man auf keinen Fall Angst zu haben.

Ich finde es ermutigend zu sehen, wie Petrus sich auf den Weg macht. Wie er den Aufwand auf sich nimmt. Seine Komfortzone verlässt und zu Kornelius geht. Er lässt Kornelius nicht zu sich kommen, sie treffen sich nicht an einem sogenannten „neutralen Ort", sondern er geht zu Kornelius nach Hause.

Wir dürfen losgehen und dann gucken, was passiert. Das, was Petrus dann erleben wird, entsteht nicht als fertiges Konzept am Schreibtisch. So etwas entsteht, indem man losgeht – an Orte, an denen man scheinbar nichts verloren hat.

Die Geschichte von Kornelius und Petrus ist gerade in dieser Zeit, wo die Welt gefühlt mal wieder näher zusammenwächst, wo wir Haustür an Haustür mit bisher noch völlig fremden Menschen leben, brandaktuell. Petrus geht also los und Kornelius erwartet ihn schon.

In der Bibel steht: Noch bevor Petrus das Haus betreten hatte, kam ihm Kornelius entgegen und fiel ehrerbietig auf die Knie. Doch Petrus wehrte ab: „Steh auf, ich bin auch nur ein Mensch!" und half ihm wieder auf (vgl. Apostelgeschichte 10,25f).

Auf Augenhöhe

Das muss man sich mal bildlich vorstellen! Der eine fällt ehrerbietig auf die Knie und dem anderen ist das so unangenehm, dass er ihm sofort wieder aufhilft. Und jetzt ist eins möglich: Sie schauen sich in die Augen. Jetzt begegnen sich Petrus und Kornelius auf Augenhöhe. „Steh auf, ich bin auch nur ein Mensch", sagt Petrus. Das ist ein ganz entscheidender und wichtiger Moment: Begegnung auf Augenhöhe.

Petrus begegnet Kornelius auf Augenhöhe und dann gehen sie gemeinsam in sein Haus. Wörtlich steht da: *„Während sie noch miteinander redeten."* Miteinander! Da hat keiner den anderen zugetextet!

Natürlich, da gab es viel zu reden. Zwei so unterschiedliche Männer, mit solchen Lebenserfahrungen stehen sich plötzlich gegenüber. Beide haben Gott in den letzten Tagen auf beeindruckende Art und Weise erlebt und merken jetzt, wie die Puzzleteile zusammenpassen. Und ja: Kornelius will von Petrus lernen! Er will von Petrus hören, wie das Leben mit Jesus so war. Was dieser Jesus bedeutet und was dran ist an den Geschichten von seiner Kreuzigung und seiner Auferstehung. Petrus hatte ja nun einmal Faszinierendes hautnah erlebt. Aber auch Petrus lernt. Das, was Kornelius zu erzählen hat, ist unglaublich wichtig für Petrus. Er ist interessiert an den Erfahrungen, die Kornelius gemacht hat. Kornelius, der als jemand, der nicht „drinnen" ist, Gott erlebt und erfährt. Petrus verändert sich durch diese Begegnung, denn auch Petrus ist nicht fertig, sondern entwickelt sich weiter. Wie sehr kann es uns weiterbringen, wenn wir nicht versuchen interessant zu sein, sondern interessiert.

> Wie sehr kann es uns weiterbringen, wenn wir nicht versuchen interessant zu sein, sondern interessiert.

Und so begrüßt Petrus die versammelte Hausgemeinschaft des Kornelius mit folgenden Worten:

„Ihr wisst ebenso wie ich, dass es einem Juden streng verboten ist, in das Haus eines Nichtjuden zu gehen oder sich auch nur mit ihm zu treffen. Aber Gott hat mir gezeigt: Ich darf keinen Menschen für unrein halten und ihm darum die Gemeinschaft verweigern."
(Apostelgeschichte 10,28)

Was für ein Satz! Was für ein Satz für einen Juden damals und was für ein Satz für uns heute! Ich darf keinen Menschen für unrein halten und ihm darum die Gemeinschaft verweigern. Diesen Satz habe ich mir in meiner Bibel leuchtend gelb angemarkert. Er ist toll! Er ist so deutlich! So klar! Ich habe schon viele Sprüche an Gemeindewänden gelesen, aber diesen noch nicht. Schade eigentlich.

Ich darf niemandem die Gemeinschaft verweigern. Ich darf niemanden für unrein halten. Ich habe das nicht zu entscheiden. Ich darf auch niemandem seinen Glauben absprechen.

Welche Dinge wären in unserem Tuch, die wir lieber meiden würden? Wo haben wir Angst vor einer Begegnung auf Augenhöhe? Das heißt nicht, dass wir alles gut finden oder gar unterstützen müssen, was der oder die andere macht.

Aber ich darf jedem Menschen auf Augenhöhe begegnen, denn ich bin auch nur ein Mensch.

Ich darf jedem Menschen zuhören. Egal, wie lang das Vorstrafenregister ist, egal, welche Religion er oder sie hat, egal, welche Partei gewählt wird und egal, welche sexuelle Ausrichtung er oder sie hat. Oder um noch deutlicher zu werden: Ich darf es nicht nur, ich bin sogar dazu aufgefordert, den Menschen, die sich nicht in meinem alltäglichen Umfeld befinden, auf Augenhöhe zu begegnen.

Nur das wird mich weiterbringen. Nur das wird mich immer stärker zu der Person machen, die ich bin.

Der Mensch wird erst am Du zum Ich.

Interessiert, nicht interessant sein

Spazieren wir also heraus aus unserer Komfortzone und dann begegnen wir den Menschen auf Augenhöhe und interessieren uns für sie. Reden wir miteinander. Hören wir zu und bauen eine Beziehung auf. Lernen wir die Menschen kennen.

Nicht von oben herab, sondern als „auch nur ein Mensch." Als eine, die auch immer noch auf der Suche ist, die immer noch lernt, bereit ist, sich zu verändern, die mit Gott leben will.

Nicht von oben herab, sondern als „auch nur ein Mensch."

Diese Geschichte von einem Petrus, der herausspaziert, öffnet den Horizont.

Petrus darf erleben: Gott hat das alles vorbereitet, ich bin ein kleiner Teil einer größeren Geschichte und lerne dadurch. Dann geht es ziemlich rasant weiter: Petrus bleibt noch ein paar Tage bei Kornelius und einige Menschen (Nichtjuden) werden getauft! Auch das ist für uns in unserer Kultur schwer zu verstehen, was für eine Bedeutung das hat und was das für ein Umbruch war, dass diese Menschen, die keine Juden waren, sich haben taufen lassen. Sowohl für die jüdischen, als auch für die christliche Gemeinschaft. Gerne wäre ich dabei gewesen. Ich stelle mir die Stimmung ausgelassen und fröhlich vor und beeindruckt, von dem, was Gott getan hat. Und wie sie sich und anderen wieder und wieder erzählen, wie dass denn jetzt alles so zustande gekommen ist, mit diesem Tuch und diesem Traum und so. Einfach ein Fest.

Ärger mit den Frommen

Aber irgendwann ist auch diese Zeit vorbei und Petrus geht wieder zurück nach Jerusalem. Also quasi zurück in den Salzstreuer. Natürlich hatte sich die Nachricht von alledem schon verbreitet. (Auch ein sehr aktuelles, aber nicht neues Thema: Wie schnell sich Skandale in der christlichen Welt verbreiten.) Und als Petrus völlig beschwingt wieder zu Hause ankommt, kriegt er erst einmal kräftig eins auf den Deckel! „Die jüdischen Gemeindemitglieder warfen ihm vor: ‚Du hast das Haus von Nichtjuden betreten und sogar mit ihnen gegessen'" (Apostelgeschichte 11,2f).

Natürlich werfen sie ihm das vor. Das ging ja gar nicht! Petrus war ja auch zu weit gegangen. Er war ja wohl nicht ganz dicht. Und wenn wir losgehen und anderen Menschen auf Augenhöhe begegnen, werden wir auch nicht immer Verständnis aus den Reihen der Frommen bekommen. Vermutlich werden wir auch kritische Blicke und Fragen ernten. Wobei es schön wäre, wenn wir zumindest, wie Petrus, direkt darauf angesprochen werden würden.

Ausführlich erzählt Petrus, wie sich die ganze Geschichte abgespielt hat und er beendet seine Rede: „Wer bin ich, dass ich Gott daran hätte hindern können?" Die Reaktion ist deutlich: Es verschlägt ihnen die Sprache. Dem haben sie nichts mehr zu entgegnen. „Als sie das hörten, schwiegen sie still und lobten Gott." (Apostelgeschichte. 11,18; LUT).

Petrus hat jetzt den eindeutigen Vorteil, dass sein Erlebnis durchaus von schnellem, sichtbarem und messbarem Erfolg gekrönt ist. So etwas überzeugt natürlich. Das wird aber nicht immer so sein. Vielleicht manchmal. Vielleicht ist der Erfolg aber manchmal auch gar nicht so sichtbar oder messbar. Dann wird es schwieriger, Kritik und Fragen auszuhalten. Dann ist das halt so. Aber dann können wir uns daran erinnern, dass Jesus auch oft scheinbar zu weit gegangen ist und mit Frauen „aus dem Milieu" geredet hat, Menschen mit ansteckenden Krankheiten berührt hat, gegessen hat mit den Ausbeutern der Stadt. Und dass auch er ständig Ärger mit den Frommen hatte. Da werden so manche alten Salzkörner plötzlich ganz schön biestig.

Wenn Jesus sagt: „Gehet hin in die ganze Welt", kann man dann zu weit gegangen sein?

„Das färbt schon auf dich ab."

„Wo bist du denn? Untergegangen?"

„Du wolltest die Stadt missionieren und jetzt missioniert die Stadt dich."

Weltoffen – mit offenen Augen durch die Welt gehen. Wenn Jesus sagt: „Gehet hin in die ganze Welt", kann man dann zu weit gegangen sein? Ich darf keinen Menschen für unrein halten und ihm darum die Gemeinschaft verweigern.

Nicht ganz dicht, aber ganz dicht dran

Wer nach allen Seiten offen ist, kann nicht ganz dicht sein. Dieser Satz stimmt. Na und? Ist doch egal. Jesus hat uns ja auch nie aufgetragen, dicht zu halten. Vielleicht sind wir nicht ganz dicht, aber dafür vielleicht ganz dicht dran, an dem, was Jesus meinte.

Wenn das Salz einmal in der Suppe ist, wird es sich mit großer Wahrscheinlichkeit auflösen und mit noch größerer Wahrscheinlichkeit wird es auch nicht mehr zurück in den Salzstreuer kommen. Aber das ist ja auch nicht die Aufgabe des Salzes. Im Gegenteil: Es gehört in die Suppe! Und nur wenn es sich auflöst, wird es salzen.

Jesus selbst hat immer wieder die Grenzen überwunden und zwar nicht, um anderen etwas zu beweisen, um sie in ihrer Engstirnigkeit zu beeindrucken, sondern immer, weil es ihm um etwas Größeres, etwas Wichtigeres geht: um Menschen.

Und Menschen sind es immer wert, dass wir Grenzen überwinden, überschreiten. Dass wir an Orte gehen, an denen wir nichts verloren haben, denn dort können wir viel gewinnen.

KAPITEL 4:
VERZWEIFELT

Ja, es stimmt, wir haben viel gewonnen. Wir wurden sowohl im Westerwald bei der Arbeit mit den Frauen als auch hier in Magdeburg oft von Gott überrascht. Haben ihn an Orten erlebt, wo wir ihn nicht vermutet hätten. Aber das ist nicht immer so. Manchmal hatten und haben wir schon das Gefühl, verloren zu haben. Es gab und gibt auch sehr, sehr traurige Momente, durchweinte Nächte, Verzweiflung, Fragen an Gott.

Denn genau das fehlt ja: Menschen, denen Menschen zu Herzen gehen.

Trostsprüche wie: „Du darfst das nicht persönlich nehmen" oder „Nimm's dir nicht so zu Herzen" waren da oft ein sehr schlechter Trost. Denn genau das fehlt ja: Menschen, denen Menschen zu Herzen gehen. Menschen, die Menschen persönlich nehmen.

Im Gefängnis

2009 haben wir mit den Jungs und Mädels aus dem Jugendzentrum Knast, die Hobbyfußballgruppe 1. FC Knast 09 gegründet. Meist lief es so ab: Die Jungs spielten Fußball, die Mädels saßen am Rand und quatschten. Also alle Klischees bedient. Wir haben aber nicht nur mit den Jugendlichen Fußball gespielt und geredet, sondern wir wollten Beziehungen zu ihnen aufbauen, und da wir damals noch keine Kinder hatten, konnten wir relativ problemlos viel Zeit mit ihnen verbringen.

Wir waren bei ihnen, haben sie mitgenommen zum Campen, sie haben bei uns übernachtet, mal geplant, mal, wenn sie zu Hause rausgeworfen wurden. Und so bekamen wir teilweise einen recht intensiven Einblick in ihre Leben. Und wir haben sie wirklich ins Herz geschlossen. Es gab so viele schöne Momente! Einer dieser Jungs ist Max.

Max haben wir kennengelernt, als er 15 war. Ein kleiner Kerl, Max, der einfach mit dazugehörte. Wenn er bei uns übernachtete, rollte er sich wie ein kleiner Hund in meinem alten Korbsessel zusammen. Er war mit auf einem Camp, wurde in seinem Zelt vom Regen überschwemmt und war bei allen Wasserschlachten mit dabei. Doch irgendwann kam Max nicht mehr zum Fußball. Und dann hörten wir die Gerüchte: Er verstecke sich vor der Polizei bei einem Kumpel. Immer nur stückweise erfuhren wir etwas. Bis es plötzlich hieß: Jetzt ist er im Gefängnis. Da es für mich der erste Mensch aus meinem näheren Umkreis war, habe ich mir das sehr zu Herzen genommen. In der ersten Nacht nach dieser Information konnte ich nicht schlafen.

Wir nahmen per Brief Kontakt zu ihm auf. Er schrieb glücklich zurück. Einmal im Monat durfte er Besuch bekommen. Er sagte uns, dass wir ein paar Tage später kommen dürften, und wir machten uns auf den Weg – eine Stunde Fahrt. Vor dem Gefängnis angekommen durften wir aber nicht rein: Wir standen auf keiner Liste, er hatte uns nicht angemeldet. Also wieder nach Hause und wieder schreiben. (Einen echten Brief auf Papier!) Warten auf den nächsten Termin. Wieder eine Stunde Fahrt. Und dann durften wir zu ihm. Durch mehrere Schleusen gelangten wir schließlich in den Besucherraum. Dort warteten wir, bis die Gefangenen hereingeführt wurden.

Er kam in seiner Gefängniskluft. (Nein, keine gestreiften Hemden mit einer Nummer drauf, aber so schlicht, dass deutlich war: Diese Kleidung ist kein Statussymbol.) An jedem Tisch standen vier Stühle. Drei grüne, ein roter Stuhl. Auf die grünen mussten wir uns setzen, auf den roten der Gefangene. Nach einer Stunde, die schneller verging, als wir dachten, durften wir wieder nach Hause, er musste wieder zurück in seine Zelle.

Lange Briefwechsel, einen Besuch im Monat. Jedes Mal schrieb er Simon auf die Liste. Einmal trafen wir seine Mutter zufällig in der Stadt.

Sie hatte keine Ahnung, wie sie ihn besuchen sollte und schrieb ihm nur selten. Wir schrieben wieder einen Brief, in dem wir ihn fragten, ob er nicht auch mal seine Mutter zum Besuch anmelden wollte. Er wollte. Das nächste Mal fuhr Simon mit ihr gemeinsam hin. Manchmal rief er an. Seinen 18. Geburtstag feierte er im Gefängnis. Es war ein trauriger Tag. Ich hatte ihm einen Kuchen gebacken, den wir für ihn bei uns zu Hause gegessen haben.

Dann schrieb er, dass er als Zeuge zu einer Verhandlung nach Magdeburg gebracht werden würde. Ich fuhr hin, weil ich ihn sehen wollte. Doch noch bevor er aufgerufen wurde, war die Verhandlung aus irgendwelchen Gründen beendet. So konnten wir uns nicht sehen. Hinterher schrieb er: „Weißt du, was völlig krass war? Wir wurden ja mit dem Bus gebracht und eigentlich war mir alles egal. Aber als wir durch Zerbst gefahren sind, hab' ich gerade rausgeguckt und da habe ich Martin gesehen! Den Mitarbeiter vom Camp, weißt du noch? Da habe ich mich total gefreut." Was für eine Sehnsucht!

> Seinen 18. Geburtstag feierte er im Gefängnis.

Die Briefe, die er schrieb, waren geprägt von Hoffnung. Von: Wenn ich rauskomme, wird alles besser. Wir überlegten hin und her, schmiedeten Pläne und fragten uns, wie wir ihm helfen könnten. Betreutes Wohnen? FSJ? Schließlich hatte sich unsere Beziehung ja durch die Briefe („ihr seid die einzigen, die mir schreiben") intensiviert.

Nach neun Monaten kam er wieder raus. Im Gefängnis hatte er sich einige Hundert Euro verdient. Als Simon ihn abholte, hielt er das Geld bar in der Hand. Zuerst gingen die beiden zu McDonalds – das hatte er sich gewünscht. Dann wollte er erst einmal wieder zurück, ein paar alte Kumpels besuchen. Von da an wurde der Kontakt rapide weniger.

Das verdiente Geld war innerhalb von zwei Wochen für die coolsten Klamotten draufgegangen. Anfangs kam er noch zum Fußballtraining, dann wurde auch das immer weniger. Mal schrieben wir uns über Facebook. Es kamen vage Antworten. Und auch hier gab es wieder Gerüchte, die er dann schließlich bestätigte: Crystal Meth. Eine üble Droge, die für wenig Geld schnell zu großer körperlicher Zerstörung und Abhängigkeit führt.

Das Leben ist unfair!

Das ist Realität. Und Max ist mittlerweile nicht mehr der Einzige, den wir im Gefängnis besucht haben und auch nicht der Einzige, der harte Drogen nimmt. Aber wer oder was hilft denn da? Soziale Konzepte? Beziehungen? Therapien?

Immer wieder spreche ich mit Leitern von therapeutischen und sozialen Einrichtungen und alle bestätigen mehr: Die Rückfallquote ist riesig. Wo bleibt da also mein Glaube? An Gott?

Es fällt mir schwer zu sehen, mit welch unterschiedlichen Startbedingungen schon Kinder in ihr Leben starten und dann noch weiter an Gerechtigkeit zu glauben. Ich schaue in Gesichter von kleinen Jungs, wo in den Augen schon mit fünf Jahren etwas zerbrochen ist. Ich höre Geschichten von Jugendlichen und würde mich am liebsten wieder in irgendeinen Gottesdienst zurückbeamen, wo der Glaube an die Liebe selbstverständlich ist und fröhlich davon berichtet wird, dass Gott groß ist, weil er unser Gebet um einen Parkplatz erhört hat.

Klingt das sarkastisch? Ja – und der Sarkasmus gehört auch dazu. Denn viele Momente, viele Geschichten haben mich an dem Gott, wie ich ihn kennengelernt habe, zweifeln lassen. Es ist eben nicht so, dass Gott einfach so funktioniert. Ich erinnere mich an ein Vorbereitungstreffen für ein Frühstückstreffen für Frauen. Es ging um die Themenauswahl. Eine der Anwesenden brachte das Thema „Umgang mit Leid" auf den Tisch. Da schaute mich eine sehr fein gekleidete Dame über den Goldrand ihrer Lesebrille hinweg an und fragte herablassend: „Was kann man denn mit 28 Jahren schon für Leid erlebt haben?"

Heute würde ich antworten: „Alles Leid der Welt." Und dafür muss man nicht erst 28 werden. Ich leite seit einigen Jahren Theaterprojekte, sowohl für Kinder und Jugendliche aus Magdeburg als auch für geflüchtete Kinder. Da hört man Geschichten, die einem Tränen in die Augen treiben. Fluchterfahrungen. Vergewaltigte Teenager. Erwachsene Männer, die sich immer noch nach einer Umarmung ihres Vaters sehnen. Jugendliche, die sich die Haut aufschneiden, um den Schmerz innen drin nicht zu spüren. Da sind Familien, die gemeinsam in ihrer vom Krieg zerstörten Heimat Schreckliches erlebt habe, fliehen mussten und jetzt, zusammen oder auch getrennt, hier im friedlichen Deutschland Zuflucht suchen. Da sind Kinder, die hier, in Deutschland, in ihrer Familie, Schreckliches erleben und keine Möglichkeit sehen zu fliehen.

Max postete irgendwann bei Facebook: „Einmal meinen Vater sehen, das wäre mein größter Wunsch." Der Wunsch wurde ihm erfüllt… es war kein schönes Erlebnis.

Wieso hält Gott sich mit so einem Kleinkram auf?

Glaube an einen Gott, der jeden Menschen liebt? Der alle Tränen trocknet? Der dir auch in Kleinigkeiten hilft? Dir einen Parkplatz besorgt, dich deinen Schlüssel wiederfinden lässt und macht, dass dein Mann anfängt die Waschmaschine auszuräumen?

Vielleicht sollte Gott sich mal weniger mit so einem Kleinkram aufhalten und stattdessen die Welt retten.

Max.

Kinder, die flüchten mussten.

Unbegleitete minderjährige Flüchtlinge.

Liz im Wohnwagen.

Der Obdachlose, dem ein Bein amputiert wird.

Die junge Mutter, die an Krebs stirbt.

Uwe, der mal ein kleiner Junge war.

Immer wieder wird mir klar: Meine Kraft reicht nicht. Meine tollsten Ideen und meine Konzepte reichen nicht. Und Gott reagiert nicht so, wie ich es gerne hätte. Und auch nicht so, wie ich es gelernt habe. Vielleicht sollte Gott sich mal weniger mit so einem Kleinkram aufhalten und stattdessen die Welt retten.

Wofür beten wir? Ja, auch ich habe schon für verlorene Schlüssel gebetet. (Öfter, als mir lieb ist.) Und mich tierisch gefreut, wenn ich ihn dann gefunden habe. Ich glaube nicht, dass das verwerflich ist. Ich glaube, dass wir mit allen großen und kleinen Sorgen zu Gott kommen können und ein verlorener Schlüssel kann manchmal eine sehr große Sorge sein! Aber an diesem Punkt dürfen wir nicht stehen bleiben. Jesus hat bestimmt nicht gelebt, sich kreuzigen lassen und ist vom Tod wieder auferstanden, damit er mir in meiner Verpeiltheit hilft! Das muss noch einen anderen Sinn gehabt haben.

Der Gott, den ich als Kind kennengelernt hatte, passte nicht mehr in mein Leben. Das tat manchmal ganz schön weh. Schien er doch nicht so allmächtig, allgegenwärtig und liebevoll zu sein. Schien er sich auch irgendwie mehr in der bürgerlichen Mittelschicht zu bewegen als am Rand der Gesellschaft. Schien er sich zwar um verlorene Schlüssel zu kümmern und manchmal auch um Kopfschmerzen (oder war es doch das Aspirin, das geholfen hat?), aber bei den wirklichen Problemen? Den großen Dramen dieser Weltgeschichte…

Nein, ich will noch nicht mal an die großen Dramen dieser Weltgeschichte denken, sondern an die Trauer der Menschen, die ich liebe. An die Verzweiflung der Kinder, an den gebrochenen Blick einer 16-Jährigen. An die Abschiebung bei Nacht und Nebel. Nun ja … also doch die großen Dramen der Weltgeschichte.

Wo ist Gott da?

Ein Gott aus Holz?

Tolstoi hat mal gesagt:

> *Wenn dir der Gedanke kommt, dass alles, was du über Gott gedacht hast, verkehrt ist und dass es keinen Gott gibt, so gerate darüber nicht in Bestürzung.*
>
> *Es geht allen so. Glaube aber nicht, dass dein Unglaube daher rührt, dass es keinen Gott gibt.*
>
> *Wenn jemand an seinen hölzernen Gott zu glauben aufhört, so heißt das nicht, dass es keinen Gott gibt, sondern nur, dass er nicht aus Holz ist.*

Wie auch immer dieses Holz aussah und was es genau war, ich will dabei nicht stehenbleiben. Ich will weiter lernen. Hoffen, dass Gott doch noch größer ist als ich dachte. Dass er doch noch mehr Ideen hat ...
Und immer wieder bleibe ich an einer Geschichte hängen:

Tief enttäuscht

Die beiden Frauen sind tief enttäuscht. Sie haben geliebt, gehofft, geglaubt und jetzt ist er tot. Er war noch so jung, doch dann kam ganz plötzlich diese Diagnose und allen war klar, dass es eigentlich keine Chance gibt.

Gemeinsam lebte er mit seinen beiden Schwestern in einer WG. Die beiden haben für ihn getan, was sie konnten, aber das reichte nicht. Und dann war da ein Hoffnungsschimmer, als sie sich an ihren Freund gewandt haben. An den, der schon so vielen Menschen geholfen hatte, so viele geheilt hatte. Selbst Leute, die er gar nicht kannte. Sie haben ihn rufen lassen und voller Vertrauen um Hilfe gebeten.

Der junge Mann lag zu Hause und bekam schließlich seine Antwort übermittelt. Du stehst auf der Warteliste. Es dauert noch ein paar Tage, denn dein Freund hat noch so viel anderes zu tun. Wieso, bitteschön, schreibt man Freunde auf eine Warteliste?

Seine Schwestern warten und warten. Sie hofften die ganze, anstrengende letzte Nacht durch, doch als ihr Bruder seinen letzten Atemzug tat und sein Herz aufhörte zu schlagen, mussten sie sich eingestehen: Lazarus ist tot.

Ihr Freund hatte sie im Stich gelassen. Er, der immer für andere Zeit hatte. Er, der so viele gesund gemacht hat. Er, der sich Jesus nennt – Sohn Gottes. Das ist bitter. Da kann so eine Freundschaft und alles Vertrauen schon zerbrechen. Da verändert sich das Bild, das man von diesem Freund hatte.

> Wieso, bitteschön, schreibt man Freunde auf eine Warteliste?

Weil man plötzlich von Gott selber enttäuscht ist.

Weil einem plötzlich der Boden unter den Füßen weggerissen wird.

Weil plötzlich dieser liebe Mensch leiden muss und dann nicht mehr da ist.

Weil es plötzlich einfach nur noch wehtut.

Als Lazarus schon vier Tage tot ist, kommt Jesus plötzlich zu Besuch. Schön, aber ... Vielleicht ein kleines bisschen zu spät, mein lieber Jesus. Noch nicht einmal zur Beerdigung hast du es rechtzeitig geschafft.

Tapfer

Zuerst geht ihm Marta entgegen: Marta, die Fleißige. Die, die versucht, es möglichst allen recht zu machen. Die Starke, die auch jetzt noch die Familie hochhält. Eine Frau voller Selbstbeherrschung. Pragmatisch, zurückhaltend:

„Herr, wärst du hier gewesen, mein Bruder wäre nicht gestorben", sagt sie. Und dann schiebt sie schnell hinterher: „Aber auch jetzt weiß ich, dass Gott dir alles geben wird, worum du ihn bittest" (vgl. Johannes 11,21f).

Nach dem Motto: Du hättest es tun können. Ich zweifle deine Macht nicht an – wirklich nicht. Ich glaube dir. Schließlich will sie Jesus ja nicht zu nahe treten. Nichts infrage stellen. Gut gewählte Worte, damit ist sie auf der sicheren Seite. Und dann folgt ein theologischer Schlagabtausch zwischen Marta und Jesus.

Und Jesus antwortet ihr: „Dein Bruder wird auferstehen."

Klar, sagt Marta: „Ich weiß wohl, dass er auferstehen wird – bei der Auferstehung am Jüngsten Tag."

Jesus weiter: „Ich bin die Auferstehung und das Leben. Wer an mich glaubt, der wird leben, auch wenn er stirbt; und wer da lebt und glaubt an mich, der wird nimmermehr sterben. Glaubst du das?"

Und ohne zu zögern antwortet Marta: „Ja, Herr, ich glaube, dass du der Christus bist, der Sohn Gottes, der in die Welt gekommen ist."

Sie bleibt bei dem, was sie gelernt hat, denn als Jüdin war es klar, dass es irgendwann einen Auferstehungstag geben würde. Vermutlich in weiter Ferne. Und sie hält daran fest! Ihr Glaube ist unerschütterlich, den kann auch dieses schmerzliche Ereignis ihr nicht nehmen. Sie klammert sich an ihr Drehbuch, hält sich an den Text, den sie gelernt hat und genau das gibt ihr Halt und Stärke, um jetzt zu weiterzuleben. Wenn etwas fest ist, dann ist es mein Glaube – so könnte man es formulieren.

Marta ist wirklich eine starke Frau. Sie scheint mir (auch aus den anderen Geschichten über sie) eher pragmatisch veranlagt zu sein. Zickt nicht rum, macht auch bei den größten Katastrophen keine Szene.

Solche Menschen gibt es. Menschen, die einen unerschütterlichen Glauben haben. Die, egal, was das Leben zeigt, an ihrem Glauben festhalten. Wie ein Fels. Die nicht hinterfragen.

Ich gehöre nicht zu diesen Menschen.

Aber ich will prüfen, ob mein Gott aus Holz ist. Und wenn er das ist, will ich weitersuchen.

Vorwürfe

Die andere Schwester ist Maria. Maria ist zu Hause geblieben. Sie ist Jesus nicht entgegengegangen – was eigentlich höflich gewesen wäre. Und ich kann Maria da gut verstehen.

Aber dann kommt Marta und flüstert ihr zu, dass Jesus nach ihr gefragt habe.

Und da hält Maria es nicht mehr aus. Sie springt auf, rennt auf Jesus zu und schmeißt sich ihm weinend vor die Füße!

Was für ein Unterschied! Wenn ich über diesen Text predige, spiele ich das auf der Bühne gerne nach, um diese gegensätzliche Reaktion deutlich zu machen. Marta, die Jesus entgegengeht, und Maria, die weinend rennt, sich hinschmeißt und dann ruft: „Herr, wärst du hier gewesen, mein Bruder wäre nicht gestorben!" Ohne den Nachsatz Martas, dass sie auch jetzt schon weiß ... Nein Maria, haut das einfach raus und bleibt in ihrer Trauer, ihrer Wut, ihrer Enttäuschung.

Da kommt alles raus, hemmungslos, ohne zu überlegen, was man tut und was nicht.

Hier, guck mal hin, Jesus! Guck, wie zerbrochen alles ist. Das hättest du verhindern können! Maria schmeißt sich Jesus vor die Füße! Jesus, wenn du was getan hättest!? Du wusstest doch, dass …? Hättest du nicht? Wärst du hier gewesen.

Interessanterweise stellt Maria nicht die „Warum-Frage?" (und erst recht nicht die „Wozu-Frage", wie es ja in manchen frommen Kreisen gefordert wird). Nein, sie weint und stellt fest: Wärst du hier gewesen … Für mich klingt das wie ein Vorwurf:

Wo warst du denn?

Wo warst du, als die Ärzte den Fehler gemacht haben?

Wo warst du, als der Vater sich aus dem Staub gemacht hat?

Wo warst du, als das Auto nicht gebremst hat?

Wo warst du, als die junge Frau sich mit diesem Typen getroffen hat?

Wo warst du, als die Bombe auf das Haus fiel?

Wo warst du, als Max zum ersten Mal Chrystal Meth genommen hat?

Wo bist du grad in Syrien, in Bagdad, in den Wohnungen zerrütteter Familien?

Was soll all dieses Gerede von deinem Reich und deiner göttlichen Dimension, wenn so viel Mist passiert?

Was macht das alles für einen Sinn mit dem Kreuz und der Auferstehung, wenn es auf dieser Welt einfach mal nicht besser wird?

Was gibt es jetzt noch zu hoffen?

Jesus – wo warst du, als …????? Wo bist du jetzt????

Diese Fragen will ich stellen!

Diese Fragen stehen so deutlich an, wenn man sich auf diese Welt, das Leben und auf die Menschen einlässt. Und sie stehen an, wenn man dabei weiter an einen Gott glauben will. Uns diese Fragen zu stellen, laut zu stellen, verändert mich und verändert meinen Glauben. Bei einer Beerdigung am Grab zu stehen, in die verzweifelten Gesichter zu sehen und eben nicht mehr weiterzuwissen. Das muss sein dürfen!

Welches Leid kann man mit 28 erlebt haben? Alles.

Welches Leid kann man mit 28 erlebt haben? Alles.

Und dafür, liebe Frau bei der Vorbereitung fürs Frühstückstreffen, muss man noch nicht einmal 28 werden.

Hält Gott unsere Fragen und Vorwürfe aus?

Wenn Gott solche Fragen und Vorwürfe nicht aushält, ist er nicht Gott. Wenn er meine Ehrlichkeit, meine Verzweiflung, meine Trauer nicht aushält, ist er nicht Gott.

Ich ringe da nach einer Antwort und habe sie noch nicht bekommen. Wenn Sie jetzt auf den nächsten Seiten eine kurz zusammengefasste Antwort auf die Frage nach dem Leid der Welt erwarten, dann muss ich Sie enttäuschen.

Da ich selber nicht Gott bin, werde ich vermutlich immer auf der Suche bleiben. Vielleicht nähere ich mich ein Stück weit, aber ich werde mich hüten, eine umfassende Antwort zu geben. Selbst Jesus stellte am Kreuz, in tiefster Verzweiflung genau diese Frage: „Mein Gott, mein Gott, warum hast du mich verlassen?" (Markus 15,34).

Leid und Not ist da und es ist unumgänglich, uns mit dieser Frage auseinanderzusetzen. Und auch wenn die Frage nach dem Warum es wert ist, darüber zu reden und zu schreiben, ist hier nicht der Raum dafür.

Es gibt ja viele Erklärungsversuche sowohl religiöser als auch philosophischer Art für das Leid der Welt. Und jeder Mensch geht ganz anders mit dieser Frage um.

Ich kann hier nicht auf die Frage antworten, woher das Leid kommt und was Gottes Rolle dabei ist, aber ich will darüber reden und schreiben, was wir mitten in diesem Leid – mit dem wir nun mal leben müssen – tun können. Ob und was für Hoffnung es gibt. Wo Gott jetzt ist. Denn egal, welche Erklärung wir dafür finden, wir müssen damit leben, dass es Leid gibt. Und wenn wir das nicht ändern können, sollten wir versuchen, einen Weg zu finden, damit umzugehen.

Maria schmeißt sich Jesus mit ihrer ganzen Verzweiflung auf die Füße. Und Jesus? Dieses Mal gibt er keine theologische Antwort.

Jesus weint

In Johannes 11,35 steht einer meiner Lieblingsverse: *Jesus weinte.*
Jesus ist tief erschüttert, bewegt, aufgebracht.
Ich liebe diesen Satz. Jesus weint. Gott kommen die Tränen.
Er schwebt nicht abgehoben über diese Erde, sondern er weint mit uns.
Und ich bin sicher, Jesus ist in Syrien und weint.
Jesus sitzt mit im Wohnwagen bei den Frauen und weint.
Jesus ist mit in der Gefängniszelle und weint – auch wenn dort vielleicht sonst keiner weinen darf.

Wir hatten einmal einen Auftritt mit unserer Improvisationstheatergruppe *Tapetenwechsel* (dazu im nächsten Kapitel mehr) im Gefängnis. Und eine Szene, die wir spielten, heißt Emotionsachterbahn. Wir lassen uns dazu vorher vom Publikum verschiedene Emotionen geben, die wir dann auf Zuruf spontan in der Szene umsetzen müssen. Nach dem Auftritt kam einer der Gefangenen zu uns und sagte, dass ihn am meisten diese Emotionsachterbahn bewegt hat, denn: „Hier zeigt man ja seine Gefühle nicht." In dieser JVA sitzen Menschen mindestens zwei Jahre ein.

Jesus sieht die geweinten Tränen, er sieht auch die jahrelang nicht geweinten Tränen und er weint mit. Das gilt für mich und meinen Schmerz, das gilt für den Schmerz, den wir sehen, wenn wir uns auf die Menschen am Rand unserer behüteten Gesellschaft einlassen. Oder auch auf die Menschen mittendrin in der behüteten Gesellschaft und den Schmerz hinter den schönen Vorgärten sehen. Jesus weint mit.

Ich habe mehr Falten bekommen und weiß, dass einige davon nichts mit dem Alter zu tun haben. Denn wir werden geprägt von den Menschen, mit denen wir uns umgeben. Man sieht den Menschen im Gesicht an, wo sie ihr Leben verbracht haben. Ob wir uns mitfreuen und mitweinen können, oder wir abgeschirmt durch diese Welt gehen. Voller professioneller Distanz. Simon sagte mal: „Du wirst eines Tages mal so richtig viele Falten haben!" Aber eine Freundin beruhigte mich dann und sagte: „Das ist okay, du willst ja auch nicht im Himmel ankommen mit einem Schild um den Hals ‚Zurück wie neu'".

Jesus kam auch nicht „zurück wie neu". Nein, er hatte nach seinem Leben auf der Erde auch mehr Falten und mehr Narben.

Er ist kein Gott, der unangetastet über diese Erde gewandelt ist. Er ist ein Gott, der sich die Finger schmutzig gemacht hat und Leid am eigenen Leib erfahren hat: Er musste fliehen, es war unklar, wer sein biologischer Vater ist, er wurde von denen verlassen, die er liebte, er erlitt unerträgliche Schmerzen und wurde brutal hingerichtet. Jesus weiß, was Tränen und Schmerzen sind.

> „Das ist okay, du willst ja auch nicht im Himmel ankommen mit einem Schild um den Hals ,Zurück wie neu'".

Viele Fragen habe ich weiterhin, aber eins weiß ich: Jesus versteht mich und er weint mit.

Jesus will dahin, wo es stinkt

Aber Jesus geht sogar noch einen Schritt weiter. Er weint nicht nur mit. Sondern er geht mit den Schwestern zum Grab. Dahin, wo es am meisten weh tut. Da, wo alle Hoffnungen begraben sind. Er steht mit ihnen vor dieser großen Höhle, die mit einem Stein verschlossen war. Und dann bittet er: „Hebt den Stein weg."

Und wieder ist es Marta, die ihn schützen will: „Herr, der Geruch wird unerträglich sein! Er ist doch schon vier Tage tot." Marta ist vorsichtig. Sie will nichts tun, was irgendwie unangenehm für Jesus sein könnte. Die Fürsorge für andere und das „ans-Drehbuch-halten" stecken in ihr drin. Da meint sie sogar, Gott beschützen zu müssen.

Doch Jesus erinnert sie an ihr Gespräch und fragt noch einmal nach: „Habe ich dir nicht gesagt: Wenn du glaubst, wirst du die Herrlichkeit Gottes sehen?" Es ist wie ein Hinterfragen von seiner Seite: Glaubst du das wirklich? Marta, was glaubst du wirklich? Oder hältst du dich nur an deinem Drehbuch fest? Hast du einfach nur deinen Text gut auswendig gelernt?

Ach, Marta. Ja, Glaubenssätze helfen – sie sind wie so ein Gerüst, damit man nicht zusammenbricht. Aber sie helfen manchmal auch nur, wenn man Abstand vom Grab hält. Jetzt, wo der Stein weg soll, da wird es schon schwieriger. Und vor allen Dingen, wo sie selber gebeten wird, den Stein wegzurollen. Das macht Jesus nicht für sie.

Hätte er ja tun können. Es wäre ein Leichtes für ihn gewesen, den Stein in Glitzerstaub zu verwandeln und Lazarus herausschweben zu lassen. Aber nein: Sie selber sollen den Stein wegrollen. Den harten, kalten Stein mit ihren Händen anfassen und mit aller Kraft zur Seite schieben. Den Stein, der wie ein Schutz vor der sichtbaren und riechbaren Verzweiflung steht. Dahin zu gehen, wovor wir die Augen lieber verschließen.

Was auch immer das für ein Gott ist, es ist keiner, der uns die Arbeit und die Verantwortung abnimmt. Nein, wir selber sollen den Stein wegräumen.

Jesus will dahin, wo es stinkt! Er scheut sich nicht, dahin zu gehen, wo die Verzweiflung ist, wo Angst ist, wo Tod ist.

Was für ein Gott! Ein Gott, der nicht weit entfernt irgendwo vor sich hin meditiert, sondern ein Gott, der ins Dunkle geht. Ein Gott, der nicht Abstand nimmt von Leid und Schmerz, sondern der mitten reingeht.

> Nein, wir selber sollen den Stein wegräumen.

Und genau dieses Gefühl hatte ich immer wieder, wenn ich mich auf den Weg mache – ob in Wohnwagen zu Prostituierten, in Plattenbauten oder in eine Unterkunft für Flüchtlinge. Überall konnte ich erkennen, dass Gott schon da ist. Manchmal kaum wahrnehmbar, manchmal überraschend anders. Aber wir sind nicht die Ersten und nicht die Einzigen.

Party am See

Einmal waren wir hier in Magdeburg zu einem 16. Geburtstag eingeladen. Ein bisschen außerhalb an einem See. Mit dem Bollerwagen wurden die alkoholischen Getränke zum See gekarrt. Es war feuchtfröhlich. Aus einem Gettoblaster kamen wieder harte Texte und harte Musik und neben Zigaretten wurde alles Mögliche geraucht. Wieder so ein Ort, an dem wir eigentlich nichts zu suchen hatten. Doch irgendwann meinte

das Geburtstagskind: „Jetzt will ich noch ‚Immer und überall' singen!"
(Dieses Kinderlied von Daniel Kallauch!!!) Mir klappte die Kinnlade
runter. Ich wusste, dass sie das Lied sehr mochte. Wir hatten es auf dem
Sommerlager manchmal gesungen, aber hier, mit all ihren Kumpels war
doch bestimmt nicht der richtige Ort!? Aber sie wollte. Simon griff zu
einer Gitarre, die dort rumlag, und so saßen wir zwischen leeren und
vollen Bierflaschen, einige von uns waren leicht benebelt durch aktives
und passives Einatmen undefinierbarer Kräuter und sangen aus voller
Kehle:

„Vom Anfang bis zum Ende
hält Gott seine Hände
über mir und über dir.
Ja er hat es versprochen
hat nie sein Wort gebrochen.
Glaube mir –
ich bin bei dir.
Immer und überall, immer und überall-immer und überall.
Immer bin ich da."[7]

Dann wurde weitergefeiert. Als wir lange nach Mitternacht nach Hause
gehen wollten, kam das Geburtstagskind noch zu mir und meinte: „Bettina, betest du noch für mich?" Ich wollte gerade mit ihr
ganz dezent ein wenig zur Seite gehen, als eine ihrer
Freundinnen rief: „Ey, das macht ihr aber nicht alleine!
Wir wollen alle!" Also hielten wir uns plötzlich mit 10
Jugendlichen an den Händen und Simon und ich beteten. Manche
konnten nicht mehr stehen, aber das tat dem keinen Abbruch.

„Bettina, betest du
noch für mich?"

Einer ist schon da. Wieder ein Ort, an dem ich nichts zu suchen
hatte, aber viel gefunden habe. Gott gefunden habe. Er war schon da.
Er ist immer schon da. Gerade da, wo wir es nicht erwarten. Bei allen
Fragen, aller Trauer, aller Verzweiflung sind das für mich zwei ganz
entscheidende Dinge:
Jesus weint mit

und
Jesus will dahin, wo es stinkt.
Die Geschichte von Maria, Marta und Lazarus geht noch weiter. Komplett lesen kann man sie in Johannes 11. Es ist eine schöne Geschichte mit Happy End.[8]

Aber ich werde sie hier nicht zu Ende erzählen, denn in vielen Punkten unserer Arbeit bin ich genau an diesem Punkt: Ich weine und Jesus weint mit. Es ist dunkel und ich hoffe und halte mich fest daran: Da, wo es dunkel ist, da ist er schon da. Auch wenn ich noch kein Happy End sehe. Und auch wenn ich erst recht nicht erklären kann, warum es dieses Leid überhaupt gibt. Aber zumindest habe ich diesen Trost. Und da ich mich bei Max, bei Liz und all den anderen noch mittendrin befinde in meiner Suche, will ich auch hier kein theoretisches Ende vorgaukeln.

Woran halten wir uns fest?

Denn die Frage ist doch: Wie gehen wir damit um, wenn wir eben kein Happy End sehen? Woran können wir uns festhalten? An dem, was wir haben. Und erlebt habe ich erst mal: Gott weint mit. Und auch in den dunkelsten Momenten ist er mit dabei – auch wenn er nicht mit dem Zauberstab alles gut macht.

Wir müssen uns im Klaren sein:

„Herausspaziert" ist kein Versprechen für ein Abenteuer mit glücklichem Ausgang. „Herausspaziert" ist keine Einladung in eine Disney-Schnulze.

„Herausspaziert" heißt, dass wir mit vielen offenen Enden leben müssen. Dass dieser Spaziergang manchmal eben kein Spaziergang, sondern eine Kletterpartie wird.

Und dass wir auch mit Tod, mit Trauer und Verzweiflung leben müssen.

TEIL 2

Wer's glaubt, wird selig?

KAPITEL 5:
ALLES IMPROVISIERT!

Theater

Ich habe mich schon immer gerne verkleidet und bin in andere Rollen geschlüpft. Ob als kleines Mädchen mit Mamas Brautkleid, Papas Blaumann oder Opas Holzbein – ich habe es geliebt. Ein bisschen umziehen, und schon war ich eine ganz andere Person. Irgendwann habe ich entdeckt, dass diese Leidenschaft Theater heißt und später durfte ich sie durch Schauspielunterricht, Workshops und schließlich einer Ausbildung zur Theaterpädagogin weiter ausbauen. Ich liebte es, selber zu spielen, Stücke zu schreiben oder auch als Regisseurin zu arbeiten. Und da sowohl das Theater als auch der Glauben in meinem Leben eine große Rolle spielten, lag für mich der Vergleich irgendwann auf der Hand: Glaube ist wie ein Theaterstück!

Es gab ein Drehbuch: Die Bibel.

Es gab einen Regisseur: Gott.

Es gab eine Schauspielerin: mich (und noch ein paar andere natürlich).

Und, ganz wichtig: Ich wusste mein persönliches Theaterstück hat ein Happy End – irgendwann einmal im Himmel.

Diese Einstellung hat mein Leben und meinen Glauben geprägt: Schien es doch dieses fixe Drehbuch zu geben, das klarmachte, wie ich mein Leben erfolgreich zu leben hatte. Schien es doch diesen Regisseur zu geben, der einen festen Plan für mich hatte und den ich nur noch besser verstehen musste. Das gab viel Sicherheit und es gab unglaublich viele Antworten, noch bevor ich manche Fragen stellen konnte.

Mein Drehbuch reicht nicht

Doch dann lernte ich all diese Menschen kennen. So richtig kennen. Ich ließ mich auf sie ein und plötzlich hatte ich das Gefühl: Mein Drehbuch reicht nicht! Ich begann, Gott als Regisseur und vor allem als Drehbuchautor stark zu hinterfragen. Denn, wenn das alles seine Idee war, wieso war diese Welt so dermaßen ungerecht? Und wieso passte das, was ich bisher gelernt hatte, nicht mehr mit dem zusammen, was ich jetzt brauchte? Und was die anderen brauchten? Wo war er jetzt? Und was war nun zu tun? Interessanterweise begann ich ungefähr zur gleichen Zeit, als ich aus der christlichen Käseglocke herausspazierte, die Faszination des Improvisationstheaters für mich zu entdecken. Zunächst in Köln, dann in Hannover und schließlich in Magdeburg.

Mein Drehbuch reicht nicht!

Improvisationstheater: Das Unerwartete

Improvisationstheater heißt: Ich gehe auf die Bühne und weiß nicht, was passiert. Alles entsteht erst in diesem Moment. Die Figur, die ich spiele, der Konflikt, die Beziehung, die Lösung. Die Zuschauer spielen eine entscheidende Rolle, da sie immer wieder um ihre Ideen gebeten werden, gefragt werden, an welchem Ort sie eine bestimmte Szene sehen wollen, in welchem Genre oder mit welchem Satz eine Szene enden soll. So kann es sein, dass ich an einem Abend Schneewittchen, eine verwirrte alte Dame und ein russischer Gangsterboss bin (also fast wie im echten Leben).

Das Wort Improvisation kommt von dem italienischen *improvissio* und wird übersetzt mit *unvorhergesehen* oder *unerwartet*. Improvisationstheater ist also das Unerwartete, das nicht Planbare. Improvisationstheater bedeutet: Niemand kann diesen Abend planen. Niemand weiß, was an diesem Abend passieren wird. Nicht das Publikum, nicht die Schauspieler. Irgendwie sind alle ein bisschen Regisseur. Es war gegen Ende des 19. Jahrhunderts, als das Improvisationstheater als Gegenbewegung zum inszenierten Theater immer bekannter wurde. Und wie das so ist bei Gegenbewegungen, gab es viele Streitereien und böses Blut. Die alten Formen wurden infrage gestellt. Insbesondere die Rollenteilung von Autor, Regisseur, Schauspieler und Zuschauer. So bezeichnete einer der ersten Improspieler das etablierte Moskauer Künstlertheater Stanislawskis als „Tod des echten Theaters"[9].

Von dieser Meinung halte ich nicht viel, dafür gehe ich doch viel zu gerne ins Theater, die Oper oder ins Musical. Natürlich kann so ein monatelang einstudiertes Stück mit Kostümen, durchdachten Dialogen, Musik und Dramaturgie eine viel größere Tiefe und Schönheit haben als ein Stück, dem wir beim Entstehen zuschauen. (Kann – muss nicht!)

Aber beim Improvisationstheater geht es vielmehr um den Prozess an sich als um das Endergebnis. Es geht um den schöpferischen Moment, die Kreativität, bei der man live dabei ist. Es geht nicht darum, dass die Darsteller nun besonders intelligente oder originelle Szenen hervorbringen, sondern, dass sie schöpferisch tätig werden. Ohne diese Idee ist Improvisationstheater nicht zu verstehen. Und genau deswegen lassen sich Improvisationstheater und inszeniertes Theater nicht miteinander vergleichen. Es handelt sich schlicht um eine andere Kunstform.

Beim Improvisationstheater geht es also um Spontaneität und Kreativität und um Vertrauen in das Unvorhergesehene.

Wir improvisieren ständig

Viele Zuschauer sagen uns nach einem Auftritt: Das könnte ich nicht. So spontan bin ich nicht. Ich halte dann gerne dagegen, dass sie ja den ganzen Tag improvisieren. Dass unser ganzes Leben Improvisation ist und wir uns im Alltag nur selten an einen vorgegebenen Text, ein Drehbuch oder einen Regisseur wenden können. Improvisationstheater ist auch nicht nur etwas für eine bestimmte Persönlichkeitsgruppe. Natürlich fällt es manchmal den eh schon sprudelnden, kreativen Menschen leichter aus sich herauszugehen als den zurückhaltenden, vorsichtigen. Ein besonders schönes Erlebnis hatte ich, als ich einmal einen Workshop für den „Gesprächskreis Sozialphobie" (also eine Art Selbsthilfegruppe für Schüchterne) geben durfte. Das waren Menschen, die ganz viel Sicherheit brauchen und sich schnell unwohl fühlen, wenn sie anderen begegnen. Sie hatten sich mutig genau diesen Workshop ausgesucht und wollten sich der Herausforderung, die sie sonst im Alltag erleben, bewusst in einem geschützten Rahmen stellen. Und so war es wirklich wundervoll zu sehen, wie sie aus sich herauskamen, auf die Bühne gingen, Applaus bekamen und über sich hinauswuchsen. Viola Spolin, die auch manchmal als „Großmutter der Improvisation" bezeichnet wird, schreibt: „Durch Spontaneität werden wir wieder in uns selbst verwandelt. Sie führt eine Explosion herbei, die uns für einen Augenblick befreit."[10] Genau das durfte ich dort erleben.

Kinder sind übrigens die absoluten Helden der Improvisation. Sie sprühen geradezu vor Ideen, blockieren nicht in ihrem Kopf und haben große Freude daran, körperlich zu spielen und Neues auszuprobieren. Während wir Erwachsenen dagegen unsere Ideen ganz schnell hinterfragen und blockieren. Neugierig? Wenn sie da mehr wissen oder am besten direkt erleben wollen, lade ich sie herzlich zu einer Aufführung oder einem Workshop ein.[11]

Ein Lebensstil

Neben dem riesigen Spaß ist Improvisationstheater für mich aber auch noch mehr geworden als nur etwas, was ich trainiere und dann immer mal wieder auf die Bühne bringe. Es ist für mich eine Lebenseinstellung geworden und auch eine Glaubenseinstellung. Denn wenn wir übers Herausspazieren reden, ist es entscheidend, mit welchem Konzept wir das

Geht es um das Endergebnis, oder kann es auch sein, dass es um den Prozess an sich geht?

tun. Erwarten wir ein Drehbuch, eine Inszenierung und einen Regisseur? Geht es um das Endergebnis, oder kann es auch sein, dass es um den Prozess an sich geht?

Ich wollte und will ja in all meinen Fragen weiter festhalten an Gott und auch an einem Glauben. Aber er darf nicht inszeniert sein, denn das ist nicht alltagskompatibel. Er darf nicht von einem Drehbuchautor vorgegeben und von einem Regisseur bis ins kleinste Detail geplant sein. Und so entstand für mich eine Verbindung zwischen Leben, Glauben und Improvisationstheater. Drei Gemeinsamkeiten, die mir persönlich sehr wichtig geworden sind, möchte ich hier aufzeigen:

Improtheater und Glauben

1. Mut zum Scheitern

Mut zum Scheitern ist einer der üblichen Schlachtrufe in unserer Improvisationsgruppe *Tapetenwechsel* vor einem Auftritt. Es geht immer wieder neu, Abend für Abend, Auftritt für Auftritt genau darum: dass wir unsere Ängste vor dem scheinbaren Scheitern überwinden und entdecken, dass das größte Scheitern die Chance für eine gute Szene bieten kann.

Entweder, weil ich meine Figur auf der Bühne scheitern lasse, oder weil ich selber nicht mehr weiterweiß. Interessanterweise ist mir das zum ersten Mal bei einem inszenierten Theaterstück aufgefallen: Ich spielte die Mutter einer rebellischen Teenagertochter. Bei der Aufführung lief alles gut. Meine Tochter moserte am Tisch sitzend vor mir rum, während ich eifrig hin und her rannte und ihr den Tisch deckte. Das Drehbuch sah vor, dass ich während des Dialogs eine Kerze anzünde. Deshalb hatte ich einen Kollegen kurz vorher gebeten, mir eine Schachtel Streichhölzer auf die Bühne zu legen. Ich war also bestens vorbereitet. Schwungvoll öffnete ich die Streichholzschachtel und starrte auf viele, viele, kleine, spitze Reißzwecken.

Und ich starrte und starrte und starrte. In meinem Kopf war es mit einem Schlag sehr, sehr dunkel. Ich wusste, dass ich das Stück weiterspielen sollte und einen Text zu sagen hatte, aber der war weg und der kam auch nicht wieder.

Und so räumte ich die Streichholz-Reißzweck-Schachtel schweigend an ihren Ort. Ging zum Tisch und räumte die Kerze ab. Ging wieder zum Tisch und räumte die Teller ab. Holte die Kerze und stellte sie wieder auf den Tisch. Ging zu den Tellern und … In meinem Kopf schrie alles nach einem Souffleur, aber nichts passierte. Irgendwann, nach einer gefühlten Ewigkeit, in der ich einfach nur schweigend den Tisch auf- und abräumte, machte meine „Tochter" schließlich im Text weiter und wir brachten das Stück zu Ende. Es war grauenhaft. Es war mir so peinlich. Ich wollte mich einfach nur noch verstecken.

Da kam eine der Zuschauerinnen auf mich zu und bedankte sich. „Und besonders diese Stelle, als diese lange Pause war … das war so realistisch! Dass sie das ausgehalten haben! Wundervoll!" Ja, oft ist das scheinbar größte Scheitern die Chance für eine gute Szene. Und genau mit dem, was im inszenierten Theater Angst macht, spielt das Improvisationstheater. Scheitern darf sein und vor allem darf ich auf der Bühne wissen: Ich bin nicht alleine. Ich habe Kolleginnen und Kollegen, die eben nicht auf ihr Stichwort warten, sondern die beobachten, miterleben und reagieren.

Und genauso möchte ich mein Leben und meinen Glauben leben: Es muss nicht alles perfekt laufen. Ich will bei allen Fragen und Ängsten mutig scheitern und wieder aufstehen und wieder scheitern und wieder aufstehen. Weil ich vertrauen kann, dass ich nicht alleine für die Szene verantwortlich bin.

> Ich will bei allen Fragen und Ängsten mutig scheitern und wieder aufstehen und wieder scheitern und wieder aufstehen.

2. Improvisation ist Antwort

Das zweite Merkmal lautet: Impro ist Antwort.

Oder um es mit anderen Worten zu sagen: Lass dich drauf ein und lass dich verändern.

Wer beim Improvisationstheater eine feste Vorstellung davon hat, was er oder sie spielen will, wird nicht glücklich werden. Improvisationstheater lebt davon, dass ich mich ganz auf die anderen Schauspieler und Schauspielerinnen einlasse. Dass ich immer schaue, was sie mitbringen und dann reagiere. Und dass ich genauso auf das Publikum reagiere. Das ist nichts für Rampensäue.

In einem Workshop zum Thema Improvisationstheater sagte mal ein Teilnehmer: „Was mir besonders aufgefallen ist: Sobald ich einen Plan im Kopf habe, wie die Szene laufen soll, geht gar nichts mehr. Dann blockiere ich nur. Ich muss immer gucken, was die anderen machen."

> Sobald ich einen Plan im Kopf habe, wie die Szene laufen soll, geht gar nichts mehr.

Ja, immer gucken, was die anderen machen. Da ist kein Warten aufs Stichwort und dann sagt man seinen Text. Da sind wir die ganze Zeit über in Kontakt. Die ganze Zeit über findet die Interaktion statt.

Da sind Antworten gefragt, auf das, was gerade eben vorher passiert ist. Da hilft kein Auswendiglernen. Ich habe zwar tausend Ideen, aber ich muss immer bereit sein, mich zu verändern, mich auf die anderen einzulassen. Gucken, was passiert. Ihnen zu antworten. *Ja – und*! heißt so ein Schlagwort und zwar: JA – ich nehme an, was du sagst, UND – ich entwickle es noch weiter. Ich füge noch eine eigene Idee hinzu.

Zug um Zug entstehen so Geschichten. Deswegen sagen wir: Improvisation ist Antwort.

Und genauso heißt es für mich auch: Gelebter Glauben ist Antwort. Ich möchte auf diese Welt, auf die Menschen, die mir begegnen, antworten. Sie sehen, annehmen, wie sie sind, und mich verändern lassen. Improvisation ist Antwort, und so muss Glauben für mich auch immer Antwort sein. Antwort auf das, was die Menschen in meiner Stadt bewegt, worunter sie leiden, was sie sich wünschen und wonach sie sich sehnen.

Damit meine ich nicht, dass ich auf jede Frage, eine passende, theoretische Antwort habe, sondern vielmehr reagiere und durch meine Reaktion antworte.

Mein Schauspielkollege Simon König sagte in einer Diskussion zu diesem Thema: „Ja, und damit ist Improvisation auch Ver-antwortung." Das stimmt. Es geht nicht nur darum, wild drauf loszuspielen und zu handeln.

Das Wort „improvisiert" ist ja häufig sehr negativ belegt. „Das war nur improvisiert" oder „Da musste ich improvisieren" sagen wir, wenn unser Plan nicht funktioniert hat oder wir einen Kuchen backen wollten und nicht genügend Milch hatten (wobei genau dabei bei mir häufig die leckersten Kuchen entstehen).

Bei Improvisation als Lebenskonzept geht es nicht darum, sich planlos von einem Tag in den nächsten treiben zu lassen. Im Gegenteil! Ich liebe es, Pläne zu schmieden, zu überlegen, was ich noch tun möchte, welche Ausbildungen ich noch machen könnte. Aber wie es so schön heißt: Leben ist das, was passiert, während du dabei bist, Pläne zu machen.

Und so hilft uns die Fähigkeit zu improvisieren, einen Plan in die Tat umzusetzen.

Improvisation ist Antwort und ist Verantwortung. Ich bin immer in einer Verantwortung. Jetzt in diesem Moment: mir und allen anderen im Raum gegenüber, ob sie nun mitspielen oder zuschauen. Das heißt nicht, dass ich für all ihre Gefühle und Lebensumstände verantwortlich bin. Aber die Menschen vertrauen mir während eines Auftritts, eines Workshops, in einer Beziehung, dass ich diesen freien Rahmen der Improvisation nicht ausnutze. Dass ich antworte und Verantwortung übernehme.

Können die Menschen mir vertrauen, dass ich nicht einfach am Rand sitzen bleibe, sondern dass ich aufstehe und handle?

Dass ich das große Ganze nicht aus den Augen verliere. Auf der Bühne und im Leben. Können die Menschen mir vertrauen, dass ich nicht einfach am Rand sitzen bleibe, sondern dass ich aufstehe und handle? Und ebenso, dass ich nicht die Alleinunterhalterin sein will und anderen ihren Raum nehme? Improvisationstheater, Leben und Glauben ist Antwort und Verantwortung.

3. Die Kunst liegt im Zeigen, nicht im Reden

Und schließlich noch ein drittes Merkmal (das natürlich auch das inszenierte Theater betrifft): Die Kunst liegt im Zeigen, nicht im Reden. Niemand möchte einem Gespräch auf der Bühne zuschauen. Wir wollen etwas sehen und erleben.

Zum Beispiel kann ich Folgendes erzählen: „Und dann habe ich gegen diesen großen Drachen gekämpft und ihn besiegt." Das ist vielleicht eine nette Geschichte, aber viel spannender ist es, wenn das Publikum diesen Kampf sieht. Mit Musik, vielleicht in Zeitlupe und sie meine Anstrengung, meine Angst und meinen Stolz in meinem Gesicht erkennen können.

Beim Improvisationstheater geht es ums Handeln. Gerade Improvisationsanfänger neigen dazu, sich auf der Bühne „totzuquatschen". Dann ruft es manchmal aus dem OFF: handeln! Deswegen machen wir einige Übungen komplett nonverbal, einfach, damit wir nicht nebeneinanderstehen und diskutieren, sondern handeln. Zeigen, was passiert. Auch hier sind Kinder die großen Helden!

Darum geht es: Etwas zu tun, zu handeln, in eine Szene zu gehen, auch wenn ich nicht überblicke, wie sie weitergehen wird. Man könnte auch formulieren: Woher soll ich wissen, was ich spiele, bevor ich sehe, was ich tue?

Und genauso würde ich es gerne auf mein Leben und meinen Glauben übertragen: „Woher soll ich wissen, was ich glaube, bevor ich sehe, was ich tue?" Das, was wir glauben, zeigt sich an unserem Handeln. Franz von Assisi hat mal gesagt: „Predige das Evangelium zu jeder Zeit – und wenn nötig gebrauche Worte."

> „Woher soll ich wissen, was ich glaube, bevor ich sehe, was ich tue?"

Die Kunst liegt im Zeigen, nicht im Reden.

„Mut zum Scheitern", „Antworten" und „Zeigen nicht Reden" sind drei von vielen Gemeinsamkeiten zwischen einem Glauben, wie ich ihn mir wünsche, und dem Improvisationstheater.

Lieblingsgeschichte

Während meiner Suche nach diesem neuen Glauben, nach einem Glauben, der scheitern darf, der antwortet, indem er handelt, bin ich immer wieder über eine Geschichte gestolpert. Eine Geschichte, die mehr und mehr zu meiner Lieblingsgeschichte geworden ist:

Er war einer der Angesehenen, der Erfolgreichen, der Rechtschaffenen. Er machte es gerne allen recht. Ein Mann mit einem tadellosen
Ruf, der zu Tisch geladen hatte. Er hat alles sorgfältig vorbereitet
und den ganzen Abend perfekt inszeniert. Es lief super, alle schienen sich wohlzufühlen. Angenehme theologische Diskussionen mit
Tiefgang. Nicht zu anstrengend, sondern alles in einem geordneten
Rahmen.

Doch plötzlich stockt er mitten im Reden. Aus den Augenwinkeln
hat er eine Bewegung an der Tür wahrgenommen. Und tatsächlich
steht dort eine Frau. Und zwar nicht irgendeine, das wäre ja schon
allerhand gewesen, in dieser Männergesellschaft. Nein, ausgerechnet, so eine Frau. Eine von denen. Was erlaubt die sich!? Meint sie,
hier noch ein bisschen Geld verdienen zu können. Die müsste man
sofort…

Diese Frau steht ganz unsicher am Eingang. Sie hat Angst. All
diese gepflegten Menschen. Normalerweise, also zumindest in ihrem
Beruf, weiß sie, wie sie mit Männern umzugehen hat, aber hier…
Hier hat sie nichts verloren. Hier weiß jeder, was sie sonst tut und
jetzt tun alle so, als würden sie sie nicht kennen. Eigentlich darf sie
hier gar nicht sein und sie weiß das. Es war überhaupt eine dumme
Idee herzukommen. Gerade will sie sich umdrehen und für immer
verschwinden, da sieht sie Jesus mitten Raum.

Und plötzlich hält sie nichts mehr. Sie läuft los und schmeißt
sich vor ihm auf den Boden, direkt vor seine Füße und dann bricht
es aus ihr raus. Sie weint und weint, weint. Sie gießt noch Öl über
seine Füße und versucht gleichzeitig, mit ihren Haaren seine Füße zu
trocknen.

Der Gastgeber beobachtet das Ganze peinlich berührt. Das ist ja
nun wirklich unangenehm. Er fragt sich, was die Leute wohl denken,
dass solch eine Frau in seinem Haus ist. Und er fragt sich, warum
Jesus nicht reagiert? Wenn der wirklich ein Prophet wäre, dann
wüsste er doch, welchem „Beruf" sie nachgeht. Warum geht er nicht
wenigstens einen Schritt zur Seite?

Und dann hört er, wie Jesus ihn anspricht.

Na also! Bestimmt wird er ihn jetzt bitten, diese Frau zu entfernen. Nichts lieber als das. Aber Jesus erzählt ihm stattdessen eine Geschichte.

Über einen Mann, dem zwei Leute Geld schuldeten. Einer schuldete ihm sehr viel Geld, der andere nur ein bisschen. Beiden erlässt er ihre Schulden. Und dann fragt Jesus ihn: Was meinst du? Wer von beiden wird ihn am meisten lieben?

Obwohl der Gastgeber immer noch vor der heulenden Frau irritiert ist, ist ihm die Antwort völlig klar. „Natürlich der, dem am meisten geschenkt wurde." Und Jesus gibt ihm recht. Doch dann wird es spannend. Während der Gastgeber immer noch auf ein Eingreifen von Jesus in dieser misslichen Situation hofft, wendet Jesus sich der Frau zu, spricht aber weiter mit ihm.

Was für ein starkes Bild. Wir müssen uns das vorstellen. Jesus wendet sich ab von dem gediegenen Gastgeber, wendet sich ab von dem, der in diesem Haus das Sagen hat, von dem, der alles richtigmachen wollte und dreht sich zu einer Frau, die man in diesem Kontext besser übersieht. Wendet sich der Person zu, die hier nicht reinpasst. Und während er die Frau anschaut, sagt er zu ihm: „Siehst du diese Frau?" Was für eine Frage! Natürlich hat er die Frau gesehen, die dürfte kaum jemandem entgangen sein, in dieser Männergesellschaft, die zu Tisch geladen war.

Nein, wir übersehen so schnell niemanden! Natürlich sehen wir den Obdachlosen, natürlich sehen wir die Geflüchteten und natürlich sehen wir die Prostituierten in ihren Wohnwagen. Natürlich sehen wir die Mutter, die ihr Kind immer zu spät in die Kita bringt und es dann noch nicht einmal vernünftig angezogen hat, aber *sehen* wir sie wirklich?

Ich sehe dich

In dem Film *Avatar* gibt es das Volk der Na'vi, das auf dem Mond der Pandora lebt. Dieses Volk begrüßt sich grundsätzlich mit den Worten „Oel ngati kameie", was bedeutet: „Ich sehe dich" und die rituelle Antwort in der Kurzform darauf lautet: „Kame ngati" – „Sehe dich auch."

Das ist wunderschön. *Ich sehe dich.*

Wir nehmen diesen Satz ganz schnell eher als Warnung wahr, gerne verbunden mit dem alten Lied: „Pass auf, kleines Auge, was du siehst, denn der Vater im Himmel schaut herab auf dich." Also Vorsicht, du wirst beobachtet! Mein Sohn hat das mit drei Jahren schon völlig durchschaut: Wir hatten zusammen Waffeln gebacken und der Teig stand verlockend vor ihm und seinem kleinen Bruder. Während ich kurz draußen war, um das Waffeleisen zu holen, hörte ich, wie er zu dem Jüngeren sagte: „Aber erst naschen, wenn Mama das erlaubt ... oder wenn sie nicht hinguckt." Ich würde sagen: Prinzip verstanden.

„Aber erst naschen, wenn Mama das erlaubt ... oder wenn sie nicht hinguckt."

Ich sehe dich, meint bei den Na'vi etwas ganz anderes. Etwas Bewusstes, Wertschätzendes. Etwas wie: Ich bin jetzt ganz da. Ich sehe dich. Jesus fragt: Siehst du diese Frau?

Er jedenfalls sieht sie und er hat sie die ganze Zeit über gesehen. Das wird in seinen Sätzen danach sehr deutlich:

> *„Ich kam in dein Haus, und du hast mir kein Wasser für meine Füße gegeben, was doch sonst selbstverständlich ist. Aber sie hat meine Füße mit ihren Tränen gewaschen und mit ihrem Haar getrocknet. Du hast mich nicht mit einem Kuss begrüßt. Aber seit ich hier bin, hat diese Frau immer wieder meine Füße geküsst. Du hast meine Stirn nicht mit Öl gesalbt, während sie dieses kostbare Öl sogar über meine Füße gegossen hat."*
> *(Lukas 7,44-46)*

Ich sehe diese Frau, sagt Jesus. Und ich sehe alles, was sie an Liebe zeigt. Auf ihre eigene Art, mit ihren eigenen Mitteln in ihren Möglichkeiten. Und nachdem er diese Frau als Vorbild hingestellt hat, nachdem er einen direkten, beschämenden Vergleich gezogen hat, zwischen ihm und ihr, spricht er den Gastgeber ganz konkret an: „Deshalb sage ich dir: ‚Ihre große Schuld ist ihr vergeben; und darum hat sie mir so viel Liebe gezeigt. Wem aber wenig vergeben wird, der liebt auch wenig.'"
(Vers 47)

Das ist es. Jesus schließt hier von der Wirkung auf die Ursache. Es geht also nicht darum, dass sie viel Liebe zeigen muss, damit ihr vergeben werden kann, sondern dass sie viel Liebe zeigen kann, weil ihr vergeben worden ist.

Adolf Schlatter drückte es folgendermaßen aus:

„Vergeben ward ihr, ehe sie liebte, als sie noch nicht lieben konnte, sondern nur über sich selbst zu weinen vermochte und unter ihrer Last zusammenbrach."[12]

Dann spricht er der Frau noch einmal genau das zu: Deine Sünden sind dir vergeben. Es folgt natürlich eine Diskussion am Tisch, in die sich dann auch alle einmischen. Über das Vergeben von Sünden. Denn, dass das einfach mal jemand so aussprechen konnte, das stand nicht in ihrem Drehbuch. Das war nicht das, wonach sie bisher gelebt hatten.

Aber Jesus bleibt ganz bei dieser Frau. Er lässt sie jetzt nicht alleine und lässt sich in theologische Diskussionen verstricken, sondern er sieht sie. Und wie, um es für sich noch einmal zu bekräftigen, spricht er ihr zu: Dein Glaube (oder gerne auch „dein Vertrauen") hat dich gerettet, geh hin in Frieden.

Glaube, der improvisieren darf und kann

Diese Geschichte zeigt mir einen Gott, der improvisiert. Einen Gott, der antwortet, handelt und zeigt, statt zu reden. Einen Gott, bei dem man scheitern darf. Deswegen ist für mich der christliche Glaube wie Improvisationstheater. Deswegen möchte ich spielend Glauben leben. Nicht weil ich denke, dass das Leben nur ein Spiel und alles voller Leichtigkeit ist. Im Gegenteil. Und auch nicht, weil ich etwas gegen inszeniertes Theater habe. Im Gegenteil.

Sondern eben, weil ich gerne ins Theater gehe und es genieße, einfach mal passiver Zuschauer zu sein und nicht selber eingreifen zu müssen.

Sondern eben, weil ich das Leben nicht immer als Spiel empfinde, sondern manchmal als große Herausforderung sehe, bei der wir nicht passiv bleiben dürfen.

Wenn ich mir Jesus anschaue, dann will ich weiter glauben und weiter improvisieren. Dann will ich mich ganz auf diese Welt, diese Stadt, die Menschen hier einlassen.

Und das Unvorhergesehene tun.

Kein festes Drehbuch

Jesus ist eben nicht mit einem festen Manuskript auf diese Erde gekommen. Natürlich hatte er ein Ziel und natürlich kann man jetzt einwenden, dass er schon wusste, was passierte. Aber Jesus hat reagiert. Er hat sich unterbrechen lassen, er hat nicht einfach sein Ding durchgezogen. Wobei... vielleicht ist das ja genau sein Ding. Er hat sich auf die Menschen eingelassen. Während eines feinen Essens auf eine Frau mit schlechtem Ruf, die an seinen Füßen liegt und weint. Während er auf dem Weg zu einem sterbenden Mädchen ist, von einer Frau, die seit Jahren leidet. Während er mit einer großen Menschenmenge unterwegs ist, von einem Bettler, der am Straßenrand sitzt und brüllt. Jesus reagiert auf das, was ist. Er sieht den Menschen.

Es gibt eben kein inszeniertes Leben und deswegen macht ein inszenierter Glaube auf Dauer auch keinen Sinn. Auf der Suche nach einem neuen Glauben, wünschte ich mir einen improvisierenden, handelnden, antwortenden Glauben. Ein Herausspazieren, auch wenn ich noch nicht weiß, was passiert, aber in dem Wissen: Das wird. Ich bin nicht alleine.

KAPITEL 6:
HABT IHR AUCH ERFOLG?

Wenn man sich diese Geschichten, die manchmal lustigen und manchmal traurigen alle so anschaut, drängt sich natürlich die Frage auf: Warum macht ihr das eigentlich? Und noch mehr: Habt ihr denn auch Erfolg? Oder gibt es nur Rückschläge?

Seit 2008 leben und improvisieren wir nun schon hier in Magdeburg. Aus einem ersten „Gucken, was passiert", haben sich einige konkrete Projekte entwickelt. Manche mussten wir wieder einstampfen, bevor sie losgingen, andere, wie z. B. der 1. FC Knast 09, bestehen von Anfang mit fast den gleichen Leuten. Anfangs waren es Jugendliche, jetzt sind es erwachsene Männer. Immer wieder staunen wir, was sich alles so entwickeln durfte: Kindertheater für Flüchtlinge, ein Nachbarschaftsprojekt, Brunchen mit Obdachlosen und natürlich Fußball.[13] Manche Projekte wachsen, anderen bleiben scheinbar, wie sie sind.

Immer geht es um Menschen. Wir möchten ihnen dort begegnen, wo sie sind. Sie ermutigen, ihr Potenzial zu entdecken und dadurch selbst Hoffnungsträger zu werden.

Das ist unser Wunsch.

Das hört sich ja alles ganz gut an, aber: Was bringt's? Haben wir Erfolg?

Diese Fragen stelle ich mir, stellen wir uns, stellen uns andere.

Wir sind herausspaziert. Losgegangen, hatten schöne Erlebnisse, sind an unsere Grenzen gekommen, haben geweint, gelacht. Wir hatten kein Drehbuch, keine Textvorgabe und haben viel improvisiert.

Aber: Haben wir Erfolg? Um in dem Bild vom Improvisationstheater zu bleiben: Wann ist eine Aufführung erfolgreich? Wenn das Publikum viel geklatscht hat? Wenn der Saal voll war? Wenn viel gelacht wurde? Wenn die Kasse voll ist? Wenn wir möglichst viele *Likes* bei Facebook haben? Es gab Abende, an denen ich mich als Schauspielerin ganz mies gefühlt habe, aber sowohl das Publikum als auch meine Kollegen und Kolleginnen einen wunderbaren Abend hatten. Meine Stimmung scheint also nicht ausschlaggebend zu sein. Es gab auch Abende, an denen das Publikum gejohlt hat vor Freude, egal, was wir gemacht haben. Irgendwann haben wir dann gemerkt, dass es der feuchtfröhliche Tupperdamenkreis war, die ihre kleinen Piccolos in den Handtaschen hatten. Also definitiv kein Erfolg, trotz guter Stimmung ...[14] Also können wir es nicht an unserer Stimmung und auch nicht an der Stimmung des Publikums messen. Aber woran dann? Wie sieht Erfolg aus, wenn wir uns für unsere Welt und die Menschen engagieren?

Wer definiert Erfolg?

Wie Erfolg definiert wird, ist je nach Fragesteller ganz unterschiedlich. Aus gesellschaftlicher Sicht kann es ein Erfolg sein, wenn einer der Jugendlichen einen Schulabschluss oder eine abgeschlossene Ausbildung vorzuweisen hat. Aus psychotherapeutischer Sicht kann es ein Erfolg sein, wenn eine Person innerlich heil geworden ist oder seelische Belastungen zumindest geringer werden. Bei Förderanträgen, ist oftmals das Entscheidende, dass in dem Projektantrag die richtigen Schlagworte stehen und dass in den Projekten genug Teilnehmer sind (bzw. auf irgendeiner Liste unterschrieben haben, ob sie dann wirklich da waren, ist oftmals nicht so wichtig).[15]

Evangelikale Christen stellen uns manchmal Fragen wie: „Gibt es bei euch auch echte Bekehrungen?" Und sie meinen meist damit: Hat jemand zu einem bestimmten Zeitpunkt ein bestimmtes Gebet gesprochen und lebt jetzt mit Jesus? Wie so eine magische Handlung, die dafür sorgt, dass diese Person von der einen Seite auf die andere wechselt. Von draußen nach drinnen halt.

Als ich noch als Evangelistin durch Deutschland reiste, hatte ich verschiedene Gradmesser für meinen Erfolg: die Menge der Menschen, die zu einer Veranstaltung kamen. Der Applaus, das Feedback oder die seelsorgerlichen Gespräche im Anschluss – immer ging es um die Frage, ob ich die Leute mit dem, was ich gesagt habe, berührt habe. Natürlich war mir auch da klar, dass das nur ein kurzer Einblick ist, dass der wirkliche Erfolg nicht unbedingt sichtbar ist, aber immerhin gab es etwas Messbares. Gab es etwas, woran ich mich festhalten konnte.

Und so erinnere ich mich an einige schöne, erfolgreiche Erlebnisse oder auch an andere, die gefühlt eher einer Niederlage glichen, zum Beispiel diese Geschichte beim Jugendgottesdienst eines CVJM, der, um die Jugendlichen aus dem Ort zu erreichen, ein Konzert mit einer stadtbekannten Gothic-Band angekündigt hatte. Während der Konzertpause sollte ich allen dann schnell eine kurze Andacht unterjubeln. Doch direkt nachdem der schwarz gekleidete, tätowierte Sänger die Pause angesagt hatte: „Hey Leute, hier drinnen gibt's jetzt ne Predigt. Wir sind draußen, rauchen und hängen ab. Macht was ihr wollt!", leerte sich der Raum rasant, weil die in Ketten gekleideten Fans

> „Hey Leute, hier drinnen gibt's jetzt ne Predigt. Wir sind draußen, rauchen und hängen ab. Macht was ihr wollt!"

natürlich zu ihren Helden wollten ... Ich hielt meine Andacht also in einem nahezu leeren Raum. Obwohl ... ich erinnere mich noch an ein freundlich lächelndes Pärchen mit Birkenstocks und blauen Fleecejacken ... Nach meinem Amen hörte ich wie einer an der Tür schrie: „Ey, ihr könnt wieder reinkommen. Die is schon fertig." Ja ... fertig war ich. Fix und fertig. Da ließ sich auch nichts schönreden. Erfolg? Die beiden mit den Birkenstocks jedenfalls bedankten sich.

Außerdem gab es natürlich immer Zuhörer, die mich mochten und andere, die zerfleischend kritisieren und einen auseinandernehmen konnten. Und wie ich so bin, habe ich mir die negativen Feedbacks natürlich wesentlich sorgfältiger abgespeichert als die positiven. (Ist nicht clever, mache ich aber nach wie vor.)

Die Frage, ob wir Erfolg haben, lässt sich also ganz unterschiedlich beantworten, je nachdem, wer fragt und wen wir fragen. Haben wir also Erfolg?

Vorzeige-Projekte

Ja!!!!

Denn wenn ich mir die Fragen der unterschiedlichen Typen oben anschaue, dann gibt es immer wieder Momente, in denen ich sagen kann: Jawohl, wir haben durchaus Erfolge!

Es gibt eine Fußballgruppe, in der wöchentlich 40–60 junge Männer aus unterschiedlichen Kulturen Fußball spielen. Rein statistisch ein Erfolg.[16]

Und natürlich ist es ein Erfolg, wenn ein Jugendlicher, der zuletzt in der 5. Klasse die Schule besucht hat, nun doch noch einen Abschluss macht. Und da haben wir auch schon drauf angestoßen. Und es war sicher auch ein Erfolg, als das zweite Turnier vom 1. FC Knast 09 stattfand und die gesamte Mannschaft morgens zum Aufbauen dort war. Verkatert, aber sie waren da. Oder als einer der Jungs vom 1. FC Knast 09 seine Hilfe beim Sommerlager für Kids angeboten hat und dort wirklich gute Arbeit geleistet

> Würde man einen Film drehen, könnte man an diesen Punkten pathetische Musik einblenden, schöne Bilder zeigen und wir hätten ein Happy End.

hat. Oder die zwei Frauen, die seit 10 Jahren nicht mehr auf den Strich gehen. Die ausgestiegen sind und auch nicht wieder dahin zurückkehren wollten. Oder ein gelungener Theaternachmittag in der Flüchtlingsunterkunft mit strahlenden Kinderaugen und fröhlichen Gesichtern.

Würde man einen Film drehen, könnte man an diesen Punkten pathetische Musik einblenden, schöne Bilder zeigen und wir hätten ein Happy End.

Bitte keine Ausländer

Nicht zeigen würden wir natürlich, dass der eine Jugendliche ein Jahr später intensiv Chrytal Meth nimmt und dass der andere nach drei Monaten einen Selbstmordversuch unternahm. Dass manche Jungs zwar bei allen möglichen Aktionen fleißig mithelfen können, aber später Kinder zeugen, für die sie keine Verantwortung übernehmen werden. Beim 1. FC Knast 09 gab es wunderschöne Momente – bewegende Torszenen und wir haben erlebt, wie die Spieler so manches Mal über sich hinausgewachsen sind.

Wir hatten gehofft, ihnen einiges an Respekt mitzugeben – auch anderen gegenüber.

Und es gab sogar mal einen Fernsehbeitrag dazu, wo sie darüber reden, wie wichtig Integration ist und dass sie offen für andere sind.

Eines Tages kam eine Frau auf uns zu und fragte, ob nicht ein paar Syrer mitspielen dürften. Einfach mal so beim Training. Völlig motiviert sagte Simon ihr zu und so standen eine Woche später drei junge syrische Männer in der Halle. Und Fußball – so weiß man ja – ist ideal zur Integration. Sieht man ja an der deutschen Nationalmannschaft. Und während unsere Jungs Mesut Özil und Jerome Boateng feiern, wurde das Training von Mal zu Mal anstrengender. Pöbelei-

> „Ich hab' ja nichts gegen Ausländer, aber nicht beim Fußball."

en, Beleidigungen, Rassismus. Anfangs nur versteckt, aber dann immer offener. Und schließlich wurde es deutlich ausgesprochen: „Ich hab' ja nichts gegen Ausländer, aber nicht beim Fußball." – „Simon, wenn deine neuen Kumpels weiter herkommen, dann gehen wir." Und dann fielen noch ein paar Begriffe, die ich hier nicht gedruckt sehen möchte.

Ja, haben die denn gar nichts gelernt? Eine Entscheidung stand an. Zur Integration waren die Jungs vom 1. FC Knast 09 offensichtlich nur vor laufender Kamera bereit.

Da sind auf der einen Seite Menschen, die geflüchtet sind, die wirklich Hilfe brauchen, die sich bemühen, Deutsch zu lernen. Denen muss man doch Gutes tun! Da sind auf der anderen Seite die Jungs vom 1. FC Knast 09, die man jetzt ganz einfach als Nazis beschimpfen könnte, aber, wenn man ihre Geschichten kennt, ihren Schrei nach Liebe, nach Anerkennung sieht, dann kann man sie auch nicht einfach gehen lassen. Zu oft haben sie erlebt, dass sie weggeschickt wurden, genau, weil sie nicht so reagiert haben, wie man es von ihnen erwartet hat.

Und so haben wir schweren Herzens eine Entscheidung getroffen: Simon bat die Syrer, nicht mehr zu Training zu kommen, da sie nicht erwünscht seien. Das fiel uns sehr schwer, weil es nicht unsere Überzeugung ist, Menschen zu sagen, dass sie nicht erwünscht sind.

Das geht gar nicht! Das zerreißt einem das Herz. Keine Ausländer mehr beim Fußball. Der 1. FC Knast 09 war wieder unter sich. Die Spieler kamen wieder zum Training.

Das klingt doch ganz stark nach Niederlage, oder? Jedenfalls gibt es dafür bestimmt keine Fördermittel. „Sehr geehrte Damen und Herren, wir hätten gerne ganz viel Geld dafür, mit jungen rassistisch gesinnten, gewaltbereiten Männer einmal pro Woche Fußball zu spielen und anschließend ein Bier zu trinken. Ausländer sind nicht erwünscht und das wird denen auch deutlich gesagt. Bitte überweisen Sie die Fördermittel auf folgendes Konto …" Könnte schwierig werden.

Ich erinnere mich so gut an die gedrückte Stimmung nach dieser Entscheidung. Unsere Überzeugung war ganz klar, dass wir etwas für geflüchtete Menschen tun wollten – auch wenn das Thema damals noch nicht so in den Medien war wie heute. Aber wir hätten die Jungs vom 1. FC Knast 09 verloren. Es wäre nicht mehr ihr 1. FC Knast 09 gewesen, sie wären zu Hause geblieben. Und das hätte sie mit Sicherheit noch weiter in den Rassismus getrieben. Von daher: Ja, diese Geschichte ist ein Erfolg. Ein Erfolg deshalb, weil Simon den jungen Männern deutlich gemacht hat: Mein Herz schlägt für euch. Ich teile eure Werte nicht, ich finde das ziemlich mies, was ihr hier abzieht. Aber wir haben den 1. FC Knast 09 gemeinsam gegründet und ich akzeptiere eure Entscheidung, weil ich euch mag. Weil ich mit euch weiter Zeit verbringen möchte. Hätte er diese Entscheidung nicht getroffen, ich bin sicher: Es würde den 1. FC Knast 09 heute nicht mehr geben. Kloß im Hals, aber manchmal müssen solche Entscheidungen getroffen werden.

Tja, nach außen könnten wir schöne Filme drehen, die nach Happy

End aussehen, aber in Wirklichkeit ist das alles aber manchmal auch ganz undramatisch und gar nicht so schön.

Doch damit hörte es ja nicht auf. Die drei Syrer waren ja immer noch da. Sollten wir also noch eine zweite Fußballgruppe gründen? Dafür reichte die Kapazität nicht.

Wir mussten loslassen. Beten und wissen: Unsere Kraft ist begrenzt. Ein paar Monate später saßen zwei junge motivierte Männer bei uns im Wohnzimmer und sie beschlossen, den FC Flankenwechsel zu gründen. Eine Mannschaft für Migranten und geflüchtete Menschen, gut durchmischt mit Magdeburgern, die ein Herz für Integration haben. Eine schöne Idee, die in die Tat umgesetzt wurde.

Schöner wäre gewesen, wenn es mit dem 1. FC Knast 09 zusammengepasst hätte, aber das ist nicht die Realität. Zumindest nicht bei uns.

Ein Fußballturnier mit Überraschungen

Aber so ganz aufgeben wollten wir trotzdem nicht. Wir planten wieder ein Fußballturnier und wir beschlossen, alle einzuladen: 1. FC Knast 09 und FC Flankenwechsel und wer sonst noch kommen wollte. So ein Turnier bei tollem Wetter, gepaart mit einem Sommerfest, Grillen und Seifenblasen – das konnte doch nur schön werden!

Und sie kamen: jeweils mit weiteren befreundeten Mannschaften. Insgesamt waren es an diesem Tag 14 Mannschaften, 120 Spieler und insgesamt über 200 Leute auf dem ganzen Platz. Ich bin mit der Bahn hingefahren und es war wirklich bewegend. Von überall strömten Menschen unterschiedlicher Hautfarben, Sprachen, Frisuren und Tätowierungen zu diesem Fußballplatz. Was für ein schönes Bild. So „kunterbunt"! Es versprach, ein wirklich gelungener Tag zu werden. Sonnenschein, Kuchen, Würstchen und Familienfest mit Kinderschminken nebenan und auf dem Platz ein integratives Fußballturnier mit Torjubel. Wir blenden hier langsam aus und behalten diesen erfolgreichen Tag mit schöner Musik in guter Erinnerung. Ein wirklicher Erfolg! Es hatte sich also gelohnt und war alles richtig gewesen.

Bitte klappen Sie jetzt das Buch zu und spenden Sie für so ein erfolgreiches Projekt.

Sie sind noch da … Nun gut …

Es brodelte: Schon vor dem Turnier fielen auf beiden Seiten fremden-feindliche Sprüche. Immer wieder kam es zu einem kleinen Handge-menge und Gerüchte über Messer in den Sporttaschen heizten das Kli-ma auf. Die Stimmung auf dem Platz und auch unter den Zuschauern wurde immer hitziger. Weil er ausgerastet war, wurde Tom, einer der Spieler vom 1. FC Knast 09, für ein Spiel vom Feld gestellt. Ich bin hin, wollte eigentlich ein ernstes Wort mit ihm reden. Doch stattdessen folgte ich einem Impuls und nahm ihn einfach in den Arm. Plötzlich fing er an zu weinen. Er weinte, weinte, weinte. Wie kann man mit so einem zerbrochenen Herz noch schimp-fen?

> Wie kann man mit so einem zerbrochenen Herz noch schimpfen?

Wieder auf dem Platz ließ er seinen ganzen Frust raus – an den „anderen" und auch die hielten sich mit Beschimpfungen und Aggres-sivität nicht zurück. Es bildeten sich zwei Lager. Links saßen die Aus-länder, rechts saßen die Deutschen. Dazwischen saßen ein paar, die einfach einen schönen Fußballnachmittag erleben wollten und sich über Würstchen und Kuchen freuten – mitsamt Kindern, Seifenblasen und fair gehandelter Limonade.

Als dann ein Spieler im Halbfinale vor die Zuschauertribüne der Ausländer ging und den sachlich nicht korrekten, aber durchaus pro-vozierenden Satz: *Ihr habt doch alle die gleiche Mutter* brüllte, nun, da flogen die Fäuste und andere Gegenstände. Es gab kein Halten mehr und so mussten wir trotz aller Motivation und aller Gebete das Turnier wegen einer ausgewachsenen Schlägerei abbrechen. Die Polizei kam und der Spaß war vorbei. Also, *erst* war der Spaß vorbei und *dann* kam die Polizei.

Und? Habt ihr Erfolg?

Wir müssen den Film einfach eher beenden

Das kommt wohl darauf an, wann man den Film beendet. Oder wie groß das Zeitfenster ist, das man sich gibt. Oder wann uns diese Frage gestellt wird. Wann haben wir Erfolg? Erfolg hängt davon ab, wo man die Geschichte ausblendet.

Neben all den Tatsachen hat mich der Satz einer Jugendlichen herausgefordert, die ich unter schwierigen Umständen kennengelernt habe. „Das

> Erfolg hängt davon ab, wo man die Geschichte ausblendet.

ist doch bei euch allen[17] das Gleiche. Zuerst seid ihr total nett, aber wenn wir uns nach einer Zeit nicht doch an eure Regeln halten, dann sind wir die Bösen. Denn dann hattet ihr ja keinen Erfolg."

Immer wieder muss ich über diesen Satz nachdenken – egal, ob aus meiner Sicht als Christin, Theaterpädagogin oder Streetworkerin.

Kann ich den Erfolg meiner Arbeit daran festmachen, dass sich die Menschen verändern?

Daran, dass sich junge Männer beim Fußball nicht prügeln?

Daran, dass jemand plötzlich von 9 bis 17 Uhr einen Job hat?

Daran, dass jemand seine komplette Weltanschauung aufgibt und sich meiner anschließt?

Wäre es nicht entsetzlich übergriffig, manipulierend, gefährlich, arrogant, besserwisserisch?

Und hier sind wir an einem spannenden Punkt. Denn hier geht es um unsere ganz, ganz tiefe Motivation und unser Selbstverständnis. Machen wir unseren Erfolg daran fest, dass der andere sich so verändert, wie wir es für gut halten? Stellen Sie sich das mal aus der anderen Perspektive vor: Da kommt eine andere Person, die sich unser Leben anschaut und es bewertet. Dann vergleicht sie es mit ihrem Lebenskonzept und beschließt, dass es für uns besser wäre, wenn ich nach ihren Regeln leben würde. Also setzt sie alles daran, das in die Tat umzusetzen. Ich glaube nicht, dass irgendjemand von uns das wollen würde, oder? Nicht dann jedenfalls, wenn wir uns selbst für mündige, reflektierte und selbstbestimmte Menschen halten, die sich gerne ihre eigene Meinung bilden.

Eine Bekannte von mir fing vor einigen Jahren an, ein Nahrungsergänzungsmittel zu verkaufen. Sie war sehr begeistert davon und ich hatte plötzlich den Eindruck, als wäre sie an mir interessiert. Sie stellte Fragen, interessierte sich für meine Arbeit, meine Wohnung usw. Doch irgendwann merkte ich: Es ging gar nicht um mich. Es ging darum, ob ich eine potenzielle Kundin bin oder eine Gastgeberin für so eine „Verkaufsparty". Nur verständlich, wenn man das Verkaufskonzept ein wenig unter die Lupe nimmt. Aber meine Reaktion war daraufhin Abstand. Abstand und noch mehr Abstand.

> Wenn ich mir manche „Evangelisationskonzepte" so anschaue, beruhen sie auf einem ähnlichen Prinzip wie Tupper oder sonstiger Krams.

Ich wollte meine Nahrung nicht ergänzen, ich wollte nicht viel Geld ausgeben und ich wollte auch keine komischen Partys veranstalten. Ich habe mich ausgenutzt gefühlt. Ich wollte nicht das Gefühl haben, mit meinem Freundeskreis ihren Umsatz steigern zu müssen. Und vor allem wollte ich nicht in jedem Gespräch zu ihren Produkten missioniert werden.

Zu weit hergeholt? Ich fürchte nein. Wenn ich mir manche „Evangelisationskonzepte" so anschaue, beruhen sie auf einem ähnlichen Prinzip wie Tupper oder sonstiger Krams. Beziehung aufbauen, Interesse zeigen und dann zuschnappen. Der Erfolg hängt von der Reaktion der anderen ab. Ich bin sicher: Das kann und darf es nicht sein. Aber... was ist es dann?

Der Theologe Paulus, der viele intelligente, manch verwirrende und einige sehr inspirierende Dinge gesagt und geschrieben hat, beendet ein großartiges Gedicht mit folgenden Worten:

„Was bleibt, sind Glaube, Hoffnung und Liebe. Die Liebe aber ist das Größte." (1. Kor. 13,13)

Die Liebe ist das Größte.

Interessant. Gerade von *dem Theologen* würde man doch ganz andere Sachen erwarten. Eher so eine Art Zusammenfassung der Grundlagen der christlichen Theologie mit mal mindestens siebzehn Punkten.

Er, der einige Dinge geschrieben hat, an denen man sich theologisch so richtig die Zähne ausbeißen kann. Der Einblicke und Erkenntnisse hatte, die ich bewundere. Er wird hier ganz schlicht, ganz klar, ganz einfach: Die Liebe ist das Größte!

Erfolg ist, wenn Menschen geliebt werden

Erfolg ist, wenn Menschen geliebt werden. Daran möchte ich unseren Erfolg festmachen:

nicht daran, dass die Menschen sich so verändern, wie ich sie gerne hätte.

Nicht an den Zahlen derer, die in irgendwelchen Veranstaltungen sitzen.

Nicht an einem gelungenen Turnier mit feierlicher Pokalübergabe.

Sondern daran, ob Menschen geliebt werden. Denn Erfolg ist, wenn Menschen geliebt werden. Liebe ist das, was fehlt.

Warum sind die jungen Männer vom 1. FC Knast 09 so, wie sie sind? Bestimmt nicht, weil ihnen eine Vorlesung über kulturelle Unterschiede entgangen ist, sondern weil sie von klein auf nach Liebe geschrien haben und dieser Schrei nicht gehört wurde. Weil sie sich an das klammern, was sie jetzt haben, und überzeugt sind, dass sie es sich nicht leisten können, zu teilen. Wenn wir in einer liebevollen Familie aufgewachsen sind, dann ist das etwas, was wir vom tiefsten Inneren nie werden verstehen können. Wie tief dieser Schmerz und diese Sehnsucht ist. Und da ist es völlig egal, ob man aus Deutschland oder aus einer anderen Kultur kommt, ob man im Management oder auf dem Strich arbeitet.

Erfolg ist, wenn Menschen geliebt werden. Auch und gerade dann, wenn sie nicht so werden, dass sie uns in den Kram passen. Wenn sie uns irgendwie immer fremd bleiben.

Bestimmt nicht, weil ihnen eine Vorlesung über kulturelle Unterschiede entgangen ist, sondern weil sie von klein auf nach Liebe geschrien haben und dieser Schrei nicht gehört wurde.

Erfolg ist nicht, wenn sich unser Gegenüber verändert. Erfolg ist, wenn wir sie lieben. Wenn ein Mensch, der vielleicht einsam, verletzt oder zerstört ist, erfährt, was es heißt, geliebt zu werden. Gesehen zu werden. Angenommen zu werden, so wie er ist. Das ist Erfolg. Und um Menschen zu lieben, müssen wir uns bewegen, aufstehen, rausgehen, zu ihnen hin, da wo sie sind. Ihn oder sie kennenlernen.

Alle nachhaltigen, herausfordernden, ressourcenorientierten und pädagogisch wertvollen Ansätze will ich da auf keinen Fall kleinreden. Wenn ich als Theaterpädagogin arbeite, habe ich natürlich auch meine fachspezifischen Ziele und da gehört eine gelungene Aufführung häufig mit dazu. Das ist ja klar. Aber neben allem, was ich mir für diese Kinder und Jugendlichen so wünsche, was ich ihnen von Herzen gönnen würde, weil ich überzeugt bin, dass es ihr Leben reicher machen würde, möchte ich sie in erster Linie lieben.

So, wie sie sind. Nicht so, wie sie einmal sein sollen.

Und auch nicht *trotzdem,* wie es in einem Lied heißt, sondern *so,* wie sie sind.

Damit meine ich nicht ein einfaches Verhätscheln und eine Alles-ist-gut-mit-dir-Arbeit. Aber ein Weiterlieben, auch wenn er wieder ins Gefängnis muss. Dann, wenn sie beschließen, weiter auf den Strich zu gehen. Ein Weiterlieben, auch wenn der Ausbildungsplatz, für den wir uns so eingesetzt haben, geschmissen wird. Ein Weiterlieben, auch wenn sie einfach nicht zur Probe kommen, sich wochenlang nicht melden und wir schon wieder umsonst gewartet haben. Wir dürfen und müssen Grenzen haben und Grenzen setzen und in solchen Situationen auch klare Ansagen machen, keine Frage. Aber wir dürfen auch einfach weiterlieben. Erfolg ist, wenn Menschen geliebt werden.

Lieben, indem wir uns bewegen und hingehen.

Keine professionelle Distanz

Das hat nichts mit der so viel geforderten „professionellen Distanz" zu tun.

Der Familientherapeut Jasper Juul schreibt:

„Um ein Maximum an Gesundheit im Leben von Erwachsenen und Kindern zu sichern, ist es entscheidend, dass Erwachsene das Risiko eingehen, sich wie Menschen aus Fleisch und Blut zu verhalten und echt zu sein [...] dass Erwachsene riskieren, verletzlich, lebendig und so authentisch wie möglich zu sein. [...] Der Gedanke, dass eine berufliche Beziehung eine distanzierte sein sollte, war nie fruchtbar für Kinder und Jugendliche; zudem hat er Erzieher, Lehrer und Pädagogen oft behindert und an erfolgreichen Ergebnissen ärmer gemacht."[18]

Auch wenn es hier explizit um die Beziehung von Erziehern oder Pädagogen zu Kindern geht, möchte ich das gerne ausweiten. Wir dürfen persönlich sein, wir dürfen lieben, ja, und wir dürfen uns sogar verletzlich machen. Wir müssen keine professionelle Distanz aufbauen. Das, was am meisten fehlt, ist Liebe.

> Wir dürfen persönlich sein, wir dürfen lieben, ja, und wir dürfen uns sogar verletzlich machen.

Die Entscheidung, die Simon damals beim 1. FC Knast 09 getroffen hat, gegen die Syrer und für die Spieler vom Knast, gegen seine eigenen Werte, war eine Entscheidung aus Liebe und aus Wertschätzung. Einer der Jungs vom 1. FC Knast 09 sagt immer mal wieder: „Ich wünschte, ich wäre euer Sohn." Das bewegt natürlich sehr. Das können wir ihm aber nicht geben. Wir können nicht Väter oder Mütter sein. Ermutigt haben mich da Carl und Regina Gustafson, die in Kanada in einem Indianer-Reservat sozial arbeiten. Auch Carl wurde eines Tages im Auto gefragt: „Kannst du nicht mein Vater sein?"

Carl schreibt: „Zuerst dachte ich, das klingt wie eine Ehre. Aber diese Ehre gehört einem anderen (seinem Vater). Unsere Aufgabe von Gott ist, Familien erlöst und erneuert zu sehen, die Väter zu ermutigen und zu fördern, sodass sie ihre Rolle als Väter durch Gottes Gnade und Kraft ausüben können; und die Söhne ihre Väter von Herzen ehren und lieben!

Eines der größten Komplimente, an das ich mich im Augenblick erinnern kann, war von einem anderen von meinen ‚Jungs'! Er sagte: ‚Weißt Du, was sich in unserer Familie durch Euren Einfluss in unserem Leben verändert hat? Zum ersten Mal sitzen wir nun für Mahlzeiten als

Familie zusammen am Tisch. Und wir beten und danken Gott für seine Fürsorge und für einander!'"

Erfolg ist, wenn Menschen geliebt werden. Denn die Liebe ist das Größte und Liebe ist das, was in unserer Gesellschaft oft fehlt. Lieben, in der Rolle und in der Art und Weise, wie es uns möglich ist. Nähe aufbauen, ohne jemandem die Vater- oder Mutterrolle streitig zu machen. Keine professionelle Distanz, sondern Nähe und Wertschätzung vermitteln. Lieb haben – so wie sie sind, und nicht so, wie sie unserer Meinung nach sein sollten.

Das 16-jährige Mädel hat es sehr gut auf den Punkt gebracht. Irgendwie ist doch immer die Hoffnung da, dass sich noch etwas ändert. Dass sie sich ändert. Dass sie irgendwie so wird, glaubt und lebt wie ich. Das würde man natürlich nie so sagen, aber oftmals wollen soziale oder auch christliche Projekte doch genau das: Die sollen irgendwie so werden wie wir. Jugendliche mit einem Schulabschluss, Obdachlose mit einer Wohnung, Geflüchtete, die sich in unsere Kultur integrieren. Weil wir das irgendwie auch für richtig und gut halten. Weil *unser* Milieu ja eigentlich auch das richtige Milieu ist. (Das meine ich natürlich ironisch!) Und gerade in christlichen Gemeinden erlebe ich oft eine gewünschte Gleichschaltung, keine Integration und noch weniger Inklusion.

Mir doch egal, ob die sich bekehrt

Eine Freundin, mit der ich gemeinsam Theologie studiert habe, gestand mir irgendwann mal mit einem schlechten Gewissen: „Du, mit Andrea verstehe ich mich mittlerweile richtig gut. Sie ist eine wirkliche Freundin geworden und ehrlich gesagt, ist es mir ganz egal, ob sie sich bekehrt oder nicht."

Sollten da jetzt die Alarmglocken schellen? (Wenn Sie das Buch jetzt lesen und diese christlich-missionarische Richtung noch nicht kennen, sind Sie vielleicht sehr geschockt. Das mag sein, aber wenn man manches pädagogische oder therapeutische Konzept unter die Lupe nimmt, ist es eigentlich nichts anderes: „Die sollen irgendwann so werden wie wir.")

Nein! Keine Alarmglocken! Sondern eher ein fröhliches Halleluja! Denn diese Freundin hat etwas verstanden. Ich bin mir sicher, dass ist es, worum es geht: Sie ist eine wirkliche Freundin geworden. Punkt. Ich habe sie lieb. Punkt. Ich glaube, dass die Menschen, denen wir begegnen, ein sehr gutes Gespür dafür haben, ob wir sie einfach so lieb haben, ob unsere Liebe echt ist. Oder ob wir sie lieb haben, damit sie ... Ja, damit sie sich verändern und ich Erfolg habe.

So werden wir auch immer mal wieder von Christen oder Christinnen aus dem evangelikalen Bereich gefragt, ob wir denn in der Theaterarbeit mit den geflüchteten Kindern die Möglichkeit hätten, von Jesus zu erzählen. Da schellen bei mir alle Alarmglocken. Natürlich könnten wir den Kindern dort alles erzählen, was wir wollen – vorausgesetzt, sie würden die Sprache verstehen. Ich weiß, dass es nicht möglich ist, dass wir uns auch nur ansatzweise in die Lage ihrer Eltern, die ihre Heimat aufgeben mussten, hineinversetzen können. Aber ich sehe ihre Unsicherheit, ihre Perspektivlosigkeit und ihre Dankbarkeit, dass wir uns mit ihren Kindern beschäftigen, mit ihnen spielen und sie zum Lachen bringen. Sie vertrauen uns, in einer für sie fremden Welt, ihre Kinder an. Viele der Eltern sind Muslime. Was glauben Sie, was für ein Vertrauensmissbrauch wäre es, wenn wir versuchen würden, diese Kinder zu einer anderen Religion zu bekehren?! Stellen Sie sich das mal umgekehrt vor! Ihre Tochter kommt vom Theaterworkshop heim und ist plötzlich Muslima – weil die Mitarbeiterinnen dort so nett und lustig sind und sie immer verkleiden! Nein! Das hat nichts mit Liebe zu tun! Ja, ich bin Christin und wer will, darf das gerne wissen. Aber genau deswegen werde ich das Vertrauen der Eltern niemals ausnutzen. Wenn sich Gespräche mit den Eltern auf Augenhöhe ergeben, dann können wir gerne über Glauben reden. Das ist etwas ganz anderes. Das ist fair. Aber ich werde das Vertrauen dieser Eltern nicht missbrauchen. (Und nein, ich glaube nicht, dass deswegen irgendeins dieser Kinder mal in der Hölle schmoren wird – doch dazu an anderer Stelle mehr.) Zumal wir auch als Mitarbeitende im Kindertheater sehr unterschiedliche Weltanschauungen haben und das ist gut so. Das bereichert. Aber wir konzentrieren uns nicht auf das, was uns trennt, sondern auf das, was uns verbindet: die Liebe zu den Kindern. Und die ist entscheidend.

Erfolg ist, wenn Menschen geliebt werden, und Liebe hat immer Auswirkungen.

Einen Tag nach Nikolaus klingelte es plötzlich bei uns an der Tür. Max stand da. Wie aus dem Nichts tauchte er bei uns auf. In der Hand einen nagelneuen, sehr teuren Fußball. Er entschuldigte sich: „Eigentlich wollte ich gestern kommen, jetzt bin ich einen Tag zu spät. Hier, der Ball ist für die Jungs zum Nikolaus." Und schenkte unseren Söhnen den aktuellen DFB-Ball von adidas. Ein Original und vom Wert her mindestens dreistellig. Die Kinder freuten sich natürlich sehr. Wir aßen noch Kuchen zusammen, dann verschwand er wieder. Ich ahne, dass er ihn nicht auf ganz legale Weise beschafft hat, will es aber gar nicht so genau wissen. Dieser Besuch und diese Geste von „Ich tue euren Söhnen etwas Gutes" – das ist für mich eine göttliche Dimension.

Oder Sven, einer der größten Haudegen vom 1. FC Knast 09, groß, stark, so ein richtiger Schrank halt. Irgendwann kam er auf Simon zu und schenkte ihm einen Lolly: „Weil du immer so pünktlich bist." (Bis heute weiß ich nicht, ob er das vielleicht doch ironisch gemeint hat ... Ist aber egal, es war nett!)

Liebe ist niemals umsonst. Liebe hat Auswirkungen. Erfolg ist, wenn Menschen geliebt werden. Dazu braucht es kein großes Konzept, kein Geld, keinen Verein. Dazu braucht es einen Menschen, der den ersten Schritt auf einen anderen Menschen zugeht. Dazu braucht es nichts Großes. Mutter Theresa hat gesagt: „Man muss nichts Großes tun, sondern die kleinen Dinge in großer Liebe tun. Wichtig ist nicht, wie viel man tut, sondern wie viel Liebe man darauf verwendet."

Wir haben Erfolg, wenn wir lieben. Was daraus entsteht ist nicht unsere Verantwortung, aber wir dürfen wissen, dass etwas entsteht. Denn Liebe ist nicht vergeblich.

Erfolg ist, wenn Menschen geliebt werden.

KAPITEL 7:
VON HOCHGEKREMPELTEN ÄRMELN

Erfolg ist, wenn Menschen geliebt werden. Das ist das Entscheidende, Wichtigste, Größte. Denn ohne Liebe ist alles nichts (um noch einmal Paulus zu zitieren). Ohne Liebe macht das alles keinen Sinn.
Jetzt ist das mit der Liebe natürlich so eine Sache. Wie schnell kommen wir da an unsere Grenzen! Wie oft geht uns die Liebe flöten. Und wie sehr merken wir, dass zwar ohne Liebe alles nichts ist, aber die Liebe auch nicht alles ist. Dass es dann doch noch etwas mehr braucht, als jemanden in den Arm zu nehmen, jemandem zuzuhören und jemanden einfach lieb zu haben.

> Und wie sehr merken wir, dass zwar ohne Liebe alles nichts ist, aber die Liebe auch nicht alles ist.

Und dass Liebe anstrengend ist. Dass es manchmal einfacher ist, die Idee von Liebe zu lieben, als die Menschen, die diese Liebe brauchen.

Zum Beispiel nach diesem desaströsen Fußballturnier: Ja, da ist dieser schluchzende Spieler, aber muss das denn sein, was er dann auf dem Platz macht? Oder zum Beispiel nach der Nachricht gestern von Erwin, dem Leiter von Flankenwechsel: „Es gab eine Massenschlägerei und von den 40 Leuten wollten weniger schlichten als prügeln. Wir sollten uns mal unterhalten. Ich weiß nicht, ob ich das Projekt so weiter verantworten kann. Einer hat eine Pistole gezogen. Seine Kumpels meinten hinterher, es sei nur eine Schreckschusspistole gewesen." – Da braucht es mehr als eine Umarmung. Und ich bewundere Erwin für seine Ausdauer, seine Geduld, seine Klarheit und dafür, dass er sich nicht unterkriegen lässt.

Oder zum Beispiel, als wir begonnen haben, Angebote für geflüchtete Kindern zu machen, und wir von einzelnen Personen beim Amt gefühlt immer und immer wieder Steine in den Weg gelegt bekommen haben. Ja, da ist es wichtig zu lieben. Aber es braucht auch noch mehr. Und damit kommen wir zu zwei Themen, die die Liebe konkret machen können. Die zur Liebe dazugehören oder sich aus Liebe ergeben, die wir nicht voneinander trennen können.

In 1. Korinther 13,13 steht: „Was bleibt, sind Glaube, Hoffnung und Liebe. Die Liebe aber ist das Größte." Die Liebe ist das Größte – ohne Diskussion. Aber Hoffnung und Glauben können uns helfen, die Liebe konkret, praktisch und zukunftsfähig werden zu lassen. Das möchte ich in diesem und dem folgenden Kapitel deutlich machen.

Dabei ist der Glaube (oder verständlicher gesagt das Vertrauen) das, was mir hilft, wenn ich mit allem an meine Grenzen komme. (Darauf komme ich aber im nächsten Kapitel noch genauer zu sprechen.) Und die Hoffnung ist das, was mich kreativ werden lässt und in Bewegung bringt.

Denn Liebe braucht Vertrauen – und Liebe braucht Hoffnung! Ein wichtiger Schritt ist es, einen Spieler in den Arm zu nehmen. Aber er braucht auch noch mehr. Ein wichtiger Schritt ist es, einem Mädchen, das vergewaltigt wurde, zuzuhören, aber sie braucht auch noch mehr. Darum soll es in den nächsten beiden Kapiteln gehen.

Liebe braucht Hoffnung

Hoffnung lässt die Ärmel hochkrempeln

Hoffnung ist das, was uns kreativ werden und die Ärmel hochkrempeln lässt. Hoffnung ist der entscheidende Antreiber, um überhaupt irgendetwas anzupacken, um schließlich aufzustehen und herauszuspazieren. Die Hoffnung stirbt zuletzt, sagt man ja so schön, und es stimmt, solange wir noch hoffen, können wir weitermachen.

Hoffnung hat Menschen wir Martin Luther King, Mutter Theresa und Nelson Mandela angetrieben. Weil sie eine Vorstellung davon hatten, was sein könnte und weil sie dafür früher aufgestanden sind und mehr Kämpfe gekämpft haben. Auch wenn sie das Ergebnis ihrer Kämpfe vielleicht nicht mehr erlebt haben.

„Hoffnung ist das, was man erhält, wenn man plötzlich erkennt, dass eine andere Weltanschauung möglich ist, eine Weltanschauung, in der die Reichen, die Mächtigen und die Skrupellosen nicht das letzte Wort haben."[19]

Das wünsche ich mir. Eine neue *Welt-Anschauung*! Eine Vorstellung von dem, was sein kann, wie diese Welt in gut aussehen kann. Wenn uns das Wort Welt zu groß ist, fangen wir bei unserer Stadt an. Wie kann Magdeburg in gut aussehen? Mit all der Schönheit und allen Herausforderungen. Eine Ahnung dessen zu bekommen, was hier und jetzt noch alles möglich ist, ohne lediglich auf eine verklärte Ewigkeit vertrösten zu können. So wie Martin Luther King, der von seinem Traum gesprochen hat. Der seinen Traum in sehr konkreten Bildern beschreiben konnte. Eine Idee davon zu bekommen, wie wir die Zukunft gestalten können. Hoffnung kann uns antreiben, herauszuspazieren, auch wenn wir wissen, dass es nicht immer einfach wird.

> Wir dürfen beim Lächeln nicht stehen bleiben und vor lauter Grinsen vergessen, weiter zu denken, neu zu denken und dann die Ärmel hochzukrempeln.

Denn wir haben keine heile Welt. Wir haben auch keine gute Welt. Wir haben auch keine in Wirklichkeit wunderbare Welt, und müssen nur unsere Einstellung verändern, positiv denken und lächeln und alles wird schön. Nein. Das reicht nicht.

Es ist toll, wenn Menschen lächeln und es ist toll, wenn Menschen positive Einstellungen haben, aber das ist viel zu wenig. Wir dürfen beim Lächeln nicht stehen bleiben und vor lauter Grinsen vergessen, weiter zu denken, neu zu denken und dann die Ärmel hochzukrempeln.

Hoffnung muss hier und jetzt spürbar sein

Der Begriff Hoffnung klingt schnell so fromm dahingehaucht und abstrakt.

Christlich verklärt spricht man von Hoffnung und stellt sich dabei irgendeine ferne Zukunft an einem glänzenden, pastellfarbenen Ort vor, den man Himmel nennt. So nach dem Motto: Mensch, das ist jetzt aber auch schlimm, was die hier alles erleben müssen. Ich habe auch keine Idee, was man da noch tun könnte, aber irgendwann mal, da wird im Himmel alles gut! Dann haben die alles vergessen und können friedlich ausruhen.

Achtung. Ich möchte hier niemandem dem Himmel madigmachen und mich vor allem über niemandem lustig machen. Im Gegenteil! Mein Vater ist viel zu früh gestorben und das Vertrauen, dass er jetzt an einem Ort ist, an dem es ihm gut geht, an dem er sich ausruhen darf, schenkt mir eine wunderbare Ruhe und Gelassenheit. Und auch eine Vorfreude, dass wir uns irgendwann einmal wiedertreffen.

Aber ich möchte diese Himmelssache im wahrsten Sinne des Wortes nicht zu hoch hängen.

Denn wenn unsere einzige Hoffnung wäre, irgendwann einmal in den Himmel zu kommen, dann wäre ja das Sinnvollste, was wir machen könnten, möglichst schnell an diesen Ort zu gelangen. Dann müsste jede Beerdigung ein Freudenfest sein. Wirklich jede und nicht nur die von alten, lebenssatten Menschen. Und dann wäre es ja auch kein Drama, wenn ein Flüchtlingsboot es nicht ans Ufer schafft, denn dann würde es den Menschen darauf bestimmt besser gehen als in einem überfüllten Auffanglager.

Dann wären auch Anschläge kein Drama, denn die Opfer wären jetzt ja sicher.

Das ist ja manchmal der Trost eines Selbstmordattentäters: etwas Gutes tun und schnell ab ins Paradies.

Ich überzeichne ganz bewusst.

Denn natürlich sind all diese Dinge Dramen, Tragödien, schrecklich und furchtbar.

Es herrscht ein unvorstellbarer Schmerz in dieser Welt. Auf den Meeren, vor den Küsten, in den Booten, in vielen Städten und auch in manchen ganz normalen Wohnungen. Jetzt, in diesem Moment spielt sich an so vielen Orten dieser Welt und hinter den Türen in unserer Nachbarschaft Entsetzliches ab. Und da tut es gut, auf einen fernen Ort in einer fernen Zeit zu hoffen, ja. Wie gesagt, das will ich niemandem nehmen und das ist auch selber etwas, was mir Trost gibt. Aber ich bin überzeugt, dass wirkliche Hoffnung sehr viel mehr bedeuten muss. Ich bin überzeugt, dass die Hoffnung, die Jesus uns geben will, sich auch auf diese Erde bezieht. Auf dieses Leben, auf die Zustände im Hier und Jetzt. Dass wir den Him-

> Ich bin überzeugt, dass die Hoffnung, die Jesus uns geben will, sich auch auf diese Erde bezieht.

mel eben nicht hoch hängen, sondern auf den Boden der Tatsache holen müssen. Bei allem Scheitern, bei aller Verzweiflung, will ich daran festhalten. Wir brauchen den Himmel jetzt!

Wir dürfen an ein Leben nach dem Tod glauben. An ein Leben nach dem Tod, das übrigens *nicht* mit dem Paradies gleichzusetzen ist. Wo es eben *nicht* um die Rückkehr zum Ursprung und damit zu einer unschuldigen Naivität geht, sondern um eine neue Welt, in der wir mit all unseren Erfahrungen, Narben und Erkenntnissen über Gut und Böse leben dürfen.[20] Das gibt Trost. Aber wir dürfen auch an ein Leben vor dem Tod glauben. Das eine schließt das andere nicht aus! Wir brauchen den Himmel jetzt schon!

Kennen Sie Schotti, den Tatortreiniger? Als er in der Folge „Anbieterwechsel" in einer „Vermittlungsagentur für religiöse Angelegenheiten" putzt, will ihm die Maklerin die Vorzüge eines Glaubens an das Leben nach dem Tod erklären und er antwortet in seiner typischen Art:

„Das ist doch die Selbstverarsche: anstatt sich hier um seinen Kram zu kümmern, sich irgendwas im Jenseits auszumalen. Man stirbt

und zack, ist auf einmal alles gut. Aber alles, was man in seinem Leben nicht geregelt kriegt – joh, ist doch nicht so schlimm, im Jenseits, da klärt sich schon alles. Da nehmen sich alle in den Arm, da haben sich alle lieb ... und genau das glaube ich eben nicht. So ... und wenn sie mit ihrem Bruder noch was zu klären haben, nä, dann rufen sie den an. Und zwar jetzt."[21]

Warum wollen wir mit dem Himmel immer warten, bis wir gestorben sind? Warum fangen wir nicht jetzt an, ihn hier zu leben?

Jens Stangenberg schreibt:

„Wenn der Himmel nicht schon jetzt in unseren Herzen wohnt und uns positiv beeinflusst, brauchen wir auch keinen jenseitigen Himmel mehr."[22]

Nicht nur nach- sondern vordenken!

Hoffnung heißt denken: Wir sind aufgefordert, uns unsere Stadt anzuschauen und dann zu denken und zu handeln.

Nicht nur nach- sondern vorzudenken.

Das ist anstrengend. Denn das heißt, eine Idee davon bekommen zu können, wie diese Welt in gut aussehen kann. Wie diese Welt besser werden kann. Wie es sein kann, dass aus Fremden Freunde werden, wie wir Arme unterstützen können, Menschen liebevoll begegnen, die Umwelt schonen, und Menschen helfen können.

Warum wollen wir mit dem Himmel immer warten, bis wir gestorben sind?

Wir müssen uns dazu gedanklich anstrengen, wir müssen uns mit schlauen Menschen zusammensetzen und dann die Ärmel hochkrempeln. Wir müssen in Austausch treten mit Fachkräften aus der Sozialarbeit, der Psychotherapie, den Schulen, den Kitas usw. Denn solch eine Vorstellung von einer besseren Welt ist nichts, was man einfach so geschenkt bekommt. Dass ist etwas, das wir uns erarbeiten müssen. Manchmal fällt es mir leicht zu hoffen, dann, wenn ich mit meinen Freunden zusammen bin, ihre Schönheit sehe, von ihren guten Ideen höre und wir uns einfach am Leben freuen. Aber dann sitze ich in der Straßenbahn. Dann höre ich ältere Menschen lauthals über Flüchtlinge schimpfen, sehe junge Frauen, die zerstört aussehen, höre die Geschichten vom Knast oder von Kindern aus meiner Theatergruppe. Wir leben inmitten von Trauer, Vergänglichkeit und Verfall. Wir leben in einer Umwelt, die gnadenlos ausgenutzt wird. Eine Welt, in der Hoffnung dringend nötig ist und in der wir um Hoffnung kämpfen müssen. Hoffnung heißt für mich zu sehen, wie diese Welt schöner und besser werden kann und darauf hinzuleben. Hoffnung heißt für mich, in meinem Kopf und in meinem Herzen die Idee von jener göttlichen Dimension zu haben, während ich mit beiden Beinen auf dem Boden stehe.

Zu versuchen, diese Dimension zu leben und andere mit hineinzunehmen. Anderen zu zeigen: „Schau mal, was möglich ist, hier im Kleinen. Wenn Du nur die Nachrichten schaust und die Zeitung liest, dann wirst Du verzweifeln, aber wenn Du mitkommst, dann zeig ich Dir, dass eine bessere Welt möglich ist."

Wir fangen im Kleinen an und werden diese Welt mit einem guten Virus infizieren. Winzig, ganz klein, und dann vertrauen wir darauf, dass er sich ausbreitet.

So wie in dem wunderbaren Film *Das Glücksprinzip*.

So, wie wir gespürt haben, dass einige der Fußballspieler doch plötzlich eine Bereitschaft signalisieren, mit denen aus der anderen Kultur gemeinsam in einer Mannschaft zu spielen. Für ein (!) Spiel – immerhin, ein Anfang. Oder als das eine Kind, das ein anderes geschlagen hat, sich plötzlich entschuldigen konnte. Das sind kleine Schritte.

Wir wollen einen Ort schaffen, an dem es leichter ist, gut zu sein.

Hoffnung heißt für mich, im Kleinen eine bessere Welt zu leben, stur zu sein, auch wenn um uns herum das Chaos tobt. Hoffnung bedeutet für mich, möglichst viele Menschen mit hineinzunehmen in dieses Kleine. Wir wollen einen Ort schaffen, an dem es leichter ist, gut zu sein. An dem es selbstverständlich ist, Hoffnung zu leben.

Immer in dem Wissen: Wir haben unsere Grenzen. Immer in dem Wissen: Es liegt nicht nur in unserer Kraft. Erfolg ist, wenn man trotzdem hofft. Und wenn diese Hoffnung uns aufstehen und herausspazieren lässt. Jetzt und hier. Heute in diese Welt hinein.

Mit der Welt verbunden

Und damit sind wir auch wieder beim Improvisationstheater. In seinem Buch „Spiel mit dem Chaos" schreibt Gunter Lösel:

> *„Der Improvisierende ist in besonderer Weise mit dem Moment, dem Hier und Jetzt, der jeweils aktuellen Umwelt verbunden und antwortet auf Veränderungen dieser Umwelt.* "[23]

Wie schön wäre es, wenn das nicht nur eine Beschreibung für Improvisationstheater, sondern auch für Christen und Christinnen wäre. Wenn Christsein eine Antwort auf die Umgebung wäre! Wie klingt dieser Satz für Sie?

> *Christinnen und Christen sind in besonderer Weise mit dem Moment, dem Hier und Jetzt der jeweils aktuellen Umwelt verbunden und antworten auf die Veränderungen dieser Umwelt.*

Nun, ich befürchte, das ist nicht gerade das, womit man Kirchen oder Gemeinden heute beschreiben würde, aber wie wäre es, wenn wir in die Richtung gehen würden? Was müsste dafür passieren?

Wo lässt mich diese Hoffnung konkret die Ärmel hochkrempeln? Ich kann nicht die Welt retten. Und da ich mich aus verschiedenen Gründen entschieden habe, nicht in ein Flüchtlingslager zu fliegen, um dort vor Ort zu helfen oder in den Slums auf den Philippinen zu leben, sondern hier in Magdeburg in relativem Wohlstand und Sicherheit, will ich hier das Meinige tun.

Hoffnung für Maira

Deshalb spielen wir Theater mit geflüchteten Kindern. Das sind Kinder, die (teilweise) stark traumatisiert wurden. Nicht alle erzählen uns ihre Geschichte. Von einem syrischen Mädchen weiß ich, dass ihr Haus zerstört wurde, ihre beste Freundin getötet wurde und sie Dinge mit ansehen musste, die einfach zu grausam sind, um sie hier aufzuschreiben. Was haben wir also für eine Hoffnung für so ein 8-jähriges Mädchen? Zum einen ganz klar die Hoffnung, dass es ihrer toten Freundin jetzt gut geht. Dass diese an einem sicheren Ort ist und dass die beiden sich irgendwann wiedersehen. Das würde ich ihr so gerne sagen. Aber für diesen einen Satz müsste ich erst einmal die Sprachbarriere überwinden.

Also fangen wir kleiner an: Dieses Mädchen ist in ein fremdes Land gekommen (nach Deutschland) und wird plötzlich nicht mehr verstanden. Zu Hause konnte sie mit allen reden, jedem sagen, was sie brauchte, und hier geht das plötzlich nicht mehr. Also setzen wir an dieser Stelle an und bringen ihr (durchs Theaterspielen) die deutsche Sprache bei – zumindest ein bisschen. Auch das ist handfeste Hoffnung: Irgendwann wird sie sich auch in diesem Land verständigen können. Und da ist es wunderbar zu sehen, wie viele Erzieher und Erzieherinnen sich neben dem normalen Alltagswahn dafür einsetzen, geflüchtete Kinder mit in die Kita oder die Schule hineinzunehmen.

Wir haben die Hoffnung, dass sie dadurch ihre Bedürfnisse artikulieren kann, ernst genommen wird, und Teil einer Gemeinschaft werden kann. Deshalb möchten wir ihr Vertrauen schenken und sie stark machen. Das ist auch handfeste Hoffnung in dem Sinne, dass sie wieder Menschen kennenlernt, die es gut mit ihr meinen. Auf die sie sich verlassen kann. Die Hoffnung, es können wieder neue Freundschaften entstehen.

Und weiter würden wir ihr gerne Hoffnung vermitteln, dass eine andere Gesellschaft möglich ist. Dass es eine Gesellschaft gibt, in der man mitbestimmen kann. Ein Land, in dem sie Geborgenheit erfahren kann. Das liegt natürlich nicht alles in unserer Hand und das wird auch nicht alles gutmachen. Aber es kann ein Schritt sein, dass ein kleines Mädchen wieder hoffen darf.

Gerade in der Arbeit mit Geflüchteten muss vieles nonverbal passieren, einfach, weil die unterschiedlichen Sprachen ein großes Hindernis darstellen. Also nicht reden, sondern zeigen. Und auch wenn ich dem Mädchen vom Kindertheater das alles nicht erzählen kann und es sie vermutlich völlig überfordern würde, will ich mir selber darüber im Klaren sein: Was für eine Hoffnung habe ich für sie? Und was für Entscheidungen treffe ich aufgrund dieser Hoffnung? Wo und wie engagiere ich mich? Welche Partei wähle ich?

Es gibt gerade in diesem Bereich sehr viel zu tun und wir müssen hier viel experimentieren, da wir alle als Pioniere und Pionierinnen unterwegs sind. Aber ich will weiter hoffen.

Das Schöne bei der Arbeit mit diesen Kindern ist, dass man recht schnell als Dank strahlende Augen bekommt. So wie zum Beispiel nach einem Zirkusbesuch oder wenn sie einen ganzen Nachmittag als Prinzessinnen, Piraten und Könige unterwegs sein konnten. Und unglaublich dankbar bin ich, dass wir ein wunderbares Team haben, das sich sehr für die Kinder einsetzt und bei Schwierigkeiten gerne mit anpackt.

Hoffnung für Max

Aber was für eine Hoffnung habe ich für Max? Oder für die anderen Jungs vom 1. FC Knast 09?

Da, wo die Drogen so viel kaputtgemacht haben? Da, wo die Augen manchmal schon so dumpf geworden sind? Der, der kein Jugendlicher mehr ist, der sich freut bei uns im Korbsessel zu schlafen, sondern ein erwachsener Mann geworden ist.

Simon spielt ja nun seit acht Jahren fast Woche für Woche mit ihnen Fußball. Als Verantwortlicher ist er größtenteils alleine, da kein anderer Mitarbeiter bisher geblieben ist. Und er sieht die Jungs, kennt sie und erlebt ihre Entwicklung.

Ich habe Simon direkt gefragt: Was hast Du für eine Hoffnung für Max?

„Vor einigen Jahren hätte ich dir jetzt ganz viel erzählt, von regelmäßiger Arbeit und einem passenden Beruf für ihn, vom Clean-sein und gelebter Fairness oder dass ich ihm wünsche, dass er Familie leben kann. Heute glaube ich, dass er eine Liebe erleben muss, die größer ist, als ich oder irgendein anderer Mensch das bieten kann. Ich wünsche mir, dass er jemandem begegnet, der ihn Liebe erfahren lässt, die ganz tief in sein Herz plumpst und dass er daraufhin irgendwann anfangen kann, selber zu lieben. Aber auf jeden Fall will ich ihm mit Respekt und Wertschätzung begegnen, egal, was er tut und macht."

Das ist Hoffnung, die erst mal keine großen, sichtbaren und bewegenden Geschichten schreibt, sondern die eine wahnsinnige Ausdauer und ein dickes Fell erfordert. Hoffnung, die Woche für Woche mit einem Bus voller Kerle in eine heruntergekommene Sporthalle fährt, in einer Umkleide sitzt, in der es nach Schweiß und Bierfahnen stinkt und in der grölend Pornovideos auf dem Handy gezeigt werden.

Manchmal werden wir dann gefragt: „Aber kann man da nichts dagegen sagen?" Natürlich, ganz viel könnte man sagen, aber die Kunst liegt im Handeln, nicht im Reden. Und Simon handelt und ist da. Spielt mit ihnen Fußball und Tippkick. Diese Hoffnung braucht eine gewisse Sturheit, viel Humor, Pragmatismus und Ausdauer. Es ist in gewisser Weise eine Art Kreislauf: Simon liebt und die Hoffnung ist, dass die Jungs Liebe erfahren, größere Liebe. Eine Liebe, die größer ist, als irgendein Mensch sie bieten kann. Dass ist für mich die Hoffnung, die Gott gibt. Das Vertrauen, dass es doch noch etwas Größeres gibt. Es gibt etwas außerhalb von uns allen, jemanden, der über alle Grenzen hinweg liebt und gleichzeitig lebt diese Liebe auch in uns. So wie es in 1. Johannes 4,12 steht:

> *Diese Hoffnung braucht eine gewisse Sturheit, viel Humor, Pragmatismus und Ausdauer.*

Niemand hat Gott je gesehen. Aber wenn wir einander lieben, dann bleibt Gott in uns, und seine Liebe kommt in uns zur Vollendung. (NLB)

Genau das ist der Kreislauf, den wir nicht auseinanderklamüsern können. Ja, Gott ist da und liebt jeden Max und jede Liz und jeden Uwe und sogar uns selber als diese große Liebe von außen und gleichzeitig liebt er durch uns von innen heraus. Klingt verwirrend. Ist aber wunderschön.

Und welche Hoffnung haben wir, wenn wir an unseren Versuch der Integration denken? An das abgebrochene Fußballturnier? Nun, wir stellen fest: Der Grad zwischen Hoffnung und Leichtsinn ist manchmal sehr schmal.

Hoffnung oder Wahnsinn?

Nach dem Abbruch wegen der großen Schlägerei haben wir schnell Pläne geschmiedet, wie man es besser machen kann. Bessere Rahmenbedingungen schaffen kann. Mit dem Wissen, was uns erwarten kann. Mit weniger Mannschaften und mit mehr Mitarbeitern.

Und mit einer gemischten Turnierleitung, ganz nach dem Motto: Du hast die größte Klappe – du hast die Verantwortung. Wir sprachen mit den Verantwortlichen aus jeder Mannschaft und die signalisierten ihre Bereitschaft, Mitverantwortung für ein gelungenes Turnier zu übernehmen. Sie sollten gemeinsam ein Turnier planen, Regeln festlegen und dann schauen, was passiert ... Auf dem Papier hört sich das alles ganz gut, hoffnungsvoll und mutig an.

Und doch sind wir immer wieder hin und hergerissen. Denn schlimmstenfalls wird es nicht bei ein paar blutenden Nasen bleiben, das ist uns sehr wohl bewusst.

Wir diskutieren im Team: Was ist Leichtsinn, was naiv und wo würden wir zu schnell aufgeben? Wo müssen wir weitermachen, wo loslassen, wo andere Wege finden? In diesem Prozess sind wir gerade mittendrin.

Wir wollen unseren Erfolg nicht daran messen, ob sich 60 junge, energiegeladene Männer unterschiedlicher Kulturen nach einem Fußballspiel prügeln oder nicht. Hoffnung heißt nicht, alle unsere Ideen in die Tat umzusetzen, um irgendetwas zu beweisen. Wie schnell geht es dann um ein Prestige-Projekt. Mit vielen Sicherheitskräften wäre so ein Turnier sicher möglich – aber würde das Sinn machen? Nur, damit ein Turnier stattgefunden hat? Ich bin mir ziemlich sicher, dass das keinen Sinn machen würde. Sondern, dass wir viel, viel kleinere Schritte gehen müssen, vielleicht zuerst mal zu viert gemeinsam zur Dönerbude oder so.

Hoffnung heißt, weise Entscheidungen für eine bessere Welt zu treffen. Wir wollen unseren Erfolg daran messen, dass wir weiter lieben und niemanden für ein Prestige-Projekt missbrauchen. Wir wollen weiter nachdenken und vor allem weiter vordenken, überlegen, uns Hilfe holen und Antworten finden auf das, was in dieser Stadt passiert. Und wenn das heißt, dass Simon einfach Woche für Woche weiter mit den Jungs Fußball spielt und ihnen so Wertschätzung und Liebe vermittelt, sie aber nie offen für Menschen anderer Kulturen werden, dann kann das trotzdem ein Erfolg sein.

Hoffnung lässt die Ärmel hochkrempeln.

Hoffnung bringt meine Freundin Mailin dazu, mit einem riesigen Lastenfahrrad Essen abzuholen, das die Supermärkte sonst wegschmeißen würden und es stattdessen in öffentliche Kühlschränke zu stellen. Damit sich andere diese Lebensmittel dann kostenfrei nehmen können.

Hoffnung lässt Simon Fußball und mich Theater spielen. Sie lässt Martin und Lise ihre Haustür für ihre Nachbarn öffnen, Micha surfen, Petra als Hebamme unterwegs sein, Ellen fröhlich und dankbar auf der Kinder- und Jugendpsychiatrie arbeiten und Flow zum Bahnhof fahren, um sich mit Obdachlosen zu unterhalten oder mit ihnen zu brunchen.

Das ist gelebte Hoffnung.

Hoffnung, die kein Konstrukt ist, nicht verklärt, die nicht pastellfarben ist. Hoffnung, die die Ärmel hochkrempeln lässt. Hoffnung für einzelne Menschen und Hoffnung, die unsere Welt bewegt. Denn ich bin sicher, diese gelebte Hoffnung wird Auswirkungen haben und sie wird andere Menschen anstecken. Und so, ganz allmählich, wird sich diese Hoffnung ausbreiten.

Ein Tropfen ist mehr als ein Tropfen

Auf das große Ganze gesehen, sind das vielleicht alles nur Tropfen auf den heißen Stein, aber immerhin: Es sind Tropfen.[24]

Und ich lasse es gerne tropfen.

Denn ich glaube, dass so ein Tropfen nie nur ein Tropfen ist.

Zum einen, weil ich es erlebe, dass Einzelne durch so einen Tropfen satt werden, und zum anderen, weil ich mich als Christin daran klammere, dass in der Bibel steht:

Setzt euch mit aller Kraft für den Herrn ein, denn ihr wisst: Nichts ist vergeblich, was ihr für ihn tut. (1. Korinther 15,58)

Ich glaube, dass das, was wir tun, mehr ist, als das, was wir tun!

Das liest sich jetzt kompliziert, aber ich bin fest überzeugt: Es ist nicht umsonst. Wir erleben es ja manchmal, dass ein kleines Lächeln etwas Größeres auslöst und genauso glaube ich, dass unsere guten Taten auch größer sind, als sie manchmal scheinen. Wie das genau aussieht, das ist Gottes Geheimnis, aber mit diesem Rückenwind und in dieser Verheißung will ich weiter hoffen und weiter handeln. Für die Menschen in meiner Stadt.

> Ich glaube, dass das, was wir tun, mehr ist, als das, was wir tun!

Ich kann das nicht alles alleine machen, aber in einer größeren, einer anderen, einer göttlichen Dimension, die ich nicht fassen, nicht erklären und nicht greifen kann, ist nichts vergeblich und wird immer größer werden.

So wie eine Pusteblume, aus deren unscheinbaren Samen eine wunderschöne Blume wachsen kann.

Das, was wir tun, ist mehr, als das, was wir tun.

Ich klammere mich an Jesus

Für diese Hoffnung klammere ich mich an Jesus.

Ich klammere mich an sein Leben.

So, wie er auf die Menschen zugegangen ist, sie geliebt hat, niemanden aufgegeben oder verurteilt hat. So würde ich auch gerne leben.

Ich klammere mich aber auch an sein verzweifeltes Sterben. Weil Jesus genau weiß, was Elend, Einsamkeit und Schmerz bedeuten. Weil er weiß, wie sich Gottverlassenheit anfühlt. Weil Gott damit klarkommt, dass Menschen ihn für tot erklären.

Ja, weil er sogar ohnmächtig sein und sterben kann.

Und für meine Hoffnung klammere ich mich vor allem daran, dass Jesus vom Tod auferstanden ist.

Das beruhigt mich total: Es gibt jemanden, der stärker ist als der Tod! Es gibt übrigens sehr gute Gründe dafür, anzunehmen, dass Jesus tatsächlich vom Tod auferstanden ist. Auch wenn es (wie bei fast allen geschichtlichen Ereignissen) natürlich keine endgültigen Beweise gibt.

Doch die gesamte Entstehung der Kirche, ein leeres Grab, mehrere Zeugen, die ausgerechnet auch noch Frauen waren (wenn damals jemand so eine Behauptung aufrechterhalten wollte, hätte er niemals ein paar verweinte Frauen als Zeugen ins Feld geführt), das alles sind schon sehr gute Hinweise darauf.[25]

Dass es da jemanden gibt, der stärker ist als der Tod, das gibt mir Hoffnung für das Hier und Jetzt. N. T. Wright sagte einmal in einer Predigt:

„Die Botschaft der Auferstehung ist, dass diese Welt wichtig ist. Aller Ungerechtigkeit und allem Leid, die wir heute erleben, müssen wir mit der Botschaft entgegentreten, das Heil, Gerechtigkeit und Liebe gesiegt haben. [...] Ostern bedeutet, dass in einer Welt, in der Ungerechtigkeit, Gewalt und Erniedrigung an der Tagesordnung sind, Gott nicht bereit ist, diese Dinge zu dulden – und dass wir mit all der Energie Gottes systematisch darauf hinarbeiten, den Sieg Jesu über diese Dinge Gestalt annehmen zu lassen."[26]

Wir sollen/können/dürfen systematisch darauf hinarbeiten, dass sich die göttliche Dimension ausbreitet. Es ist also nicht so, dass der Tod und die Auferstehung Jesu etwas ist, was diese Welt ein für alle Mal – BAM – mit einem Paukenschlag verändert hat. So nach dem Motto: Seitdem ist alles gut!

Nein. Wir erleben es ja tagtäglich. Wenn wir uns diese Welt so anschauen, scheint doch genau das Gegenteil der Fall zu sein. Es wird nicht alles besser, manches scheint auch immer schlimmer zu werden. Aber Jesus hat damals etwas in Gang gesetzt, das sich langsam ausbreiten kann. Wie eine Injektion, ein Gegenmittel gegen die Ungerechtigkeit.

Ein Gegenmittel, das aus unserer Sicht sehr lange braucht. Aber das trotzdem sichtbar ist.

Ein Gegenmittel, das sich nicht von alleine ausbreitet, sondern Träger und Trägerinnen braucht:

Menschen, die Hoffnung leben.[27]

Jesu Leben voller Liebe, sein Sterben voller Verzweiflung und seine Auferstehung, als er den Tod überwunden hat – das alles ist für mich Hoffnung. Deswegen nenne ich mich Christin und genau diese Hoffnung möchte ich leben und weitergeben. Hoffnung, die im Leben, in der Verzweiflung und im Sterben gilt.

Hoffnung, die nicht verklärt ist, sondern greifbar wird.

Hoffnung, die bewegt, die begeistert, die nicht theoretisch ist, sondern Zeit, Kraft, Kreativität und ein gutes Deo erfordert. Hoffnung, die nicht irgendwann später real wird, sondern jetzt.

Hoffnung, wie ein Echo aus der unsichtbaren Welt.

KAPITEL 8:
VON POPCORN UND VERTRAUEN
IN EINE UNSICHTBARE WELT

Erfolg ist, wenn man liebt. Hoffnung lässt die Liebe konkret werden und die Ärmel hochkrempeln. Und trotzdem, ich erwähnte es schon, kommen wir immer wieder mit unseren Ideen und Konzepten an unsere Grenzen. Es bleiben Glaube, Hoffnung und Liebe, schreibt Paulus. Und um den Glauben soll es in diesem Kapitel gehen. Oder einfacher gesagt um Popcorn, aber das erkläre ich später.

Liebe braucht Vertrauen

Ich glaube, dass es einen Gott gibt, und dieser Glaube hilft mir, wenn ich an meine Grenzen komme. Leider wird der Begriff Glaube ja oft negativ verwendet. Ich vermute, weil Glaube meist als Konstrukt wahrgenommen wird. Oder als Zugehörigkeit zu einer bestimmen Religion oder Weltanschauung. Als Für-Wahr-Halten von verschiedenen Dingen, Dogmen oder Moralvorstellungen. Dann wird ein Glaubensbekenntnis abgerufen und überlegt: Wo kann ich zustimmen und wo kann ich nicht zustimmen?

Jemand könnte vielleicht mal so einen Religionen-Wahl-O-Mat erfinden. Wo man dreißig Kästchen ankreuzen muss und dann wird mir gesagt, welcher Glauben für mich sinnvoll ist. Das wäre praktisch, dann muss man sich nicht immer mit den kompletten Inhalten beschäftigen, quasi das ganze Wahlprogramm durchlesen. Oder wie eben in dieser „Vermittlungsagentur für religiöse Angelegenheiten", in der der Tatortreiniger putzen muss.[28] Unter Glaube versteht also entweder jeder etwas anderes oder man wird in eine Schublade geschoben: ah ja … der christliche Glaube, der buddhistische Glaube … Dabei gibt es *den* christlichen oder *den* buddhistischen Glauben vielleicht gar nicht. Deswegen habe ich schnell das Gefühl, sobald ich von „Glauben" rede, werde ich automatisch falsch verstanden.

Ich möchte hier nicht über Glaubenssätze oder Dogmen diskutieren, auch wenn das manchmal richtig viel Spaß machen kann. Sowohl in der griechischen als auch in der hebräischen Sprache kann man das Wort Glauben ebenso mit Vertrauen übersetzen. Ein Wort, das viel schöner und näher klingt und weniger negativ besetzt ist. Und deswegen möchte ich über Glauben im Sinne von Vertrauen schreiben. Vertrauen in etwas Größeres. Vertrauen darauf, dass es diesen Gott, diese noch größere Liebe, von der ich im letzten Kapitel geschrieben habe, wirklich gibt.

Ein Vertrauen, das ich dringend brauche, wenn ich an unsere Jungs vom 1. FC Knast 09 denke, oder wenn ich mich an Liz erinnere.

Es gibt einen Gott – und ich bin es nicht.

Mein Vertrauen darauf, dass es überhaupt einen Gott gibt, schenkt mir ganz viel Hoffnung, ganz viel Ruhe, ganz viel Entspannung, besonders da, wo ich an meine Grenzen stoße.

Der Gedanke: „Es gibt einen Gott – und ich bin es nicht", beruhigt mich sehr.

Ich darf darauf vertrauen, dass es noch etwas Größeres gibt!

Mein Mann und ich sollten einmal eine Beerdigung halten, die einen extrem tragischen Hintergrund hatte. Die Trauernden waren auch Tage nach dem Tod dieses Menschen noch wie gelähmt vor Entsetzen, und wir rangen bei der Vorbereitung viele Stunden um die richtigen Worte. Da war ich so dankbar, Dietrich Bonhoeffer zitieren zu können, der in einem Brief aus dem KZ geschrieben hat:

„Von guten Mächten treu und still umgeben …"
Diese Geborgenheit in den „guten Mächten", die brauche ich. Die wünsche ich mir und nach der sehne ich mich. Nicht, weil ich mich dann zurücklehnen würde und alles diesen „guten Mächten" überlassen würde, sondern weil ich vertrauen darf, dass es noch etwas Größeres, Mächtigeres, Stärkeres gibt. Und dieses Etwas ist sowohl außerhalb von mir als auch in mir.

> Der Gedanke: „Es gibt einen Gott – und ich bin es nicht", beruhigt mich sehr.

Und dieses Vertrauen wünsche ich auch anderen. Denen, die sich ihr Leben lang nach einer Umarmung ihres Vaters sehen. Denen, die ihre Heimat verloren haben. Denen, die so tiefe Verletzungen in sich tragen, dass sie auch Jahre später noch in ihrem Schlaf keine Ruhe finden. Denen, die keine andere Möglichkeit sehen, als auf andere einzudreschen. Ich selbst bin so reich beschenkt aufgewachsen. In einer Familie, die mich liebt. Bei allen Differenzen und Streitereien mit meinen Brüdern war immer klar, wenn es drauf ankommt, halten wir zusammen. So wie mein Bruder sich sogar mal für mich geprügelt hat. (Das würden wir jetzt beide natürlich nicht mehr zugeben!) Und mit Omas und Opas und Onkeln und Tanten habe ich eine tolle Familie – alle mit ihren eigenen Macken, aber trotzdem ist unser Umgang von Liebe und Respekt geprägt. Ich habe sehr viel Nestwärme abgekommen, habe brillante Freunde und trotzdem kenne ich die Momente, in denen ich mich einsam und alleine fühle. Aber dann kann ich mein Hirn einschalten und an all die Menschen denken, die ich mag und die mich mögen.

Aber es gibt sehr viele Menschen, die eben nicht in so einem gemütlichen Nest aufgewachsen sind. Die ihre Väter nicht kennen, deren Mütter überfordert waren, deren Freundschaften auch jetzt noch ganz schnell wieder zerbrechen. Die eben nichts haben, auf das sie zurückgreifen können. Und die dieses Loch irgendwie versuchen aufzufüllen. Durch überschwängliche Facebook-Posts, durch immer neue Beziehungen, durch Hassgemeinschaften auf die, die sie enttäuscht haben. (Solche Streitereien werden auch gerne bei Facebook ausgetragen.)

Ja, diese Kinder, Jugendlichen und Erwachsenen brauchen Liebe. Und sie bräuchten ganz dringend gute Freunde und Freundinnen. Und eine bessere Beziehung zu ihren Eltern. Aber diesen Part können wir nicht ausfüllen. Sie sind wie ein nasser Schwamm, der alles aufsaugt, was sie an Liebe und Anerkennung bekommen können, egal, ob ihnen diese Menschen wichtig sind oder nicht.

Die Sehnsucht nach Liebe ist riesengroß. Da sind Lücken, die einfach so groß sind, dass sie nicht so schnell gefüllt werden. So wie bei Tom, der sich immer noch Vorwürfe macht, weil er glaubt, dass sein Vater wegen ihm abgehauen ist. Wie sehr wünsche ich denen solch eine gute Macht, der sie vertrauen können, und bei der sie sich geborgen fühlen. Einen Halt mitten im Chaos. So wie Simon es ausgedrückt hat: „Ich glaube, dass er eine Liebe erleben muss, die größer ist, als ich oder irgendein anderer Mensch das bieten kann." Das meine ich mit Glauben.

> „Ich glaube, dass er eine Liebe erleben muss, die größer ist, als ich oder irgendein anderer Mensch das bieten kann."

Mit Gott über die Menschen reden.

Und deswegen bete ich.

Nicht, weil ich bei jedem Gebet spüre, dass sich wie durch Zauberhand etwas ändert. Aber weil ich immer wieder erlebe: Ja, es gibt Dinge, die liegen nicht in meiner Hand. Es gibt so viele Dinge, bei denen selbst die besten Therapien versagen, bei denen wir einfach ohnmächtig danebenstehen und dann *will* ich, dass es etwas oder jemand Größeres gibt!

Und weil ich erlebe, dass Gebet etwas bewirkt. Dass ein weinender Teenager ruhiger wird, dass manchmal nach einem Gebet Dinge geschehen, die unerklärlich sind. Dass Gebet Frieden schenkt. Natürlich kann man all diese Dinge auch als Zufall erklären, aber das ist ein anderes Thema.

So wie unser Freund Michael Baldauf, der als Lebensretter am Strand in Costa Rica arbeitet. Vor einiger Zeit schrieb er mir in einer E-Mail:

Ich hatte gerade meine Prüfung zum Lifeguard bestanden und wir wollten das abends am Strand feiern und grillen…

Es war schon dunkel und auf einmal hörten wir verzweifelte
Schreie. Eine Gruppe Männer war beim Nachtschwimmen von einer
Strömung ins offene Meer gezogen worden.

Das Nächste, an das ich mich erinnern kann, ist, dass ich mit
einem Rettungs-Surfbrett in der pechschwarzen Nacht versuchte, den
Wellen und der Dunkelheit zu trotzen, um die Gruppe zu identifizie-
ren und zu retten.

In diesem ganzen Prozess habe ich immer wieder Stoßgebete
gesprochen. Nach jedem Stoßgebet tauchte ein anderer Kopf auf. Die
letzte Person war ca. 200 m von mir entfernt und aus dem Stoßgebet
wurde ein Dauergebet. Mein Vertrauen darauf, dass Gott meine Gebe-
te hört und all das, was ich in der Ausbildung gelernt hatte, hat mich
motiviert weiterzumachen.

Als ich an die Stelle kam, war nichts mehr zu sehen. Also tauchte
ich nach ihm, fand ihn trotz der Dunkelheit, fasste seine Hand und zog
ihn aufs Brett. Am Strand angekommen übernahmen die anderen.

„Es gibt einen Gott – und ich bin es nicht."

Deswegen bete ich. Mal Stoßgebete in einem schwierigen Gespräch,
mal ganz bewusst mit viel Zeit und Kerzen und Schokolade (weil's so
gemütlich ist), mal, indem ich Briefe an Gott schreibe, mal, indem ich
einfach an der Elbe spazieren gehen und ihm erzähle, was mich grad so
bewegt, mal heimlich für eine Person, die
mir gegenübersteht, mal frage ich sie direkt, ob ich das jetzt tun darf.

Weil ich in diese unendliche große
Macht der Liebe vertraue. Vertrauen will.

Vertrauen habe zu einem Gott, der je-
den sieht, jeden liebt und jede Träne abwischen wird. Der heilt und
tröstet und Neues schafft!

Vertrauen, wie es die Frau hatte, die sich einfach auf Jesu Füße warf.
Vertrauen, das rufen darf: Ich glaube – hilf meinem Unglauben![29]

Deswegen rede ich mit Gott über die Menschen, die mir am Herzen
liegen, und wenn sie es wollen, rede ich mit ihnen auch über Gott.

> Deswegen rede ich mit Gott über
> die Menschen, die mir am Herzen
> liegen, und wenn sie es wollen,
> rede ich mit ihnen auch über Gott.

Doch manchmal fällt mir auch dieses Vertrauen sehr, sehr schwer. Manchmal ist es auch ganz weg. Wenn ich bete und das Gefühl habe, nichts tut sich. Wenn eben nicht alle aus dem dunklen Wasser gefischt werden oder das Weinen einfach nicht aufhört. Dann ist da manchmal kein Vertrauen mehr. Und selbst wenn um mich herum Menschen sind, die noch glauben können, fühle ich mich alleine.

So wie Thomas.

Wenn Glauben zu viel verlangt ist...

Thomas konnte nicht mehr glauben. Alle anderen redeten auf ihn ein, erklärten ihm, wie einfach glauben doch sei, aber er konnte und wollte es nicht hören. Denn er hatte das ganze Elend ja mit angesehen, den Schmerz, das Blut, die Tränen. Hatte gesehen, wie Jesus elendig am Kreuz gestorben ist. Da kann einem das Vertrauen schon mal abhandenkommen. Und dass Jesus jetzt tot war, war wohl ziemlich deutlich. Er, Thomas, hatte schließlich danebengestanden und alles mit angesehen. Der war wirklich tot. Und da war es nur konsequent, dass er jetzt nicht auf alles hörte, was die anderen so erzählten.

Seine Freunde behaupteten, sie hätten Jesus gesehen. Was für eine Träumerei! Schön wäre es, aber das ist wohl mehr Wunschdenken als alles andere. Die brauchen mal wieder frische Luft. Tagelang eingeschlossen und nur unter sich, da können schon mal so Ideen kommen. Natürlich haben sie keinerlei Beweise und jetzt sind schon wieder sieben Tage vergangen, ohne dass irgendetwas passiert ist. Und Thomas sagt es ihnen auch ziemlich deutlich:

„Ich glaube erst, wenn ich seine durchbohrten Hände gesehen haben. Mit meinen Fingern will ich sie fühlen und meine Hand will ich in die Wunde an seiner Seite legen." (Johannes 20,25)

Ich muss ehrlich zugeben, genauso fühle ich mich mittlerweile manch-mal, wenn ich in einem Gottesdienst bin und eine Lobpreiszeit miterlebe. Wenn ich sehe, wie scheinbar alle um mich rum von Sanftheit, Heilung und Schönheit singen. Dann würde ich manchmal gerne ganz laut schreien: Das glaube ich nicht! Das stimmt doch nicht! So ist das gar nicht! Weil das alles so weit weg scheint von dem, was ich in meinem Alltag erlebe.

Doch dann kam der achte Tag.

Alle sitzen zusammen wie üblich. Die Tür ist fest verschlossen und plötzlich steht Jesus da. Plötzlich steht er tatsächlich mitten im Raum und grüßt alle mit einem fröhlichen „Friede sei mit euch". Ich kann mir vorstellen, dass die anderen sich erleichtert abklatschen, weil sie doch nicht verrückt geworden sind. Tatsache ist, dass Jesus mitten im Raum steht, obwohl die Tür zu war, was eigentlich das geringere Problem ist, wenn man bedenkt, dass Jesus kurz vorher noch tot war.

Ich stelle mir vor, wie Thomas hin- und hergerissen ist, zwischen Entsetzen, Freude, Unglaube und wie er versucht, einen Blick auf Jesu Hände zu erhaschen. Heimlich. Man fragt ja nicht direkt: Kann ich mal sehen, ob du es wirklich bist? Zeig mal deine Narben. Den Finger in die Wunden legen, das macht man ja nicht mal einfach so.

Und während Thomas sich noch den Kopf verrenkt, spricht Jesus plötzlich Thomas an:

„Leg deinen Finger auf meine durchbohrten Hände. Gibt mir deine Hand und leg sie in die Wunde an meiner Seite!" (Johannes 20,27)

Leg den Finger in die Wunde! Das ist ja genau das, was Thomas ein paar Tage vorher gesagt hat! Hat Jesus an der Tür gelauscht, oder woher weiß der das? (Vgl. Vers 25).

Wir dürfen widersprechen

Mir macht diese Begegnung zwischen Thomas und Jesus ganz viel Mut, gerade dann, wenn ich mit meinem Glauben an meine Grenzen komme. Thomas war auch an seine Grenzen gekommen. Thomas war einer, der nicht einfach blind vertraut hat, sondern realistisch war. Jesus war tot, wieso sollte der jetzt wieder leben? Das ist ein konsequenter Gedanke.

Thomas war einer, der widersprochen hat, der die unbequemen Dinge ausgesprochen hat. Der es genau wissen wollte.

Das hatte er auch schon früher gemacht. Einmal beendete Jesus eine Rede mit: „Dann werdet ihr auch dort sein, wo ich bin. Den Weg dorthin kennt ihr ja."

Alle nickten wissend (oder nicht-wissend), nur Thomas ist der Einzige, der widerspricht: „Nein, Herr, wir wissen nicht einmal wohin du gehst! Wie sollen wir dann den Weg dorthin finden?" (vgl. Johannes 14,5).

Das mag ich an Thomas: Er traut sich, genau das auszusprechen, was andere vielleicht gerade denken. Weil er nicht mit der Menge mitschwimmt und schweigt, weil alle anderen schweigen und so tut, als habe er verstanden, weil alle anderen verstehen.

Das erinnert mich an meine Schulzeit. Immer wieder kam es vor, dass ein Lehrer ein Fremdwort oder irgendeinen komplizierten Sachverhalt mit den Worten abschloss: „Ich gehe davon aus, dass das jetzt alle verstanden haben." Ich war immer froh, wenn irgendjemand so mutig war zu sagen: „Nee! Hab' ich nicht verstanden! Erklären Sie es bitte noch mal."

Und gerade deswegen ist Thomas für mich ein Vorbild. Ich kann und will nicht blind glauben. Ich will auch nicht so tun, als hätte ich unbegrenztes Vertrauen. Ich will auch mutig sein und hinterfragen und widersprechen. Und ich singe auch nicht mehr alle Lieder einfach so mit. Nicht aus Bockigkeit, sondern weil es einfach nicht immer geht. Manche Texte passen nicht oder nicht mehr zu mir – zu dem, was meinen Alltag ausmacht. Ich freue mich für die, die es aus vollem Herzen mitsingen können und manchmal sehne ich mich dahin zurück. Aber das ist vielleicht eins von den Dingen, die man aufgeben muss, wenn man herausspaziert.

Ich weiß, dass solche Menschen wie Thomas oder auch ich oft unbequem sind, manchmal auch nerven. Aber Jesus macht Thomas überhaupt gar keinen Vorwurf. Im Gegenteil, er gibt ihm genau das, was Thomas jetzt in diesem Moment braucht. Thomas darf den Finger in die Wunde legen.

Wenn du schon so fragst ...

Wieder einmal zeigt sich: Gott hält das aus! Jesus hält all die Fragen, allen Zweifel, allen Widerspruch an seiner Person aus.

Ich kenne es von früher sehr gut, da hieß es manchmal: „Gib keine Widerworte" oder „Wenn du schon so fragst ..." Denn oft waren gewisse Fragen nicht erlaubt. Oder wenn, dann durfte man seine Fragen nur bestimmten Leuten stellen, damit man andere nicht verunsicherte. Dabei sind Fragen so gut und so wichtig! Denn nur durchs Fragen kommen wir weiter. Diese ganzen wissenshungrigen Fragen der Kinder, über die wir uns so sehr freuen, haben wir Erwachsenen bei uns so oft abgestellt. (Zugegeben, manchmal nerven die Fragen auch tierisch. Vor allem vor dem ersten Kaffee!)

> Jesus hält all die Fragen, allen Zweifel, allen Widerspruch an seiner Person aus.

Fragen sind gut.

Fragen sind wichtig.

Widerspruch ist gut und wichtig. Selber denken und verstehen wollen.

Und wenn ich schreibe, dass der Glaube, dass Vertrauen für mich zur Liebe dazugehört, dann gehören zu diesem Glauben für mich auch Fragen, Denken und Widersprechen. Scheinbare Glaubensgrundsätze zu hinterfragen, Zweifel zu äußern und Dinge konsequent weiterzudenken. (Zumindest so weit, wie man kommt.) Und es gehört für mich auch dazu, den Finger in die Wunde legen zu dürfen. In die Wunde eines Systems, dass wir uns aufgebaut haben, in die Wunde des Christentums. Jesus scheint jedenfalls damit kein Problem zu haben. Erfolg ist somit auch, wenn man gute Fragen stellt und wenn man zweifelt. Denn das heißt, dass man nachdenkt. Und dass man sich von dem prägen lässt, was einem begegnet.

Ich erlebe immer wieder, dass gerade die Leute, die viel Kontakt mit Menschen aus verschiedenen sozialen Schichten haben, anfangen, andere Fragen zu stellen. Neue Fragen. Die alten Glaubenssätze werden hinterfragt, weil sie der Realität nicht standhalten.

Und das ist gut, denn wenn Glaubenssätze nicht standhalten, sobald man anfängt zu lieben, was sind das dann für Glaubenssätze? Wie kann ein Glauben, der behauptet: „Die Liebe ist das Größte", zu klein sein, wenn Menschen wirklich geliebt werden wollen? Gott hält alle Fragen und jeden Widerspruch und den Finger in seiner Wunde aus.

Was willst du?

Von Thomas möchte ich lernen, dass er genau sagen kann, was er braucht. „Wenn ich nicht meine Hände in seine Wunde lege…" Und das möchte ich auch: nicht blind alles irgendwie annehmen und akzeptieren, was passiert, sondern Gott konkret sagen, was ich brauche. Das gilt ja für alle Wünsche! Die Wahrscheinlichkeit, dass ein Wunsch erfüllt wird, ist höher, je mehr Menschen davon wissen.

Mein Mann Simon ist mir da ein echtes Vorbild. Seit ich ihn kenne, weiß ich, dass er gerne Kakao trinkt und nicht nur ich weiß das, sondern sämtliche Freunde und Verwandten verbinden Simon mit Kakao. Er hatte das sogar mal auf seiner Homepage stehen. Und so steht bei nahezu allen Freunden und manchmal auch bei Konzerten Kakao für ihn parat. Was es für alle einfacher macht. Er ist glücklich und die Gastgeber wissen, dass es ihm schmeckt. Ich will auch deutlich sein, in dem, was ich brauche. (Ich mag übrigens englische Weingummis sehr gerne.)

Dazu gehört es, mir erst einmal selbst bewusst zu machen, was ich brauche. Wir haben vor einigen Jahren angefangen immer am Jahresanfang eine Wunschliste zu machen: *Was wünschst du dir für dieses Jahr?* Wir schreiben dann alle Dinge auf, die uns einfallen, packen die Liste in einen Umschlag, schreiben „An Gott" drauf und legen sie in die Ecke. Weil wir diesen Brief auch als Gebet verstehen. Und wenn das Jahr dann vorbei ist, schauen wir gemeinsam rein. Viele Wünsche wurden uns erfüllt, das macht dankbar. Bei manchen Dingen sind wir froh, dass sie sich nicht erfüllt haben und auf andere wiederum warten wir seit Jahren.

Aber ich will da gerade in den schwierigen Momenten von Thomas lernen. Gerade dann, wenn ich Gott nicht verstehe, will ich ihm sagen, was ich brauche. Will mich ihm zumuten.

Wenn im Gottesdienst laut gefragt wird

Einige Jugendliche vom 1. FC Knast 09 waren einmal mit bei einem Jugendgottesdienst. Während einer theologisch gründlichen Predigt über den Reformationstag, hob Steve plötzlich seine Hand: „Ich hab' da mal 'ne Frage: Wenn es diesen Gott wirklich gibt, warum sterben dann die Guten so früh und den Arschlöchern geht es gut?" Es war sein erster Gottesdienst.

> „Ich hab' da mal 'ne Frage: Wenn es diesen Gott wirklich gibt, warum sterben dann die Guten so früh und den Arschlöchern geht es gut?"

Der Prediger war sichtlich aus dem Konzept gebracht und stotterte etwas in der Art wie, dass niemand gut sei und jeder am Ende schon das bekommen würde, was er verdient. Da stand Steve auf verließ enttäuscht und wütend den Raum. Seine Freunde folgten ihm. Das sorgte in dem engen Gemeinderaum zunächst für Verwirrung, weil sich die ganze Clique in den ersten beiden Reihen breitgemacht hatte und sie sich natürlich auch nicht gerade dezent hinausschlichen. Aber dann ging die Predigt ordnungsgemäß weiter.

Simon stand auch auf und ging zu ihnen nach draußen. Und dann erzählte Steve ihm alles: Sein bester Freund hatte sich in der Woche davor umgebracht und er wollte einfach wissen und verstehen, warum so etwas passiert und es auf der anderen Seite so viele böse Leute gibt, denen es so gut geht. Sie verabredeten sich ein paar Tage später bei McDonalds und darauf folgten lange Gespräche. Gemeinsam haben sie zum Beispiel die Geschichte vom verlorenen Sohn gelesen. (Es ist unglaublich schön mitzuerleben, wenn jemand diese Geschichte zum ersten Mal hört!) Irgendwann später bezeichnete Steve sich als „Gott-anhänglich".

Dann eines Tages kam er freudestrahlend auf uns zu. „Hier ... ich muss euch was erzählen: Meine Mutter glaubt ja nicht so, aber ihr ging's die letzten Tage nicht gut und wir brauchten Geld. Also haben wir uns an den Händen gehalten und gebetet. Und weil sie immer noch so um ihre Mutter trauert, – die ist schon gestorben, aber Mama macht sich immer Sorgen, ob es ihr gut geht –, haben wir auch für Oma gebetet. Dann haben wir Amen gesagt. Wir saßen in unserer Küche und alle

Fenster und Türen waren zu. Und plötzlich kippt der Bilderrahmen mit Omas Bild um und dahinter stecken 50 Euro."

Gott überrascht. Thomas und Steve sind Menschen, die mir Mut machen, genau zu sagen, was ich brauche. Egal, ob dieser Wunsch ins System passt oder nicht. Für Steve war das eine absolute Gotteserfahrung. Ein Moment, wo er gespürt hat: Es gibt da etwas, das größer ist als ich. Etwas, das ich nicht erklären kann, aber das es gut mit mir meint.

Nach Jesu Antwort muss Thomas die Hände gar nicht mehr in seine Wunden legen – zumindest steht in der Bibel nicht, ob er es tut oder nicht. Das scheint zweitrangig zu sein.

Aber dann bleibt noch ein Satz stehen, der mich immer wieder gezwickt hat. Jesus sagt zu Thomas: „Weil du mich gesehen hast, Thomas, darum glaubst du. Selig sind, die nicht sehen und doch glauben" (Johannes 20,29; LUT).

Thomas ist nicht selig

Hm ... dann ist Thomas wohl nicht selig.

Und dann bin ich wohl auch nicht selig.

Das griechische Wort für selig, *makarios,* kann ganz unterschiedliche Bedeutungen haben. Von *sich glücklich schätzen* bis *Eingang in den Himmel* haben wird es übersetzt und das weckt natürlich ganz unterschiedliche Assoziationen.

Und weckt vielleicht auch Ängste. Was ist, wenn ich es nicht schaffe zu glauben?

Die Fragen und Zweifel hören eben nicht einfach auf. Die sind da. Und die kommen immer wieder.

Hängt der Erfolg meiner Arbeit etwa daran, ob ich vertraue?

Hängt mein eigenes Seelenheil daran, ob ich glauben kann?

Ich bin oft nicht selig.

Aber sollte mich das unter Druck setzen? Hängt davon irgendetwas ab?

So. Jetzt kommen wir zum Popcorn.

Popcorn

Ich habe vor einigen Jahren mit zwei Freundinnen einen wunderbar spannenden Backpacking-Urlaub in Uganda gemacht. Jetzt ist Uganda ja nicht das klassische Urlaubsland und wir wollten auch gar nicht so „touri-mässig" unterwegs sein, aber es gab doch einige spannende Angebote: zum Beispiel Rafting auf dem Nil. Rafting ist eigentlich so etwas wie Schlauchbootfahren – nur manchmal etwas wilder. Dann nämlich, wenn das Schlauchboot Wasserfälle runterrauscht. Das wollten wir! Und damit alles gut ging, bekamen wir, bevor es losging, einige Sicherheitseinweisungen.

Mein Problem ist: Wenn ich nervös bin, kann ich mich nicht konzentrieren. Und wenn ich in Bikini und Schwimmweste am Nil stehe, eine Ahnung von Krokodilen und Wasserfällen habe und vor mir ein muskulöser Marlboro-Mann in Shorts Überlebenstipps gibt, bin ich nervös. Aber zwei Dinge habe ich mir gemerkt. Erstens: Lass nie die Sicherheitsleine los! Das klang logisch. „Auch, wenn du aus dem Boot fällst, lass nie die Leine los, dann können wir dich wieder reinziehen." Einfachste Übung.

Die zweite Regel hieß *Popcorn*. Erklärung: Wenn du zu blöd bist, die Sicherheitsleine festzuhalten und völlig hilflos durchs Wasser trudelst, mach dich klein wie Popcorn. Fang ja nicht an zu kämpfen, zu schwimmen oder zu strampeln. Das ist gefährlich. Mach dich so klein wie möglich und tu nix. Du hast eine Schwimmweste an und schon wirst du, wie Popcorn, plopp, an die Oberfläche getrieben und wir fischen dich raus.

Hm – wer's glaubt ... Ich nahm mir vor, die Sicherheitsleine unter keinen Umständen loszulassen.

Endlich ging es los. Wir paddelten auf einem schönen ruhigen Nil umher, fühlten uns wunderschön und stark – wie in der Werbung. Wir winkten den schlafenden Krokodilen zu. Dann kam der erste Wasserfall. Der war etwas steiler, als ich ihn mir vorgestellt hatte. Es ging dann ziemlich schnell, wir rauschten runter: Schreien, lachen, quietschen und ich war so beeindruckt, dass ich vor lauter Freude zuerst mal die Sicherheitsleine losgelassen habe. Daraufhin wurde ich völlig folgerichtig aus dem Boot geschleudert.

Dann wurde es wirklich wild: Wasser oben, Wasser unten, Wasser rechts, Wasser links, Wasser vorne, Wasser hinten. Beine, Arme – alles wurde von mir weggerissen. Ich drehte mich vorwärts, rückwärts, hoch und runter. So ähnlich müssen sich meine Socken in der Waschmaschine fühlen. Und ich sah nur eine Chance: kämpfen, schwimmen, strampeln. Es war anstrengend und schnell ging mir die Luft aus, vor allem, weil ich keine Ahnung mehr hatte, wo eigentlich oben war.

Popcorn – fiel mir da wieder ein. Mach dich ganz klein und tu nix. Das ist jetzt nicht so meine Lebenseinstellung. Wie gesagt, ich kämpfe gerne selber. Das Letzte, was ich wollte, war jetzt NICHTS zu tun. Natürlich glaubte ich dem Typ, dass er Ahnung von der Sache hatte, aber wirklich GAR NICHTS tun? Dass ich einfach so „hochploppe", wenn ich aufgebe???? Mich treiben lassen???? Kann er ja gerne machen, aber *ich* kämpfe …

Ich kämpfte also weiter, aber irgendwann konnte ich nicht mehr. Schließlich blieb mir nichts anderes übrig. Ich habe mich ganz klein gemacht, nix mehr getan und tatsächlich: Plopp. Ging es nach oben. Ich konnte gerade nach Luft schnappen, als ich schon von ganz vielen Muskeln mit Kopf und einem breiten Grinsen gerettet wurde. Prustend, spuckend und zappelnd landete ich im Boot. Aus den Augenwinkeln sah ich, dass meine Freundin auch die Sicherheitsleine losgelassen hatte. Aber sie hatte wohl schneller den Popcorneffekt ausgenutzt. Jedenfalls lag sie selig in den Armen des Marlboro-Mannes, während ich immer noch nach Luft schnappte. Schade eigentlich, dass ich nicht früher aufgehört hatte zu kämpfen. Sicher wäre es einfacher gewesen, von Anfang an zu vertrauen, aber es wäre auch nicht Bettina gewesen.

Ich war also nicht selig, aber immerhin gerettet.

Ich war also nicht selig, aber immerhin gerettet.

Nicht selig, aber sicher

Ich bin sicher, dass Thomas in seiner Geschichte zwar nicht selig, aber gerettet war. Denn er war sich treu. Er hat keinen Glauben vorgespielt, der gar nicht da war. Und er durfte erleben: Das ist okay. Ich bin sicher, weil ich so sein darf, wie ich bin.

Mir fällt Vertrauen oft schwer. Leichter fällt es mir, selber aktiv zu sein. Aber es ist immer wieder wie im Nil. Ich komme mit allen Ideen und mit aller Kreativität an meine Grenzen. Und dann bleibt mir gar nichts anderes übrig, als nichts zu tun. Zu vertrauen, dass *Popcorn* irgendwie funktioniert.

Und deswegen halte ich fest, an dieser großen Macht, die doch noch irgendwie alles zum Guten wenden kann. An einer Liebe, die auch einen Menschen wie Max erreichen kann und wie Steve. Und deswegen bete ich weiter, weil ich selber so oft machtlos bin. Nennen Sie mich stur, aber ich will an diesen Gott glauben, der jeden einzelnen Menschen kennt und liebt und sieht. Und der irgendwann und irgendwie für Gerechtigkeit sorgen wird. Meinetwegen, wenn es sein muss, auch in verklärten Pastellfarben. Ist mir egal.

Hauptsache, die zerstörten Seelen werden heil. Hauptsache, diese kleinen und großen Kämpfer und Kämpferinnen, die Verletzten und die Trauernden können irgendwann zur Ruhe kommen und erleben, dass es diesen Ort ohne Leid und Geschrei gibt. Diesen Ort, an dem ihre Tränen abgewischt werden.

Und das, finde ich, ist eine echt schöne Vorstellung. Ob das nun hier auf der Erde schon losgeht oder noch etwas länger dauert – die Richtung stimmt auf jeden Fall.

Und so lange werde ich weiterlieben und weiter die Ärmel hochkrempeln, denn das ist das, was ich tun kann.

Wir wollen unseren Erfolg daran messen, ob Menschen geliebt werden.

Wir dürfen hoffen.

Und vordenken und dann die Ärmel hochkrempeln

Und wir dürfen vertrauen, dass es eine Macht der Liebe gibt, die kaputte Herzen heilen kann.

Popcorn.

TEIL 3

Eigentlich wollte ich die Welt retten – aber es regnet

KAPITEL 9:
EIN PAAR GRÜNDE, DRINNENZUBLEIBEN

Gerne würde ich jetzt mit Ihnen ins Gespräch kommen, über ihre Stadt und die Menschen darin. Über Hoffnung und Liebe und Vertrauen. Über Ängste und Fragen und Ideen. Vielleicht stehen Ihnen schon ein paar Menschen vor Augen, wo „man eigentlich mal hin müsste". Vielleicht haben Sie ja auch das Buch schon längst zur Seite gelegt und sind schon dort. Das würde mich natürlich noch mehr freuen. Vielleicht lehnen Sie sich aber auch mehr oder weniger gemütlich in Ihrem Sessel zurück und überlegen sich gerade gute Gründe, nicht zu gehen. Vielleicht, weil Sie sich, wie ich vor der Begegnung mit Liz, einfach nicht als „die Richtige" für so etwas fühlen. Weil Sie gar nicht wissen, wie Sie so etwas anpacken können oder sollen. Weil Sie auch Angst haben, dass Sie etwas falsch machen können. Ich kenne solche Gedanken von mir selber und auch aus Gesprächen mit anderen. Ein paar der Argumente möchte ich hier näher unter die Lupe nehmen.

„Ich kann nicht ins Rotlichtviertel!"

„Und ich soll jetzt auch ins Rotlichtviertel gehen, oder was?" Mit diesen Worten kam nach einem Vortrag ein Mann auf mich zu. Er fühlte sich sichtlich provoziert. Natürlich war es nicht Sinn und Ziel meines Vortrags gewesen, dass alle Männer sich nun auf den Weg ins Rotlichtmilieu machen, weder aus sozialer noch aus missionarischer noch aus irgendeiner anderen Motivation. Genauso wie nicht alle eine Fußballarbeit in Magdeburg anfangen sollen. Es stimmt: Es kann nicht jeder ins Rotlichtmilieu!

Wobei ich an dieser Stelle erwähnen möchte, dass sich tatsächlich einmal ein Mann bei mir gemeldet hatte, der sich berufen fühlte, Frauen in Wohnwagen zu besuchen. Aus völlig guter Absicht. Ich ahne, was Sie jetzt denken (und ich dachte es auch), aber nach einigen Telefonaten musste ich ihm seine Aufrichtigkeit einfach zugestehen. Er wollte den Frauen zeigen, dass ein Mann sie wertschätzen und ihnen zuhören kann. Er hatte alles mit seiner Frau abgesprochen und so fuhr er mit seinem Motorrad fröhlich von Wohnwagen zu Wohnwagen. Die Gefahren, Einwände und Fragen waren ihm bewusst und wir haben offen darüber gesprochen. Er hatte viele gute Gespräche mit Frauen, erlebte viele schöne Überraschungen und tat sichtlich etwas Gutes. Schwierig wurde es, als sich eine der Frauen in ihn verliebte. (Das war zu erwarten gewesen.)

Ich werde mich hüten, darüber zu urteilen. Ein weiser Mann sagte mal: „Der Mensch sieht, was vor Augen ist, Gott aber sieht das Herz an."[30] Dieser Mann mit dem Motorrad brachte den Frauen wirkliche Wertschätzung und Interesse entgegen. Ganz anders als ein anderer Mann, der sich auch von Gott berufen fühlte. Er bezahlte eine der Prostituierten für eine Stunde, um ihr mit der Bibel in der Hand Gottes Wort zu verkündigen und sie „vollzupredigen". Auch er machte das aus guter Absicht, zeigte aber keinerlei ehrliches Interesse an der Frau.

Und dann trafen wir eines Tages eine Prostituierte, die kurz zuvor Besuch von einer wohlmeinenden Christin bekommen hatte. Diese hatte ihr eine Bibel geschenkt und darin alle Stellen, in denen es um Unzucht und Hölle ging, farbig markiert. Die Frau im Wohnwagen war tief verletzt. Verständlicherweise. Was bringt es, einer Frau, die in der Hölle sitzt, etwas über die Hölle zu erzählen?

Muss denn jetzt jeder ins Rotlichtmilieu?

Nein, es muss nicht jeder ins Rotlichtmilieu.

Bitte nicht!

Vor allen Dingen nicht, wenn es in Wirklichkeit darum geht, sein eigenes schlechtes Gewissen zu beruhigen.

Es muss auch nicht jeder eine Fußballarbeit mit Jungs aus dem Getto anfangen. Vielleicht sind wir dafür manchmal einfach zu unsportlich oder schlicht „nicht geschaffen". Aber darum geht es auch überhaupt gar nicht. Sondern darum, dass diese Welt Hoffnung braucht und Menschen, die diese Hoffnung in die Welt tragen – auf ihre ganz eigene Art und Weise.

„Dafür habe ich keine Zeit"

Ein weiteres Argument, warum man lieber nicht geht, ist das Zeitproblem: „Für so etwas habe ich keine Zeit." Das stimmt vermutlich auch. Denn über Langeweile beschweren sich die wenigsten. Und wir werden ja auch an so vielen Stellen gebraucht. Aber sind wir da wirklich wichtig?

Ich möchte das wieder an einem Beispiel aus dem christlichen Umfeld deutlich machen. Kommt dieses Argument nämlich aus christlichen Kreisen, ist meist es gepaart mit: „Meine Gemeinde braucht mich." Ich glaube, ich habe noch nie eine Gemeinde sagen hören: „Wir haben zu viele Mitarbeiterinnen und zu viele Mitarbeiter! Wir wissen gar nicht, wohin mit dieser geballten Energie und Kreativität. Wir finden einfach nichts zu tun für alle, die sich so gerne einbringen wollen." Nein, eher erleben wir doch das Gegenteil: Da ringt eine Gemeinde um jede Person, die sich einbringt. Ob es in der Musik, im Kindergottesdienst oder im Begrüßungsdienst ist. Da werden alle gebraucht, um das ganz normale Programm am Laufen zu halten. Und wenn dann noch mehr gefordert wird … Wer soll das stemmen? Da sind ganz einfach Grenzen erreicht.

> Natürlich gibt es da ein Zeitproblem und auch ein Kraftproblem!

Diejenigen, die sich in einer Gemeinde einbringen, sind häufig diejenigen, die auch in Beruf und Familie sehr viel leisten. Gleichzeitig soll die Gemeinde aber verständlicherweise auch ein Ort sein, um aufzutanken, sich zu erholen und Geborgenheit zu erleben. Und wenn diese Menschen dann neben ihrem normalen Alltag noch anfangen, sich um Obdachlose zu kümmern, Behördengänge für Geflüchtete zu übernehmen oder einfach Zeit für andere haben wollen. Wie bitte soll das denn noch funktionieren? Natürlich gibt es da ein Zeitproblem und auch ein Kraftproblem!

Gemeinde ist gefährlich

Ich bin der Gemeinde, in der ich aufgewachsen bin, für viele Dinge sehr dankbar. Sie hat mir als Jugendliche Halt und ein unglaublich starkes soziales Netzwerk geboten. Dort waren meine Freunde, dort waren tolle Angebote, dort konnte ich viele Dinge ausprobieren. Ich liebte es, dort mitzuarbeiten, verrückte Jungscharaktionen zu planen und auch meine erste Andacht zu halten. (Ich weiß noch genau, dass ich sie stundenlang vorbereitet hatte und erschrocken war, dass ich nach fünf Minuten schon fertig war.) Ich konnte dort unglaublich viel lernen. Jungschar, Jugend, Singkreis, Jugendgottesdienste ... All diese Angebote und Möglichkeiten führten dazu, dass ich jeden Tag der Woche gut beschäftig war und ich habe es geliebt! Die Menschen waren toll und sind sehr wertschätzend mit mir umgegangen. Das Ganze stand allerdings in Konkurrenz zu allem anderen, was so geboten wurde. Doch die Gemeinde hatte Vorrang. Und je mehr ich mich in meine Gemeinde investierte, desto mehr schrumpften meine Kontakte zu Menschen außerhalb der Gemeinde. Ich erinnere mich, dass mich eine Freundin fragte, ob ich nicht mit ihr zu einem Mädchenkreis im Jugendklub kommen würde und ich ihr sehr bestimmt erklärte, dass ich ja meinen eigenen Jugendkreis hätte und so was nicht bräuchte. Aber sie könnte natürlich gerne mit zu uns kommen.

In der Jungschar hatten wir ein ganz tolles Belohnungssystem. Für jedes Mal, wo wir anwesend waren, gab es eine Erbse und wenn wir noch einen Bibelvers auswendig konnten, gab es noch eine Erbse. Und wenn wir noch jemand Neues mitbrachten, gab es fünf (!) Erbsen. Am Endes des Jahres bekam der oder die mit den meisten Erbsen einen Preis. Ich war ein sehr ehrgeiziges Kind und so war diese „Erbsenzählerei" für mich ein riesiger Ansporn. Ich sagte Kindergeburtstage ab, die an einem Mittwoch waren, ich ließ mein Tischtennis-Training ausfallen und wenn ich dann doch mit zur Klassenfahrt musste, überlegte ich mir, wie ich die verloren gegangene Erbse wieder aufholen könnte. Ich glaube, meine Persönlichkeitsstruktur war perfekt für dieses System.

Schule war ein notwendiges Übel, der Rest des Lebens spielte sich in der Gemeinde ab. Das soll jetzt kein Vorwurf an die Gemeinde sein. Ich habe mich größtenteils sehr wohlgefühlt und von den vielen ehrenamtlichen Mitarbeitern und Mitarbeiterinnen, die mich gefördert haben, habe ich sehr profitiert. Ein sicherer Rahmen, viele gute Freunde und irgendwie hielten wir zusammen gegen die Welt da draußen.

Dann kam die Zeit der Jugendgottesdienste und wir dachten uns Programme aus, gestalteten Flyer, malten Plakate und luden ein. Wir hatten uns so viel Mühe gemacht. Jeder, wirklich jeder durfte zu uns kommen, da waren wir uns einig und wir beteten Sturm, dass die Menschen die Flyer in ihren Briefkästen fänden und sich auf den Weg machten, trotz Regen.

Es gab so viel zu tun und ich war gerne dabei, gab es mir doch eine Identität. Meine Gemeinde brauchte mich und ich brauchte meine Gemeinde. Also ist doch alles gut, oder? Es stimmt: Jede Gemeinde braucht ihre Mitarbeiter und Mitarbeiterinnen. Das ist ein Grund, nicht herauszuspazieren. Denn sonst wird dieses System nicht mehr funktionieren.

Aber wofür braucht sie ihre Mitarbeiter und Mitarbeiterinnen? Um Veranstaltungen zu gestalten, zu denen keiner kommt, weil wir niemanden mehr kennen, den wir einladen könnten?

Aus einem schwarzen Loch dringt kein Licht

Gemeinde ist gefährlich. Solch eine Struktur kann nämlich dazu führen, dass uns all die Aufgaben, die mit unserer Gemeinde zusammenhängen, aus dieser Welt absorbieren. Dass uns die Gemeinde aufsaugt, uns völlig in Anspruch nimmt, wie so ein schwarzes Loch. Und aus einem schwarzen Loch kann bekanntlich nichts entweichen – noch nicht einmal Licht.

Ein Bekannter sagte mir mal: „Ich war früher bei jedem Angrillen, Geburtstag, Dorffest, bei jeder Hochzeit hier im Ort. Wir hatten so viele Kontakte. Dann haben wir eine Gemeinde gegründet. Jetzt sehe ich meine Nachbarn nur noch auf Beerdigungen."

„Ich war früher bei jedem Angrillen, Geburtstag, Dorffest, bei jeder Hochzeit hier im Ort. Wir hatten so viele Kontakte. Dann haben wir eine Gemeinde gegründet. Jetzt sehe ich meine Nachbarn nur noch auf Beerdigungen."

Das ist tragisch. Ich kann mir vorstellen, dass Gemeinden wichtig für eine Stadt sind. Dass sie ein Ort der Hoffnung, des Lebens und der Begegnung sein können. Dass sie ein Ort sein können, von dem Gutes für die Stadt ausstrahlt. Aber Gemeinde soll für die Stadt da sein und nicht die motivierten Menschen davon abhalten, Zeit mit ihren Nachbarn zu verbringen!

Das ist nichts Neues.

Charles Spurgeon, einer der bekanntesten Prediger des 19. Jahrhunderts, schrieb in seiner „Dienstanweisung an die Gemeinde":

„Eine Gemeinde, die nicht wohl tut in den Elendsvierteln der Städte, die nicht das Böse bekämpft, Irrlehren überwindet, die sich nicht auf die Seite der Armen stellt, Ungerechtigkeit anprangert und Gerechtigkeit öffentlich vertritt, hat keine Daseinsberechtigung."[31]

Gemeinde ist gefährlich, wenn sie zum schwarzen Loch wird. Wenn wir keine Kontakte mehr außerhalb unserer Gemeinde haben. Wenn wir nur noch mit uns beschäftigt sind.

„Lasst kommen" statt „Gehet hin". Ladet alle ein und wenn sie nicht kommen, sind sie ja selber schuld. Mehr kann man ja nicht machen, oder?

Doch! Kann man. Hingehen. Tiefe, echte Beziehungen leben. Sich für die Menschen interessieren.

Ja, Gemeinde kann ein Ort der Hoffnung sein, aber dafür müssen wir als Gemeinden vielleicht manches aus unserem Programm streichen, um Mitarbeiter und Mitarbeiterinnen freizustellen für das Leben in unserer Stadt. Freizustellen, um authentische Beziehungen aufzubauen.

Freizustellen, um nicht nur interessant, sondern interessiert zu sein.

Und dann können wir erleben, was Gemeinde wirklich bedeuten kann.

„Das ist einfach eine andere Welt"

Ja, das stimmt, manche Menschen scheinen aus einer anderen Welt zu kommen. Und wenn wir herausspazieren und anfangen sie zu mögen, kann es sein, dass sie auch unsere Welt kennenlernen wollen und wir spüren: Das passt aber irgendwie nicht zusammen. Da sind ganz schön große Unterschiede. Ja, aber ich bin überzeugt, dass genau in unserer Zeit, die wieder ganz neu geprägt ist von Angst und Unsicherheit dem Fremden gegenüber, Begegnungen genau das sind, was diese Gräben überwinden kann. Auch wenn solche Begegnungen vielleicht nicht immer einfach sind.

Und es stimmt: Wenn wir „die" mit in unsere Kreise, egal, ob zum Theater, Fußball oder in die Gemeinde nehmen, wird es definitiv anstrengender und dann funktionieren manche Dinge nicht mehr und es gibt Irritationen. Oft sprachlich, manchmal moralisch, manchmal vom Verhaltenskodex und manchmal gibt es auch handfestes Chaos. Je nachdem, um wen es sich da so handelt.

Wir müssen uns bewusst sein, dass das auch viele überfordern kann.

Stellen Sie sich Bärbel vor. Bärbel arbeitet seit Jahren treu im Kindergottesdienst mit. Sie bereitet ihn liebevoll vor, denkt sich tolle Bastelideen aus und kann wirklich super Geschichten erzählen. Und plötzlich bringt so ein motivierter Herausspazierer sechs halbwüchsige Jungs von der Straße mit. Für den Gottesdienst sind sie noch zu jung, deswegen werden sie zu Bärbel in den Kindergottesdienst gesteckt. Sie verteilt schöne Namensschildchen, aber anstatt „Jason" schreibt Jason „Fick dich" auf sein Schildchen. Und dann rennt er raus, durch das Rosenbeet, das Horst gerade am Wochenende wieder gehegt und gepflegt hat. Und dann rennt er doch in den Gottesdienst, unterbricht die Predigt, ruft dazwischen und riechen tut er irgendwie auch nicht besonders gut. Ach ja, und dann sind da noch die fünf anderen Freunde von Jason …

Das ist eine Herausforderung!

Für Bärbel, für Horst, für die gesamte Gemeinde und auch für Jason und seine Kumpels und nicht zuletzt für den Herausspazierer, der dann letztendlich an allem schuld ist.

Solche Situationen haben schon zu vielen Verletzungen, Enttäuschungen und zu Resignation bei allen Beteiligten geführt. Solch eine Situation kann eine Gemeinde bis an ihre Grenzen bringen. Aber sie kann eine Gemeinde auch zusammenwachsen lassen, wenn sie sich zusammensetzen und gemeinsam vor-denken.

Vorwürfe helfen da nicht – niemandem gegenüber.

Wir müssen sehr viel zuhören: den Eltern, die um ihre Kinder besorgt sind, weil andere Eltern, die weniger um ihre Kinder besorgt sind, froh sind, sie einen Vormittag los zu sein. (Auch, wenn die da irgendwie in der Kirche hocken.)

Denen zuhören, die mitarbeiten und sich jetzt zu Recht überfordert fühlen.

Denen zuhören, die herausspazieren und ein Herz für die Jasons dieser Welt haben.

Es ist nicht einfach, das ist mal klar.

Und die Fragen und Probleme lösen sich auch nicht einfach so. Herausspazieren ist nicht immer romantisch.

Ich sehe Gemeinden, die kämpfen, die resignieren und wieder aufstehen, und ich habe größten Respekt davor! Gemeinden, die gute und neue Ideen entwickeln, die mutige Schritte gehen und viel Kraft, Zeit und Geld investieren.

Nicht jede Gemeinde hat die Möglichkeiten, direkt eine ganze Kita oder ein Jugendzentrum zu bauen. Aber ich glaube, darum geht es gar nicht. Denn das kann auch wieder dazu führen, dass wir die Menschen „auslagern". Dann kümmern sich ja Fachkräfte darum und wir können unter uns bleiben. Ich bin überzeugt, der Auftrag und die Chance einer Gemeinde ist es, herauszuspazieren und Beziehungen zu leben, die Gesellschaft mit zu gestalten. Ich glaube, dass jede Gemeinde Ressourcen und Möglichkeiten hat, die wir aber vielleicht noch gar nicht kennen. Die wir aber entdecken können, wenn wir uns zusammensetzen und bereit sind, uns zuzuhören. Dem anderen die Andersartigkeit und auch die Flexibilität oder auch Inflexibilität zuzugestehen. Wenn wir

> Dem anderen die Andersartigkeit und auch die Flexibilität oder auch Inflexibilität zuzugestehen.

uns Zeit geben. Wenn wir kleine Schritte gehen. Und wenn wir bereit sind, manche Dinge oder Vorstellungen loszulassen.

„Das ist einfach eine andere Welt." Das ist ein wirklich ernst zu nehmendes Argument, über das wir dringend reden müssen.

„Ich spende lieber."

Jetzt kommen wir zu einer Ausrede, die es manchen leichter macht, drinnenzubleiben.

Natürlich spricht man nicht über Geld, aber manchmal offenbart folgender Satz einige Vorstellungen über Finanzen: „Ich gebe denen doch mein Geld und die tun das, was ich nicht tun kann."

Ich bin sehr dankbar für viele Menschen, die die Arbeit von Sunrise e.V. hier in Magdeburg finanziell unterstützen. Würden sie das nicht tun, wäre vieles, was wir an Zeit und Kraft investieren, definitiv nicht möglich.

Wir freuen uns über jeden, der gerne spendet. Das ist toll, davon können wir Räume mieten, Verkleidungen kaufen, Essen, Fußbälle und Honorare bezahlen. Und hätten wir noch mehr Geld, könnten wir noch mehr machen. Für uns ist es super. Für unsere Geber auch, denn sie wissen, dass ihr Geld sinnvoll investiert ist.

Aber ich glaube, das reicht nicht. Nicht denen, die geben.

Shane Claiborne hat in seinem Buch *Ich muss verrückt sein, so zu leben*, einiges übers Geld und Geben geschrieben und eine Passage ist mir besonders im Gedächtnis geblieben:

Zehnte, steuerlich absetzbare Spenden und kurzfristige Missionsreisen bewirken sicherlich viel Gutes. Sie können aber auch als Ventil fungieren, durch das wir unser Gewissen beruhigen und dennoch in sicherem Abstand zu den Armen bleiben können.

Ich bin nicht überzeugt, dass Jesus sagen wird: Als ich hungrig war, gabt ihr UNICEF einen Scheck und die haben mir zu essen gegeben (...). Jesus zielt auf konkrete Akte der Liebe: „Ihr habt mir zu essen gegeben (…) ihr habt mich im Gefängnis besucht (…) ihr habt mich aufgenommen (…) ihr habt mir Kleidung gebracht." [32]

Geben ist ebenso wichtig und gut wie gefährlich. Gefährlich, wenn es nur einer Gewissensberuhigung dient, wenn man weiter Abstand von denen „da draußen" hält.

Ich kenne keine Stelle in der Bibel, wo es heißt: Die einen geben, die anderen gehen.

Ich kenne keine Stelle in der Bibel, wo es heißt: Die einen geben, die anderen gehen. Jesus hat ja nicht gesagt: „Geht hin oder gebt hin. Guckt mal, was euch besser passt."

Ich glaube, dass Spenden und andere zu unterstützen für jeden Menschen selbstverständlich sein sollte. Und damit meine ich nicht nur Geld. „Geben" ist ein Grundthema in der Bibel. Sowohl im Alten als auch im Neuen Testament. Und wer nicht in die Bibel schauen möchte, kann sich Studien ansehen:

„Wo die Hilfe für den anderen einen hohen Stellenwert hat, da fühlen sich die Menschen insgesamt besser", schreibt auch die ZEIT.[33]

Ich kenne eine Frau, die sich selber als reich bezeichnet, und wirklich gerne gibt. Die von sich sagt: „Das ist meine Gabe und ich freue mich, wenn ich Gutes tun kann." Aber sie bleibt dabei nicht stehen. Sie sagt: „Das reicht mir nicht. Es ist schön, so zu helfen, aber das füllt mich nicht aus. Ich will selber mit anpacken." Und so geht sie selber raus und hilft denen, die am Rand der Gesellschaft stehen. Und sie hat das sogar zu ihrem Beruf gemacht. Und zwar nicht, weil sie das Geld bräuchte, sondern weil sie ihr Leben sinnvoll leben möchte.

Es ist schön, Geld zu spenden und dafür einen dankbaren Anruf oder eine E-Mail zu bekommen, aber jemandem in die Augen zu schauen und den direkten Dank dort zu sehen, das ist unbezahlbar.

Geben gilt für jeden. Gehen aber auch.

„So kann ich nicht leben"

„Ich könnte nie so leben wie ihr. Meinen Job kündigen und einfach weg-ziehen, wo ich keinen kenne ... Ich habe ein Haus, ich habe einen Kredit abzubezahlen, ich habe Kinder. Ich brauche die Sicherheiten, deswegen spende ich ja. Das ist meine Aufgabe." Hat ein Freund mal zu mir gesagt. Das kann ich gut verstehen.

Wir haben zwar kein Haus und auch keinen Kredit, aber Kinder. Und auch ich sehne mich nach gewissen Sicherheiten. Da hat sich einiges verändert. Als ich Anfang 20 war, fand ich es cool, quasi von der Hand in den Mund zu leben. Unterwegs zu sein und nicht zu wissen, ob mein Gehalt gezahlt werden konnte oder genug Geld da sein würde, um zu tanken. Das alles war für mich ein Abenteuer. Leben in einer WG, keine Familie – es war okay und spannend.

Jetzt habe ich die Miete zu bezahlen und Kitakosten und Essen und Strom und warmes Wasser und neue Winterstiefel für die Kinder. Des-wegen kann ich so ein Argument sehr gut ver-stehen.

Aber auch hier gilt: Es geht gar nicht darum, den Job zu kündigen, alles Geld zu verschen-ken und wie Mutter Teresa zu leben. Nein, es muss nicht jeder einen kleinen, wilden Verein gründen und seinen Job kündigen. Aber was spricht dagegen, im Kleinen anzufangen? Sich auf dem Nachhauseweg 10 Minuten Zeit nehmen, zwei Kaffee kaufen und sich zu dem Obdach-losen zu setzen. Dafür muss man keinen Verein gründen und kann anschließend immer noch Geld spenden.

> Aber was spricht dagegen, im Kleinen anzufangen?

„Ich weiß ja nicht, was ich machen soll"

Ein weiterer Grund, zu zögern, ist der Satz: „Ich weiß ja nicht, was ich machen soll." Oder auf fromm gesagt: „Ich hab' halt keine Berufung!"

Ich habe liebe Freunde, die sich seit Jahren ehrlich nach einer kon-kreten Berufung sehnen. Die auf ein einschneidendes Erlebnis warten, einen Ruf, eine Stimme vom Himmel. Einen bestimmten Moment, wo sie wissen: Da oder dorthin soll ich gehen, dies und jenes soll ich machen. Menschen, die bereit sind, alles loszulassen, wenn sie sich nur sicher wären, dass es das Richtige ist. Dass es genau das ist, was sie tun sollen, das, was Gott jetzt von ihnen will.

Eine Frage, die sie verrückt macht, die ihnen das Gefühl gibt, dass Gott sie vergessen hat. Menschen, die mir sagen, dass sie gerne losgehen würden, aber halt nicht wissen, ob es das Richtige ist und die Angst haben, etwas falsch zu machen.

Vielleicht weil sie mal gehört haben, dass Gott einen Plan für ihr Leben hat. So wie bei Lego: Unsere beiden Jungs haben zu Weihnachten Lego bekommen und saßen nun da und bauten. Der eine nach Plan, der andere kreativ. Auf einmal wurde es lauter. Der Große sagt: „Hey, du musst dich daran halten, was der Bauplan sagt!" Der Jüngere knurrte nur: „Der Plan kann nichts sagen!"

In manchen christlichen Gemeinschaften wird ein solches Weltbild vermittelt. Da hat unser Leben einen gewissen Bausatz aus Begabungen und Ressourcen und irgendwo hat Gott diesen Detailplan versteckt, damit wir es auch ja richtig zusammenbauen. Und wenn wir diesen Plan nicht befolgen oder einen Fehler machen, erhalten wir halt auch nie ein schönes Flugzeug, Auto oder Haus, sondern nur Chaos.

Nun, es mag an meiner Persönlichkeit liegen, aber ich denke auch hier, dass es um Improvisation geht.

Ich glaube, Gott hat keinen Plan. (Hach, ein schöner Moment um falsch verstanden zu werden!) Also ... ich glaube schon, dass er weiß, was er will, aber ich glaube nicht, dass Gott einen konkreten Detailplan für mein Leben hat und dass es für mich nur diese *eine* Möglichkeit gibt, die Bausteine zusammenzusetzen. Ich glaube, dass ich viele Möglichkeiten habe zu bauen, dass ich fantasievoll gestalten darf, dass ich vielleicht gar nicht alle Steine nutzen werde, dafür aber um andere Steine erweitern kann, indem ich Begabungen besonders fördere.

Es gibt diesen wunderbaren Film (The Lego Movie), bei dem alle Legofiguren Angst vor dem KRAGLE haben. Sie fühlen sich verfolgt, fliehen davor und als Zuschauerin habe ich mich die ganze Zeit gefragt, wer oder was denn dieser KRAGLE ist. Letztlich stellt sich heraus, dass der KRAGLE normaler Alleskleber ist, den der Vater eines kleinen Jungen benutzen will, um alles Lego festzukleben, damit sein Sohn nicht ständig wieder etwas an seiner perfekten Legostadt verändert und umbaut. Festgeklebte Legosteine? Das ist doch „Sünde", oder?

Wir sind nicht festgelegt auf den einen Plan. Wir dürfen unser Leben bauen und gestalten. Wir dürfen experimentieren und uns verändern. Aber damit müssen wir auch Verantwortung übernehmen. Viel mehr, als wenn wir auf den Ruf von irgendwo warten.

Wenn ich Menschen gegenübersitze, die sich nach einem Berufungserlebnis sehnen, frage ich manchmal provokativ: Was würdest du denn tun, wenn du jetzt erfahren würdest, dass es Gott nicht gibt? Was würdest du mit deinem Leben anfangen, wenn Gott nicht wäre? Manche sind entsetzt, dass ich so eine Frage überhaupt stelle.

> Was würdest du mit deinem Leben anfangen, wenn Gott nicht wäre?

Einige behaupten dann, dass sie egoistisch leben würden, sich bei ihnen sowieso alles nur um Geld, Sex oder Macht drehen würde. Aber das glaube ich ihnen nicht. Okay, vielleicht würden sie diese Bereiche entspannter sehen.

Aber ich glaube, sie würden vor allem (endlich) das tun, was ihnen auf dem Herzen liegt.

Sie würden ihre Leidenschaften leben. Und dann würden sie irgendwann anfangen, einen größeren Sinn zu suchen. Den Wunsch haben, irgendwie etwas Gutes tun zu wollen. Denn die Suche nach einem Sinn, davon bin ich überzeugt, steckt in jedem Menschen. Viktor Frankl hat das KZ überlebt, ist Psychologe und Neurologe. In seinen Aufschriften aus Theresienstadt fand man folgenden Satz:

> *„Es gibt nichts auf der Welt, das einen Menschen so sehr befähigte, äußere Schwierigkeiten oder innere Beschwerden zu überwinden, – als: Das Bewusstsein, eine Aufgabe im Leben zu haben."*[34]

Er wurde später Begründer der Logotherapie. Wir suchen einen größeren Sinn und manchmal ist das Warten auf *die Berufung* oder auf die Sicherheit, dass das jetzt genau das Richtige ist, unser größtes Hindernis, einfach loszugehen und anzufangen. Am Kühlschrank meiner Schwiegereltern hängt der Spruch: Ein Schiff, das im Hafen liegt, kann man nicht lenken.

Warum machen wir es so kompliziert, warten auf *den Ruf* und geben damit die Verantwortung ab? Anstatt die Augen aufzumachen und selber loszugehen. Ja, ich gebe zu, für die Arbeit mit den Prostituierten habe ich schon so einen Anstoß gebraucht. Vielleicht könnte man es als Berufungserlebnis bezeichnen. Vermutlich war das auch nötig, denn sonst wäre ich vielleicht immer blind für diese Frauen gewesen. Für unseren Umzug nach Magdeburg hatten wir so etwas nicht. Wir wollten nach Magdeburg. Weil wir Lust auf die Stadt und das Abenteuer hatten und weil wir das Gefühl hatten, hier könnten wir gut hinpassen.

Und dann haben wir mit den Dingen angefangen, die ganz offensichtlich vor unseren Füßen lagen. (Ob die jemand da hingelegt hatte, oder die einfach so da rumlagen, war eigentlich egal.) Manche Dinge funktionierten, andere haben wir wieder gelassen, weil es vielleicht eine schöne Idee zur falschen Zeit war, oder auch einfach nur eine krumme Idee. Aber das hatten wir selber zu verantworten. Es wird uns nie jemand sagen, was wir tun oder lassen sollen. Wir müssen und dürfen selber entscheiden und Verantwortung übernehmen.

Es wird uns nie jemand sagen, was wir tun oder lassen sollen.

Es gibt natürlich noch mehr Argumente, nicht herauszuspazieren, aber ich möchte noch zwei Sätze aufgreifen, die mir manchmal in Gesprächen entgegengehalten werden:

„Und was ist, wenn's schiefgeht?"

Nun … dann ist es schiefgegangen. Natürlich ist da Angst und Unsicherheit, das kann ich sehr gut verstehen. So wie ich bei Liz ja auch sehr, sehr aufgeregt war. Aber was soll denn bitte schiefgehen? Ja, es kann zu Missverständnissen kommen. Ja, es kann sein, dass es ein blödes Schweigen gibt. Na und? Wovor haben wir Angst? Wir haben ja nichts zu verlieren und werden hinterher auf jeden Fall um eine Erfahrung reicher sein! Wenn es uns um die Menschen geht, wenn wir ihnen auf Augenhöhe begegnen wollen, kann nichts schiefgehen. Da können wir nur gewinnen. Und ja, sicher werden wir Fehler machen ... aber ist das ein Grund, sitzen zu bleiben? Vielleicht wäre das der größere Fehler.

> Und ja, sicher werden wir Fehler machen ... aber ist das ein Grund, sitzen zu bleiben? Vielleicht wäre das der größere Fehler.

„Wenn ich nicht gehe, komme ich in die Hölle, oder was?"

Das ewige Totschlagargument: Wenn du das nicht tust, landest du in der Hölle.

Als hätte ich diese Drohung jemals ausgesprochen. Oder anders formuliert würden diese Christen oder Christinnen, die so reden, vielleicht sagen: Jo, das mit dem Herausspazieren ist ja 'ne nette Idee, aber in den Himmel komme ich ja sowieso.

Warum müssen wir eigentlich immer mit der Hölle drohen oder mit dem Himmel belohnen? Fällt uns kein besseres Argument für oder gegen etwas ein als die ewige Verdammnis?

Oder die ewige Rettung? Ist das wirklich das Entscheidende?

Ich drohe nicht mit der Hölle. Egal, welchen Menschen gegenüber. Ich diskutiere auch nicht darüber. Wenn mir Menschen sagen, dass es keine Hölle gibt, erzähle ich ihnen Geschichten von Maira, die mit ihrer Familie aus Syrien geflohen ist, von dem jungen Mädchen, das mit 13 vergewaltigt wurde, von Max dessen Gedanken morgens als Erstes zu Chrystal Meth gehen – falls er überhaupt geschlafen hat oder von Liz und ihrer Tochter im Wohnwagen. Das ist die Hölle. Die gibt es. Jetzt hier und heute. Mit dieser Hölle müssen wir niemandem drohen.

Wir können darüber diskutieren, was nach dem Tod sein wird. Aber ich glaube nicht, dass uns diese Diskussion viel weiterhelfen wird.

Ich glaube nicht, dass es darum geht, jetzt und hier eine einzig richtige Entscheidung zu treffen, dann noch ein paar Jahre rumzukriegen, um dann irgendwann in der pastellfarbenen Ewigkeit anzukommen oder um einer ewigen Qual zu entgehen. Ich weiß nicht, was einmal sein wird. Ich kenne solche und solche Bibelstellen. Ich habe als Kind Aufklappbücher gesehen, die genau beschrieben haben, was in der Zukunft passieren wird. Interessant, wie die sich da so sicher sein konnten.

Ich sehe Bibelstellen, die ganz deutlich sagen: Gott will, dass alle Menschen gerettet werden (vgl. 1. Timotheus 2,4). Und wenn Gott Gott ist, kriegt er ja vielleicht, was er will.

Ich weiß nicht, was nach dem Tod sein wird. Ich ahne Hinweisschilder in der Bibel, aber ich hüte mich, da irgendeine definitive Aussage zu treffen. Ich bin N.T. Wright und Rob Bell sehr dankbar für ihre erfrischenden und für mich in vielerlei Hinsicht neuen Gedanken zu diesem Thema.[35]

Und ich freue mich über eine Geschichte, die ich einmal gelesen habe:

Es gibt Stress an der Himmelstür. Der Himmel ist definitiv voll, aber immer mehr Menschen wollen rein und haben auch den nötigen Einlassschein. Petrus rechnet nach, geht immer wieder seine Listen durch und kriegt einfach nicht raus, wo der Haken ist. Also schickt er zwei Engel los, um das zu überprüfen. Nach einer Weile sind sie wieder zurück. „Chef", sagen sie, „wir haben ein Problem: Jesus ist mal wieder unterwegs und hilft den Leuten, die keinen Schein haben, hinten über die Mauer.

Ich glaube nicht, dass Gott an der Himmelstür einen Menschen abweisen wird, weil er oder sie Angst hatte rauszugehen. Aber darum geht es jetzt auch gar nicht.

Wir brauchen den Himmel jetzt

Ich glaube, dass uns etwas entgeht, wenn wir jetzt nicht aktiv anfangen die göttliche Dimension mitzugestalten und konkret zu leben. In *dieser* Welt. Im Hier und Jetzt. Dass wir viel Schönheit, viele Wunder, viele göttliche Erlebnisse verpassen, wenn wir uns zurückziehen und nicht aktiv werden. So wie ich es in Kapitel 7 beschrieben habe: Wir brauchen den Himmel jetzt. Vertagen wir die Probleme und auch die Schönheit nicht.

Warum tun wir so, als wäre die Hölle bloß ein Ort nach dem Tod und sehen nicht die Hölle, die jetzt schon da ist?

Warum tun wir so, als wäre die Hölle bloß ein Ort nach dem Tod und sehen nicht die Hölle, die jetzt schon da ist?

Das ist ein riesiges Thema und es gibt viele Möglichkeiten, darüber zu streiten und zu diskutieren. Und es ist gut, dass sich da intelligente Menschen so viele Gedanken darüber machen.

Jesus sagt ganz deutlich: Niemand wird sie aus meiner Hand reißen. Das ist beruhigend. Aber was ich mich frage ist: Wenn ich dann irgendwann im pastellfarbenen Himmel bin, wie kann ich dort der Frau und dem Kind und der Jugendlichen in die Augen schauen, die hier auf dieser Erde neben mir gelebt und gelitten haben?

Und wie kann ich meine Vorstellung vom Himmel jetzt schon hier leben?

Um es ganz fromm zu sagen: Wie kann ich jetzt und hier so leben, als wäre schon diese neue Welt angebrochen? Wenn es diesen neuen Himmel und diese neue Erde gibt, dann kann ich sie jetzt und hier ganz aktiv gestalten. Und ich kann jetzt schon zeigen: Der Himmel ist stärker als die Hölle. Das Leben hat über den Tod gesiegt!

Es geht, wie gesagt, nicht darum, dass wir alle unseren Job kündigen und einen eigenen Verein gründen. Es geht auch nicht darum, seine Gemeinde im Stich zu lassen und ganz besonders nicht darum, nicht in die Hölle zu kommen.

Neben dem, was wir für diese Welt tun können, geht es darum, dass uns bei allen Herausforderungen, bei allen Tränen etwas ganz, ganz Großartiges entgeht, wenn wir unter unserer frommen Glocke bleiben. Und das können wir erleben, wenn wir herausspazieren, hin zu den Menschen.

Es gibt sicher noch mehr Argumente, eben nicht herauszuspazieren und ich kann viele davon sehr gut verstehen. Eben weil ich selber immer wieder mit Angst zu kämpfen habe.

Weil ich Menschen nicht enttäuschen möchte.

Weil ich mich nach Sicherheiten sehne.

Weil ich manchmal einfach unsicher bin.

Aber es gibt auch immer wieder ein Argument, doch loszugehen.

Doch aufzustehen, herauszuspazieren, auch wenn ich schon viele Schwierigkeiten ahne.

Doch meine Komfortzone zu verlassen und neue Wege zu gehen.

Doch die bekannte Inszenierung zu unterbrechen und zu improvisieren.

Doch nicht nur das Fenster aufzumachen und mal zu schnuppern, sondern rauszugehen und dieser Grund hat mit Jesus und seinem Nachnamen zu tun.

KAPITEL 10:
TEELICHT IM DUNKELN
ODER GLÜHBIRNE IM KRONLEUCHTER?

Warum gehe ich immer und immer wieder raus? Natürlich hat es mit meiner Persönlichkeit und meiner Abenteuerlust zu tun. Natürlich ist es der tiefe Wunsch, diese Welt zu verbessern. Natürlich tut es mir richtig gut, wenn ich das Gefühl habe, etwas zum Positiven zu verändern. Aber es gibt noch einen ganz entscheidenden Grund, der die Basis für all das ist: Dieser Grund ist Jesus.

Ich nenne mich Christin. Bei allen Fragen, allen Zweifeln und allem Widerspruch, der bleibt, bin ich von Jesus fasziniert und überzeugt.

Auch wenn ich nicht alles, was in diesem Namen geschieht und geschehen ist, gutheiße. Aber da kann Jesus schließlich nichts für. Und ich bin mir bewusst, dass ich mit dieser Bezeichnung auch eine Verantwortung trage. Und deswegen wende ich mich jetzt besonders an die, die sich auch Christen und Christinnen nennen. Darum Achtung: Wenn Sie sich nicht so bezeichnen, dann ist dieses Kapitel gar nicht für Sie. Denn es geht mir nun darum, nach wem wir uns da benennen und was das bedeutet. Also blättern Sie direkt zu Kapitel 11, oder lesen Sie das Folgende einfach mit distanziertem Interesse.

Muss denn jetzt jeder und jede herausspazieren? Wenn wir uns als Christ oder Christin bezeichnen, haben wir eine Verantwortung. Eine Verantwortung, die mit unserem Namen zu tun hat.

Namensänderung

Die satirische Website *Der Postillon* postete vor einiger Zeit:

„Der Messias hat genug. Jesus Christus hat heute offiziell seinen Nachnamen ändern lassen, um nicht mehr mit der CSU in Verbindung gebracht zu werden. Der drastische Schritt sei nötig gewesen, weil sich die Partei bislang trotz mehrfacher Aufforderung weigere, auf das Wort ‚christlich' in ihrem Namen zu verzichten. [...] Seit Jahren ärgere ich mich schon damit herum, dass irgendwelche Idioten einfach meinen Namen verwenden, um für fragwürdige Ziele zu werben, die in keinerlei Verbindung zu mir stehen [...] wenn ich mich recht erinnere, habe ich viel von Nächstenliebe erzählt und ziemlich deutliche Gleichnisse darüber gemacht, dass man Schwächeren helfen soll. [...] Ich war doch selbst auf der Flucht [...]"[36]

Eine wunderschöne Idee! Satire hin oder her. Es stimmt: Wenn wir uns als Christ oder Christin bezeichnen, dann bringt das eine Verantwortung mit sich. Dann tragen wir einen Namen, der eindeutig für bestimmte Werte steht. Den Namen „Christus", der sich deutlich zu Minderheiten gestellt hat:

> Wie können wir behaupten, Jesus nachzufolgen, und uns sieben Tage die Woche in unsere Gemeinde verkrümeln?

Zu den Frauen, die im Wohnwagen arbeiten.

Zu den Geflüchteten in all den schnell eingerichteten Unterkünften.

Zu den Obdachlosen am Straßenrand.

Der sich zu Kinder und Jugendlichen stellt, die aus einem Schrei nach Liebe zu rechtsextremen Tätern und Täterinnen werden.

Der sich zu den einsamen Reichen und den zurückgezogenen Alten stellt.

Der sich zu denen stellt, deren sexuelle Orientierung sie in bestimmten Kreisen immer wieder zu Außenseitern macht.

Kurzum, der sich zu allen stellt, die mühselig und beladen sind.

Muss das also jetzt jeder? Ja!

Wenn wir uns als Christinnen und Christen bezeichnen, ist es zwar gut, alle Argumente gegen ein Herausspazieren zu bedenken, aber sie dürfen kein Hinderungsgrund sein, loszugehen.

Wie können wir behaupten, Jesus nachzufolgen, und uns sieben Tage die Woche in unsere Gemeinde verkrümeln? Das hat nichts mit dem zu tun, was Jesus vorgelebt hat.

Thomas Müller kann da auch nichts für

Das ist, als würde man behaupten, man würde in die Fußstapfen von Thomas Müller treten und hätte noch nie gegen einen Fußball getreten. Man kann Fan von Thomas Müller sein und total unsportlich. Man kann begeistert von ihm sein, sämtliche Turniere am Bildschirm mitfeiern und Panini-Bilder sammeln. Man kann Bewunderer sein und auf dem Sofa sitzen bleiben. Das wird Thomas Müller vermutlich wenig stören.

Aber zu behaupten, ich trete in seine Fußstapfen und dann sämtliche Fußbälle und jede Bewegung zu vermeiden – da stimmt etwas nicht. Zu behaupten, man sei so eine Art Thomas Müller und dann mit 25 Tüten Chips auf dem Sofa sitzen und Fußballbücher lesen – das ist ein bisschen unglaubwürdig. Und vor allen Dingen kann Thomas Müller nichts dafür, wenn sich jemand so verhält.

Wir können Fans oder Bewunderer von Jesus sein. Wir können sagen, dass wir seinen Lebensstil gut finden und viel darüber lesen und lernen. Wir können Wahrheiten für uns akzeptieren. Aber uns als Christen und Christinnen *bezeichnen* und damit den Namen von Jesus Christus für uns anzunehmen – das sollte eine andere Hausnummer sein.

Dann geht es nämlich darum, das zu tun, was Jesus tat: hingehen zu den Menschen. Lieben. Dienen.

„Ich habe euch damit ein Beispiel gegeben, dem ihr folgen sollt. Handelt ebenso! (Johannes 13, 15). (Er hatte seinen Freunden übrigens vorher die Füße gewaschen.)

Jesu Leben

Das Leben Jesu spricht eine deutliche Sprache: Er war bei den Menschen. Nicht nur bei den Armen, nein, auch bei einem reichen Zachäus. Nicht nur bei gefallenen Frauen, sondern auch bei einem hohen frommen Gelehrten. Nicht nur bei den Nichtjuden, sondern er lehrte auch in den Synagogen. Jesus konnte sich in den unterschiedlichen gesellschaftlichen und religiösen Schichten bewegen. Er hat alles gesehen und vor nichts die Augen verschlossen. Er hat nicht verurteilt, aber herausgefordert, provoziert und ist angeeckt.

Und er hat Veränderung bei den Menschen bewirkt, ein Blick über den Horizont ausgelöst. Jesus hat sich nicht sieben Tage die Woche in die Synagoge eingeschlossen und sich dort attraktive Programme ausgedacht. Er hat keine Flyer gedruckt und keine Plakate aufgestellt, er hat noch nicht mal ein Buch geschrieben.

Nein, er ist hingegangen. Dahin, wo die Menschen sind. Einfach herausspaziert.

Wollen wir diesen Namen tragen?

Ich kenne Menschen, die dem Beispiel Jesu folgen, ohne das zu wissen oder auch zu wollen. Sie würden sich nie als Christen oder Christinnen bezeichnen, da das, was sie aus der Kirche oder Politik als „christlich" kennen, ihrer Meinung nach recht wenig mit dem wirklichen Leben zu tun hat. Und trotzdem handeln sie in vielen Punkten so, wie Jesus es vorgemacht hat. So ein bisschen wie der Typ aus dem Weinberg, von dem ich ganz am Anfang geschrieben habe. Nein sagen und dann doch gehen. Warum auch immer.

Vielleicht ist das manchmal viel sinnvoller oder besser, als ein großes C in seinem Namen zu haben. Wenn ich mich als Christ oder Christin bezeichne, sollte man das an meinem Leben sehen.

„Geht hin!" Nicht: „Lasst kommen!"

Als Jesus nach seiner Auferstehung seine mittlerweile nur noch 11 Jünger zu sich ruft und sich mit ihnen auf einem Berg trifft, macht er eine eindeutige Aussage:

„Gehet hin."

Er sagt nicht: „Ladet ein" oder „Lasst kommen".

Er sagt auch nicht, dass sie schöne Gemeindehäuser bauen sollen.

Nein, er fordert sie auf, loszugehen. Das ist aktiv, das heißt aufstehen vom Sofa, Fernseher aus, Schuhe anziehen und losgehen. Und er überrascht die Jünger mit einem Auftrag, der für sie ein bisschen zu weit gefasst schien.

Die Jünger waren ja immer noch überzeugt davon, dass es Jesus eigentlich um Israel geht. Das war ihre Hoffnung, dass ihr Volk endlich gerettet werden würde.

Aber Jesus hatte einen weiteren Horizont. Ihm geht es um alle Völker. Oder wie die *Hoffnung für Alle* übersetzt: Um „die ganze Welt" (Mt. 28,19).

Was die *ganze Welt* bedeutete, war für die Jünger unfassbar – in einer Zeit ohne Fernsehen, Internet, Radio, Navi, lange vor Kolumbus – das war unüberschaubar und unvorhersehbar. Das kannten sie nicht, dafür hatten sie kein Drehbuch bekommen, sie mussten also improvisieren.

Es geht nicht nur um uns

Manchmal sind wir vielleicht ein bisschen so wie die Jünger. Eigentlich denken wir immer noch, dass es um uns geht. Um unsere persönliche Rettung, damit unsere Seelen irgendwann ohne Leid, Schmerz und Geschrei einander wieder treffen. Um uns hier in Westeuropa. Der einzelne Christ und die einzelne Christin ist der Mittelpunkt. Das klingt bei genauem Hinhören eher narzisstisch als christlich.

> Der einzelne Christ und die einzelne Christin ist der Mittelpunkt. Das klingt bei genauem Hinhören eher narzisstisch als christlich.

Aber es geht nicht nur um uns! Jesus will unseren Horizont öffnen, genauso wie er den Horizont für seine Jünger geöffnet hat. Oder für Petrus, der zu Kornelius musste. Es geht auch um die so ganz anderen.

Es geht um die ganze Welt.

Nicht weniger.

Ich kann gut verstehen, dass das den Jüngern Angst gemacht hat. Losgehen in die ganze unüberschaubare Welt. Das ist vielleicht ein bisschen unübersichtlich. Und es gibt eine schöne Anekdote darüber, was passiert ist, nachdem Jesus ihnen diesen Auftrag gegeben hat.

Jesus kommt im Himmel wieder an und zwei Engel begrüßen ihn begeistert: „Mensch, Jesus! Da bist du wieder! Hat alles geklappt? Hast du das Reich Gottes komplett aufgerichtet?" Und Jesus antwortet ihnen: „Nein, ich habe gewissermaßen nur einen Anfang gemacht, aber ich habe ein kleines Team zusammengestellt und ihnen alles beigebracht, was sie brauchen." Interessiert schauen die beiden Engel runter und sehen die Jünger, die immer noch von unten in den Himmel starren. Sie sehen verwirrte Männer, ängstliche Männer, verunsicherte Männer. Und schließlich fragt einer der Engel vorsichtig bei Jesus nach: „Okay, und was ist Plan B?"[37]

Manchmal wünsche ich mir auch einen Plan B. Dann fühle ich mich zu klein und auch die Zusage, dass wir die „Kraft des Heiligen Geistes" empfangen werden, scheint so weit weg zu sein. Aber eins ist klar: Es gibt keinen Plan B. Wir sind *jetzt* hier Christinnen und Christen, um das, was Jesus angefangen hat, weiterzubauen, in dem Wissen, dass nichts, aber auch gar nichts, was wir tun, umsonst sein wird. Wir sind jetzt hier als Menschen, die in dieser Zeit leben und die diese Welt und ihre Zukunft gestalten, egal, wie wir uns nennen.

Es gibt keinen Plan B.

Aber in allen Unsicherheiten macht Jesus uns auch eindeutige Zusagen.

Lass dein Licht leuchten

Ihr seid das Licht, das die Welt erhellt! Eine Stadt, die auf einem Berg liegt, kann nicht verborgen bleiben. Man zündet ja auch keine Öllampe an und stellt sie unter einen Eimer. Im Gegenteil: Man stellt sie so auf, dass sie allen im Haus Licht gibt. Genauso soll auch euer Licht vor den Menschen leuchten! (Matthäus, 5,13-16)

Ihr seid das Licht der Welt! Das ist nicht nur eine Zusage für ein paar durchgeknallte Menschen, die nach Magdeburg oder sonst wohin gezogen sind, sondern das gilt für alle. Für jede Industriekauffrau, jeden Psychologen, jeden Geflüchteten, jeden Kfz-Mechaniker, jede Ärztin, jede Obdachlose, jeden Altenpfleger.

Oft sagen wir ja: „Stell dein Licht nicht unter den Scheffel", wenn sich jemand nicht traut, seine Begabungen zu leben, zu singen oder ihren selbst gebackenen Kuchen herunterspielt. Ich glaube, in diesem Text ist etwas viel Größeres gemeint. Hier geht es nicht um eine Begabung, die man bescheiden verkleinert.

Hier geht es darum, dass wir selber Licht sind. Es ist nicht nur so, dass in uns ein kleines Lichtlein leuchtet. Nein, wir sind Licht. Und das darf jeder sehen!

Manchmal sind wir wie ein wunderschöner Kronleuchter. Viele Lichter sind ganz nah beieinander. Weil wir die anderen um uns herum ja auch so schön finden, verstehen und kennen. Da funkelt und strahlt alles, da leuchtet es und glitzert und manchmal klirrt es. Alles wird hell erleuchtet in einem multifunktional wunderbar eingerichteten Gemeinderaum. Der so dicht ist, dass nichts nach draußen strahlt. Und drinnen ist Flutlichtstimmung.

> Aber ich möchte lieber ein Teelicht im Dunkeln sein als eine weitere Glühbirne in einem Kronleuchter.

Draußen ist es dunkel. Wir stellen unser Licht unter den Scheffel oder zwängen es in einen Gemeinderaum oder in eine andere kleine Subkultur, in der wir unsere Helligkeit feiern können.

Drinnen funkelt es und draußen kriegt es keiner mit. Aber ich möchte lieber ein Teelicht im Dunkeln sein als eine weitere Glühbirne in einem Kronleuchter. Wir sollten lieber ein bisschen alleine im Schatten leuchten, als mit anderen um die Wette zu strahlen.

Auch wenn wir uns selber gar nicht immer so für eine große Leuchte halten.

Wir fragen uns: Wer bin ich denn schon, dass ich brillant, herausragend, talentiert und berühmt sein sollte. Andererseits. Wer bist du denn, dass du das nicht alles sein solltest. Du bist ein Kind Gottes. Wenn du dich kleinermachst, dient das der Welt nicht. Es hat nichts mit Erleuchtung zu tun, wenn du so weit schrumpfst, dass andere um dich herum sich nicht mehr unsicher fühlen. (…) Indem wir unser eigenes Licht erstrahlen lassen, geben wir unbewusst anderen Menschen die Erlaubnis, dasselbe zu tun.[38]

Nein, wir müssen nicht alle ins Rotlichtmilieu gehen, aber wir dürfen unser Licht leuchten lassen, da, wo wir sind. Wir dürfen strahlen!

Mein großes Vorbild ist da mein Vater. Er sagte von sich selbst immer „Ich bin kein Mann der Worte", weil er der Meinung war, dass er nicht so galante Predigten halten konnte wie andere aus seiner Gemeinde. Obwohl ich sicher bin, dass er mit seiner Erfahrungen und seinen Überzeugungen vielen etwas zu sagen gehabt hätte! Aber er hat sich lieber aus dem ganzen Gemeindeklüngel rausgehalten. Jedenfalls liebte er Fußball und als er zu krank war, um selber Fußball zu spielen, hat er eine Gruppe für Jugendliche gegründet und eine Halle gemietet und ist zig Kilometer durchs Sauerland gefahren, um die Jungs einzusammeln. Und dann hat er auf einem Acker einen Fußballplatz gebaut und Tore geschweißt und Netze und Bälle gekauft und sich mit dem unsäglichen Jäger angelegt, damit andere dort spielen können. Von den Jungs wurde er wegen seines Vornamens liebevoll der Ver-Walter genannt. Das ist schon viele Jahre her. Den Platz aber gibt es immer noch und er wird immer noch benutzt. Er liegt auf einer kleinen Anhöhe und ja, er strahlt. Und er zeugt davon, was entstehen kann, wenn ein Mensch sein Licht leuchten lässt. Gar nicht immer auf dramatische Weise, sondern auf die Art und Weise, die zu ihm passt.

Das Licht ist da. Wir sind das Licht. Ja, bei manchen ist es verschüttet. Bei manchen ist die Flamme nur noch sehr klein. Manchmal nehmen wir sie vielleicht vor lauter Helligkeit um uns herum nicht wahr. Manchmal sind wir uns gar nicht bewusst, wie stark dieses Licht eigentlich ist. Weil es um uns herum oft so dunkel ist.

> Eine Kerze geht ja nicht aus, weil es zu dunkel ist.

Aber eine Kerze geht ja nicht aus, weil es zu dunkel ist. Wir sind Licht. Lassen wir es leuchten. Spazieren wir raus. Auch wenn wir uns für eine noch so kleine Leuchte halten. Gandhi soll einmal gesagt haben: „In jedes Dunkel passt ein Licht."

Das ist unser Motto in Magdeburg geworden und daran will ich festhalten.

In jedes Dunkel passt ein Licht und wir sind Licht. Was für eine Zusage!

Muss denn jetzt jeder?

Scheint so.

TEIL 4

Stell dir vor, die Zukunft wird wunderbar und du bist schuld

KAPITEL 11:
WAS MACHEN WIR IM ZOO?

Das Kamelkind

„Du Papi", fragt das kleine Kamelkind, „warum haben wir eigentlich zwei Höcker auf dem Rücken?"

Darauf antwortet der Kamelvater mit rauer Stimme:

„Damit speichern wir Nahrung, wenn wir durch die endlose, raue, gefährliche Wüste ziehen."

„Und Papi, warum haben wir so lange Wimpern?"

Der Kamelvater sagt:

„Damit uns der Wind nicht den Sand in die Augen bläst, wenn wir durch die endlose, raue, gefährliche Wüste ziehen."

„Und, Papi, warum haben wir Hufe anstelle von Füßen?"

Der Kamelvater:

„Damit wir nicht im Sand einsinken, wenn wir durch die endlose, raue, gefährliche Wüste ziehen."

„Und Papi, was machen wir dann im Zoo?"

Was ist unsere Berufung?

In jedes Dunkel passt ein Licht. Und es scheint so, als würde tatsächlich jeder und jede gebraucht. Als könnten wir alle zusammen die Zukunft gestalten und diese Welt besser machen. Meine liebe Freundin, Umweltpsychologin, Träumerin und Piratin Karen sagte mal: „Mensch, wir haben doch alles in der Hand, um aus diesem Planeten ein Paradies zu machen."[39] Das ist zwar eine steile Aussage und vielleicht sind wir damit nicht übermorgen fertig, aber es kann ja nicht schaden, schon mal damit anzufangen.

Also los geht's! Nur wo? Und wie? Was ist unsere „spezielle Aufgabe"?

Ja, ich weiß, gerade eben habe ich mich noch von diesem „speziellen Ruf" distanziert. Aber ich meine auch keinen speziellen Ruf, den nur wenige Auserwählte erhalten und der als eine Stimme vom Himmel donnert und uns den Plan Gottes für unser Leben fix und fertig vor die Füße legt. Ich meine damit die Berufung, die sich aus unserer Einzigartigkeit ergibt, die sich daraus entwickelt, dass manche Dinge eben nur von manchen Personen auf diese spezielle Art getan werden können. Solch eine Berufung braucht keine Stimme vom Himmel (wobei ich nicht ausschließen will, dass es auch so etwas gibt), sondern wir können sie dann entdecken, wenn wir uns selber kennenlernen. Wissen Sie, was ich meine? Diese Momente, wo man das Gefühl hat, *das* muss ich jetzt tun. Und zwar genau ich. Ich kann jetzt nicht warten, dass jemand anderes das macht.

> „Wo deine Leidenschaft auf die Not der Welt trifft, das ist deine Berufung."

Wie können wir also diese Berufung entdecken? Ich glaube, das ist gar nicht so schwer und viel einfacher, als darauf zu warten, dass endlich jemand „ruft" (und wir die Verantwortung abgeben können).

Prägend ist für mich ein Satz von dem Pfarrer Paul Deitenbeck:[40]:

> *„Wo deine Leidenschaft auf die Not der Welt trifft, das ist deine Berufung."*

Was für schöne Worte! Was für eine schöne Definition von Berufung.

Wo deine Leidenschaft auf die Not der Welt trifft, das ist deine Berufung.

Leidenschaften entdecken

Wie schön ist es, wenn wir Dinge mit Leidenschaft tun! Wenn wir dabei einfach die Zeit vergessen können! Wie bei mir zum Beispiel – ich glaube, ich erwähnte es schon das ein oder andere Mal – Improvisationstheater.

Beim Improtheater vergesse ich die Zeit. Da bin ich ganz in meinem Element. Da bin ich wie ein Pinguin im Wasser, während es andere Bereiche gibt, wo ich mich eher fühle wie ein Pinguin in der Wüste.

Früher hatte ich immer ein bisschen Angst, dass Berufung für mich so etwas bedeutet, wie als Nonne in den Dschungel zu müssen. Ich bin völlig unbegabt, was Fremdsprachen angeht und war ständig verliebt. Also musste meine Berufung ja eine Kombi aus beidem sein, denn ich hatte immer das Gefühl, dass dann, wenn es richtig wehtut, wenn es dir total schwerfällt, wenn du ganz viel aufgeben musst, das Ergebnis umso besser ist.

Deshalb klang so ein Satz wie: „Gott beruft nicht die Begabten, sondern begabt die Berufenen" auch immer als Ansporn in meinen Ohren. Berufung wird nichts mit dem zu tun haben, was du kannst und liebst, aber durch Gott wirst du lernen, es zu können und lieben. Was für ein Quatsch!

Schön war, als ich jemanden mal sagen hörte: „Wir denken immer, so eine Berufung muss total hart für uns sein, das, was wir am wenigsten mögen. Aber du gehst doch auch nicht in eine Pizzeria und bestellst dir die Pizza, die dir am wenigsten schmeckt, um Gott zu gefallen."

Das fand ich einleuchtend und bin erst mal Pizza essen gegangen ...

Es stimmt, ich musste und durfte in meinem Leben viele Dinge lernen, die ich vorher noch nicht konnte. Und ich bin dankbar dafür. Aber ich glaube, dass das, was wir eh schon gut können und lieben, eben unser Licht ausmacht.

Es macht also Sinn, sich selber zu kennen, zu entdecken, was wir lieben und wofür unser Herz schlägt. Natürlich können wir auch an den Orten und auf die Art und Weise Gutes tun, die uns am schwersten fällt. Aber wozu? Wer hat etwas davon, wenn ich nicht nur Theater spiele, sondern dass auch noch in einem hässlichen Raum mache? Wem bringt es etwas, wenn ich dieses Buch nicht im wunderschönen Kulturkollektiv in Magdeburg schreibe, sondern in einer kalten Fabrikhalle? Wird es dadurch besser, dass ich es mir schwerer mache?

Wenn wir also unsere Berufung suchen, sollten wir uns zuerst auf die Suche nach unseren Leidenschaften und unseren Begabungen machen.[41]

Und dann geht es weiter. Dann dürfen wir gut überlegen, was wir damit machen.

Die Reichen nicht reicher machen

In unserer Gründungsphase bekamen wir von *Tapetenwechsel* eine Anfrage für Unternehmenstheater bei einem Bankinstitut. Wir sollten den Mitarbeitern und Mitarbeiterinnen dieser Bank das neue Personalkonzept in vielen kurzen Theaterszenen nahebringen. (Ihre Chefs hatten wohl schlechte Erfahrungen damit gemacht, den Angestellten einfach so 100 Seiten Konzept auf den Schreibtisch zu knallen, um ihnen damit charmant zu sagen, dass sie mehr arbeiten sollten.)

Natürlich fand ich es völlig faszinierend, mit Improvisationstheater auf einen Schlag vergleichsweise viel Geld zu verdienen. Aber wir alle hatten immer mehr Bauchschmerzen dabei, Mitarbeiter auf eine lustige Art zu motivieren, sich noch mehr in das Unternehmen zu investieren und noch weniger Zeit mit ihren Familien zu verbringen, um die Umsätze einer Bank zu steigern, von der man gar nicht so genau weiß, was sie mit all dem Geld anstellt. So war Improvisationstheater zwar meine Leidenschaft, aber das Setting passte nicht. Das war definitiv nicht meine Berufung.

Doch als ich im Jahr 2012 anfing, Theater mit geflüchteten Kindern zu spielen, spürte ich: Hier trifft meine Leidenschaft auf die Not der Welt.

Ein Schmetterlingsmädchen

Ich erinnere mich an Anina, ein kleines dünnes Mädchen mit großen dunklen Augen. Sie war unglaublich zurückhaltend und schüchtern. Als wir eines Tages Verkleidungen mitbrachten, bekam sie das heiß begehrte pinke Schmetterlingskostüm. Und plötzlich war Anina wie verwandelt, sie strahlte und flattere durch den Raum und wir durften ein bisschen von dem Licht erkennen, welches in ihr strahlte.

Oder an Nebi, einen Jungen, der eine Szene auf dem Flughafen spielen sollte. Und er stellte mithilfe der anderen Kinder seine ganze Familie nach, die sich an den Händen hielt und rief: „Alles wird gut in Deutschland." Tja – nun saß er hier schon einige Jahre mit seiner Familie in dieser überfüllten Gemeinschaftsunterkunft. Ein paar Monate später hielten seine Eltern einen Abschiebungsbescheid in den Händen. Das war ein Schock. Doch dank einiger engagierter Magdeburger konnte die Abschiebung zum Glück verhindert werden.

Oder ich denke an meine Theatergruppe in einer Magdeburger Schule. Es war wirklich nicht immer einfach und vieles von dem, was ich dort tun musste, entsprach so gar nicht meiner Leidenschaft: Stühle stellen, Listen abhaken, Sitzungen … Aber es gab auch diese heiligen Momente, in denen ein Mädchen, das im Alltag große Herausforderungen erlebt, sich auf der Bühne plötzlich öffnete. Wo etwas hervorstrahlte und alle im Raum, die bisher gestritten hatten, an ihren Handys hingen, oder sich die Nägel lackiert hatten, spürten: Hier passiert irgendetwas. Ein Echo aus der unsichtbaren Welt.

Wo deine Leidenschaft auf die Not der Welt trifft, da ist deine Berufung.

Sonderzeiten

Ich muss einen kleinen Exkurs machen, damit das hier keine Schieflage bekommt.[42]

Natürlich ist Leben nicht nur Leidenschaft. Und in einer Familiensituation mit drei kleinen Kinder ist vieles von „jetzt-erstmal-überleben" geprägt. Da wird nicht jeden Tag die Welt gerettet und da werden auch nicht jeden Tag leidenschaftliche Visionen gesponnen. Und auch wenn es oft Theater gibt, ist das manchmal nicht die Art von Theater, die ich gerne hätte.

Das ist mir ganz wichtig!

Wir haben nicht immer die Möglichkeit, unsere Leidenschaften völlig frei auszuleben. Zu jedem Leben gehören Zeiten, in denen unsere Leidenschaften zurückstehen müssen. Wenn kleine Kinder da sind oder Eltern gepflegt werden müssen. Wenn Krankheiten aufbrechen oder das Leben plötzlich verrücktspielt und wir überhaupt erst einmal klarkommen müssen. Ich will bestimmt nicht denen ein schlechtes Gewissen machen, die sich aufopfernd um ihre Angehörigen kümmern. Die abends erschöpft ins Bett fallen, weil sie alles gegeben haben. Die selbst grad nicht wissen, wo sie stehen oder die gerne einfach mal stehen würden, wenn sie nur könnten. Oder die sich daran erinnern, wie sie leidenschaftlich Fußball gespielt haben, aber es jetzt aus gesundheitlichen Gründen nicht mehr können. Ich habe riesigen Respekt davor.

> Wir haben nicht immer die Möglichkeit, unsere Leidenschaften völlig frei auszuleben.

„Ich würde gern, aber ich kann nicht! Es kann einfach auch nicht jeder ...", werden Sie jetzt vielleicht sagen.

Und ich stimme ihnen zu tausend Prozent zu. Gerade weil ich es in den letzten Jahren so oft erlebt habe, dass unsere familiäre Situation eben nicht zugelassen hat, dass ich einen Workshop gebe oder selber Theater spiele. Dass ich mir weniger Zeit für meine Theater-Mädels nehmen konnte, als ich eigentlich wollte.

Bitte, bitte, lassen Sie sich von diesem Buch nicht unter Druck setzen! Lesen Sie das Kapitel „Es geht auch ohne mich" und entspannen Sie sich. Es werden anderen Zeiten kommen. Das, was Sie jetzt gerade tun, ist unbezahlbar, lebenswichtig und riesengroß!

Es ist eine Zeit, in der ich mir oft sagen muss: Das Leben verläuft in Wellen. Es kommen auch wieder andere Zeiten und ich will das, was jetzt hier passiert, ganz bewusst genießen. Denn die Kinder, unsere Familie, sie sind meine große Liebe. Und da möchte ich nicht alles minutiös durchstrukturiert haben, weil ich so sehr mit meiner eigenen Wichtigkeit beschäftigt bin. Da will ich mit meinen Kindern auch einfach mal unverplante Zeit auf dem Teppich verbringen und gucken, was der Tag so bringt. Doch das geht nur, wenn ich nicht im Kopf habe, dass ich in einer halben Stunde schon wieder bei irgendeiner Probe sein muss.[43]

Es gibt Sonderzeiten. Und die können manchmal länger dauern, als uns lieb ist.

Aber es geht mir hier nicht um Menschen, die in Sonderzeiten leben. Es geht mir um die Menschen, die ihre Leidenschaft noch nicht entdeckt haben. Die vielleicht immer noch auf eine geheimnisvolle Berufung warten oder neidisch auf die vermeintlich Auserwählten schielen. Die das Gefühl habe, Gott habe sie vergessen, die sich nach einer eindeutigen Berufung sehnen und dabei vergessen, was sie lieben. Die, die wissen, was sie lieben, aber noch nicht wissen, was sie damit anstellen können. (Oder um die, die einfach so gemütlich auf dem Sofa sitzen, dass sie lieber ein Buch übers Herausspazieren lesen, als selber loszugehen.)

Es gibt diese Menschen, bei denen es in den Augen funkelt. Menschen, bei denen man spürt: Diese Person ist jetzt ganz in ihrem Element. Sie lebt ihre Leidenschaft.

Um herauszufinden, was unsere Berufung ist, müssen wir herausfinden was wir lieben.

Wobei wir die Zeit vergessen.

Das kann Surfen sein, Theater spielen, Kaffee trinken, Kuchen backen oder Mensch-ärger-dich-nicht spielen.

Mit offenen Augen durch die Welt gehen

Und dann dürfen wir mit offenen Augen durch unsere Stadt gehen. Wo ist die Not vor meiner Haustür? Da gibt es den Obdachlosen, der immer am gleichen Platz sitzt. Vielleicht die Familie im Kindergarten, die immer so zerlumpt ist? Vielleicht die Flüchtlingsunterkunft? Die Frau, die immer die Pfandflaschen sammelt oder der Nachbar, der einsam ist? Oder, ja, auch die Frau im Wohnwagen am Straßenrand.

Die Not kann immer andere Gesichter haben: In diesen Tagen sind viele Menschen aus Kriegsgebieten auf der Flucht und eine Zeit lang haben es auch viele bis nach Deutschland geschafft. Aber egal, ob sie hier ankommen oder nicht, die Not bleibt.

Und da sind wir gefragt. Gerade als Christinnen und Christen. Die Bibel ist eindeutig darin, wie wir mit Menschen in Not generell und auf der Flucht im Besonderen umzugehen haben.

Ich vermute, irgendwann werden wir mal zurückschauen und erschüttert sein, wie viele einfach die Augen zugemacht oder sogar vor dem angeblichen Feind gewarnt haben, während Menschen verhungert, verdurstet und erfroren sind. Genau, wie wir uns heute dafür schämen, dass an vielen Einrichtungen ziemlich große Hakenkreuzfahnen hingen. Das hat nichts mit Jesus zu tun. Wie gehen wir mit den Menschen in Not um? Wo sind sie in unseren Gemeinden? Wieso sitzen in vielen Gemeinden hauptsächlich Menschen aus der gutbürgerlichen Mittelschicht?

> Die Bibel ist eindeutig darin, wie wir mit Menschen in Not generell und auf der Flucht im Besonderen umzugehen haben.

Vor einiger Zeit wurde ein bemerkenswerter Vortrag von Siegfried Zimmer über Homosexualität sehr kontrovers diskutiert.[44] Er hatte sich bewusst an evangelikale Christen gerichtet und endete mit den Worten: „Schämt euch!"

Das will ich mir nicht vorwerfen lassen. Weder über meinen Umgang mit Homosexuellen, mit Prostituierten, mit Geflüchteten, mit Nazis, mit Managern, mit Fremden, mit Freunden. Ich will nicht irgendwann zurückschauen und feststellen, dass ich aus Angst, aus dogmatischen Gründen oder warum auch immer die Augen verschlossen hatte, für die wirkliche Not einzelner Menschen. Dies ist nicht der Raum für eine grundsätzliche, biblisch-hermeneutische Diskussion, egal zu welchen Themen, aber ich möchte, dass dies der Raum ist, um zu sagen: Schaut euch in die Augen! Begegnet euch auf Augenhöhe. Schließt niemanden aus! Verweigert niemandem die Gemeinschaft.

Es gibt ein unglaublich spannendes Video von Amnesty International, in dem völlig fremde Menschen, Europäer und Geflüchtete, sich in einer leeren Halle einfach vier Minuten lang in die Augen schauen müssen.[45] Das, was dort passiert, wie Beziehung entstehen kann, wie

Menschen anfangen „sich zu sehen" – darum geht es mir. Wie sie nicht mehr die Herkunft, die Äußerlichkeiten oder sonst etwas sehen, sondern sich in die Seele schauen und die Verwundbarkeit dort erkennen – das ist entscheidend. Vielleicht sollten wir erst diskutieren, wenn wir dem anderen vier Minuten in die Augen geschaut haben.

Es werden immer wieder neue Themen kommen, zu denen wir uns positionieren müssen. Nicht nur redend, sondern handelnd. Und gerade daran, wie wir handeln, wenn Menschen in Not sind, zeigt sich, was wir glauben. Woher soll ich wissen, was ich glaube, bevor ich sehe, was ich tue?

Wer sind die Armen?

Es gibt sie, die Not der Welt. Und es gibt Armut. In vielen Büchern, die vorzugsweise aus den USA kommen, ist oft von „den Armen" die Rede und auch Jesus spricht ja von „den Armen". Wer sind sie also, diese Armen? Das sind nicht unbedingt immer die, die unterhalb der sogenannten „Armutsgrenze" leben.[46] Deswegen ist Geld auch nicht immer die beste aller Lösungen.

Ja, ich habe eine junge Mutter mit Baby kennengelernt, die keinen Strom in ihrer Wohnung hatte und natürlich habe ich ihr das Essen dann bei uns in der Küche warm gemacht. Aber der Strom wurde deshalb abgeschaltet, weil sie ihn nicht bezahlt hat, während ihr Handyvertrag weiterlief, die Nike-Schuhe fürs Baby gekauft wurden und auch die Flatrate fürs Solarium finanziert war. Armut ist nicht immer unbedingt ein Mangel an materiellen oder finanziellen Dingen, sondern häufig ein emotionaler, sozialer, empathischer Mangel. Und diesen auszugleichen ist meist viel, viel schwerer, als 50 Euro zu verschenken.

> Armut ist nicht immer unbedingt ein Mangel an materiellen oder finanziellen Dingen, sondern häufig ein emotionaler, sozialer, empathischer Mangel. Und diesen auszugleichen ist meist viel, viel schwerer, als 50 Euro zu verschenken.

Ja, wir haben auch schon Geld verschenkt. Zum Beispiel an Sam, der nicht zum Fußball kommen konnte, weil er krank war und die Praxisgebühr (gab es da noch) nicht zahlen konnte. Simon hat ihm 10 Euro in die Hand gedrückt, damit er sich endlich behandeln lassen konnte. Er nahm das Geld und fuhr sofort los. Eine Viertelstunde später war er mit einem Döner und zwei Litern Eistee wieder da.

Und dann wurde ein anderes Mal eine Waschmaschine verschenkt. An einen Obdachlosen, dem eine Mitarbeiterin von dem Sunrise-Projekt Obdima(h)l[47] geholfen hatte, eine Wohnung zu finden. Das lief super! Es gibt also auch hier keine Pauschallösung. Denn manchmal ist Armut eben doch genau der Mangel an materiellen oder finanziellen Dingen. Dann kann es lebensnotwendig sein, einen Schlafsack zu verschenken.

Es geht ums Hingehen, Hinschauen und gutes Überlegen. Nach- und Vordenken. Das ist anstrengend. Das ist auch anstrengender, als Geld zu überweisen. Aber wenn wir mit unseren Leidenschaften auf die Not der Welt reagieren, macht das auch mehr Spaß.

Also backen wir Kuchen für einen Obdachlosen, spielen Playstation mit Jugendlichen, lesen im Altenheim Geschichten vor oder pflanzen Blumen in unserer Stadt. Oder spielen Fußball oder surfen, oder, oder, oder …

Auch ein Rausschmiss tut mal gut

Fangen wir also bei uns an. Bei der Frage nach unseren Leidenschaften und dann schauen wir uns diese Welt an und dann gehen wir einen ersten Schritt.

Manchmal sind wir so gefangen in unseren gemütlichen Strukturen, dass Aufstehen und Rausgehen eine echte Überwindung ist. Man will ja niemandem vor den Kopf stoßen oder die eigene Bequemlichkeit aufgeben. Da kann sogar ein Rausschmiss hilfreich sein. Unsere Improtheatergruppe Tapetenwechsel hat sich zum Beispiel nur dadurch gegründet, dass ich bei einer anderen Gruppe rausgeflogen bin und zwar, weil ich eben zu viel hinterfragt und widersprochen habe. (Nein! Das war keine Gemeinde, sondern eine Theatergruppe, lustig oder? So etwas passiert auch in Improgruppen.) Naja, aber nachdem ich rausgeflogen war, standen plötzlich ein paar der anderen Schauspieler und Schauspielerinnen aus der alten Gruppe neben mir und wollten mit mir zusammen noch weiterfliegen. Und so entstand Tapetenwechsel mit viel mehr Möglichkeiten und Freiheiten, als wir sie vorher hatten. Juhu! So kann sogar ein Rausschmiss, eine Kündigung, eine Trennung oder ein offen ausgetragener Konflikt manchmal ganz hilfreich sein. Weil sie uns wieder neu den Blick dafür öffnen, was wir wirklich brauchen oder wollen. Wohin wir wollen mit unserem Leben.

Um unser Leben erfüllt zu leben, müssen wir manchmal unsere alten Strukturen und Gewohnheiten verlassen. Auch wenn es unbequem ist und ein bisschen Angst macht.

Damit wir frei sind, um das zu tun, wofür unser Herz schlägt.

Deswegen möchte ich Ihnen Mut machen: Freuen Sie sich über ihre Begabungen und Leidenschaften und gehen Sie einen ersten Schritt. Nehmen Sie sich die Zeit und gehen Sie mit offenen Augen durch ihre Stadt, schauen Sie: Wo ist die Not der Welt? Gerne bei schönem Wetter mit einem Kaffee in der Hand (oder am besten zwei, dann können Sie einen verschenken), dann macht es noch mehr Spaß!

Denn da, wo unsere Leidenschaft auf die Not der Welt trifft, da ist unsere Berufung.

Was machen wir Kamele also im Zoo?

KAPITEL 12:
ES GEHT AUCH OHNE MICH

So, jetzt wird es etwas entspannter, denn: Bei allem, was ich bisher geschrieben habe, ist mir eins wichtig: Es geht auch ohne uns. Hä? Spinnt die jetzt total? Grad noch motiviert und angespornt und nun so etwas? Ja, ich meine das sehr, sehr ernst: Bevor wir rausstürmen und die Welt retten wollen, sollten wir wissen: Es geht auch ohne uns.

Sommer 2014. Die deutsche Nationalmannschaft war gerade eben Weltmeister geworden, als Philip Lahm seinen Rücktritt verkündete.

Die Reaktionen sind ganz unterschiedlich, aber der ehemalige Kapitän sagte im Interview mit dem *kicker*: „Es geht auch ohne mich. Ich glaube, die Mannschaft braucht mich nicht mehr. Meine Rolle, mein Wirken ist ausgereizt." Seiner Meinung nach solle sich die Mannschaft neu aufstellen. Er habe zehn Jahre lang jeden Tag gearbeitet, eine Doppelbelastung, durch die man jeden Tag gefordert sei und Einfluss nehmen müsse.

„Es geht auch ohne mich."

Wie angenehm, wenn jemand das sagen kann: Ihr schafft das schon. So wichtig bin ich nun auch nicht.

Es macht ja sonst keiner

Okay. Im Fußball hört sich das wirklich gut an, besonders wenn eine Mannschaft gerade Weltmeister geworden ist, genug Nachwuchstalente da sind und Herr Lahm vermutlich die eine oder zumindest andere Million schon auf der Seite liegen hat. Dann darf man das schon mal sagen: Es geht auch ohne mich.

Aber wir? Ich?

Als Menschen, die wir mit offenen Augen durch die Welt gehen wollen?

Die wir die Welt ein bisschen schöner machen wollen?

> Wie angenehm, wenn jemand das sagen kann: Ihr schafft das schon. So wichtig bin ich nun auch nicht.

Als Frauen und Männer, die wir die Augen nicht verschließen wollen, vor der Not der Welt. Die wir helfen wollen, Gutes tun wollen. Die wir so viel von Gott geschenkt bekommen haben und einen Auftrag sehen und spüren, dieses Gute auch weiterzugeben?

Die wir unserem Namen als Christen und Christinnen alle Ehre machen wollen. Die wir die Hoffnung, diese Welt und die Menschen nicht aufgegeben haben.

Kann man da so einfach sagen: Es geht auch ohne mich? Darf man das?

In einer Stadt, in der alle gebraucht werden?

In einer politischen Situation, die uns alle fordert?

In einem Verein, dem es eh an Mitarbeitern mangelt?

In einer Gemeinde, in der alle an ihren Grenzen sind?

Oder wo die Mitarbeiter für den Kindergottesdienst eh unterbesetzt sind?

Es geht auch ohne mich. Wollen wir das sagen? Oder geht das gegen unsere Ehre? Machen wir es uns mit so einem Satz nicht zu einfach?

Ist das nicht nur eine faule Ausrede, für die Dinge, auf die wir keine Lust haben?

Kann schon sein. Natürlich gibt es so etwas.

Und ich bin sicher, wir alle kennen Leute, die auf dem Sofa, vor dem Fernseher sitzen, sich den ganzen Tag um ihre kleine Welt, ihr Häuschen, ihr poliertes Auto, die lackierten Fußnägel usw. kümmern und die sagen: „Och, das geht auch ohne mich."

Menschen, die alles nehmen, was das Leben oder eine Gemeinde oder sonst wer zu bieten hat, und die sich nicht die Finger schmutzig machen, weil ja alles so wunderbar läuft. Oder eben nicht wunderbar läuft, und daran sind dann andere schuld.

Wenn Sie einer von diesen Menschen sind, gilt dieses Kapitel nicht für Sie.

Gottes Kraft ist in den Schwachen mächtig – also weiter geht's...

Ich vermute aber – da Sie dieses Buch schon bis hierher gelesen haben – dass Sie ein wenig anders ticken. Dass es Ihnen nicht egal ist, was in der Welt da draußen so vor sich geht. Dass es ihnen nicht egal ist, wie es den Menschen um Sie herum so geht.

Und dass Sie vielleicht eher solche Sätze und Redewendungen kennen, die mich mein Leben lang begleitet haben:

> *„Ich müsste eigentlich noch ...“*
> *„Wenn ich es nicht mache, macht es keiner.“*

Und wenn dann die Kräfte nachlassen, klammern wir uns an Bibelverse wie:

> *„Gottes Kraft ist in den Schwachen mächtig.“*[48]
> *„Die auf den Herrn harren, kriegen neue Kraft.“*[49]

und machen trotzdem weiter.

Ich habe häufig über meine Grenzen hinaus gearbeitet, getan, geredet, gemacht. In der Hoffnung, dass Gott vielleicht gerade dann durch mich etwas Gutes tut. Manchmal hat das auch scheinbar funktioniert. Gesund war das allerdings nicht.

Dann habe ich mir Geschichten in Erinnerung gerufen, von Menschen, die am Ende waren und denen Gott doch noch Kraft gegeben hat, durch die er weiter gewirkt hat. Trotz Krankheit, trotz Leid – oder gerade durch Krankheit und Leid.

Beeindruckende Persönlichkeiten, die viel in dieser Welt bewirkt haben.

Einmal erzählte mir ein Prediger: „Ich war krank zu Hause und bin trotzdem zu der Vortragswoche gefahren und Gott hat mich genau für die Woche gesund gemacht. Als es vorbei war, war ich wieder krank. Halleluja. Was für ein Segen."

Aber *was* geht ohne uns?
Und *wo* geht es ohne uns?

Und ich hätte fast sarkastisch geantwortet: „Toller Segen! Und deine Familie zu Hause? Du warst vorher krank, dann hat Gott dir – oh Wunder – ganz viel Kraft für die Woche unterwegs gegeben und zu Hause warst du wieder krank, da konnte deine Frau dich ja pflegen, wo sie schon seit zwei Wochen mit vier Kindern alleine war. Na – Halleluja."

Es geht auch ohne uns?

Ja. Es geht auch ohne uns.

Aber *was* geht ohne uns?

Und *wo* geht es ohne uns?

An den meisten Orten geht's grad ohne mich

Dieser Prediger sagte ja auch: Es geht auch ohne mich … zu Hause. Seine Arbeit meinte er damit jedenfalls nicht.

Wir setzen immer Prioritäten.

Es geht immer ohne uns. Jetzt gerade müssen die meisten Menschen dieser Welt damit leben, dass wir nicht bei ihnen sein können. Nichts Gutes tun können, nicht helfen können, keine guten Nachrichten verkünden können, keine schönen Lieder singen können. Jetzt gerade, während ich hier schreibe und Sie diese Zeilen lesen, dreht sich die Welt weiter – ohne uns.

Wir setzen jetzt gerade Prioritäten.

Wir schauen die Nachrichten und wissen: Die Menschen in Kriegsgebieten, die auf der Flucht, die im Katastrophengebiet, wo auch immer sie gerade sind, die müssen gerade ohne uns klarkommen. Es geht auch ohne uns. Es ist wichtig, dass wir uns das eingestehen.

Ich glaube, wir dürfen nicht nur sagen, dass es ohne uns geht, wir müssen es manchmal auch sagen.

Als ich zum Beispiel schwanger war und der Geburtstermin grob feststand, musste ich natürlich einige Projekte absagen. Die Reaktionen waren ganz unterschiedlich. Von großer Freude und Verständnis bis hin zu Diskussionsversuchen, weil doch die Flyer für diese große Jugendkonferenz gerade in den Druck gegangen seien.

So stotterte ein Veranstalter am Telefon:

„Ach nein! Oh – das ist ja ärgerlich! Am Geburtstermin … hm … und da lässt sich nichts mehr verschieben?"

Nein. Da lässt sich nun wirklich nichts verschieben.

Es musste ohne mich gehen. Denn das Einzige, was wirklich nicht ohne mich ging, war die Geburt meines Sohnes. *Die* erforderte dringend meine Anwesenheit!

Da hatte ich natürlich auch ein schlagkräftiges Argument, was jeder noch so irritierte Veranstalter irgendwann eingesehen hat. Wobei es bei manchen erstaunlich lange dauerte …

Diese Entscheidung war für mich ziemlich einfach zu treffen.

Schwieriger wurde es dann ein Jahr später.

Verantwortung übernehmen

Wieder hatte ich die Einladung zu einer mehrtägigen Veranstaltung als Rednerin. Einige Wochen vorher hatte mein Vater einen Schlaganfall. Es ging ihm überhaupt nicht gut. Irgendwann kam er ins Hospiz und wir wussten: Es ist nur noch eine Frage der Zeit. Es kann noch Monate dauern, es kann sehr schnell gehen.

Die Entscheidung war nicht so klar: Sollte es noch Monate dauern, könnte ich ja nicht jede Arbeit bis dahin ruhen lassen, zumal ich 400 Kilometer von ihm entfernt lebte. Und trotzdem war mir klar: Die Veranstaltung wird auch ohne mich gehen – da bin ich ersetzbar. Als einzige Tochter meines Vaters, als Kind, das sich verabschiedet, bin ich nicht ersetzbar. Das war eine Entscheidung für den Moment, andere Termine hingegen habe ich auch in dieser Zeit angenommen.

Ja, es ging auch ohne mich. Und die Veranstalter haben sehr verständnisvoll reagiert.

Die Frage ist: Wie entscheiden wir, was gerade ohne uns geht und was nicht?

Was hilft uns dabei und wer gibt uns die Erlaubnis so oder eben anders zu entscheiden?

Es geht bestimmt nicht immer darum, dass es für uns bequem ist. Aber es geht auch nicht darum, immer bis zum Letzten zu gehen.

So hat auch Jesus nicht gelebt. Sein Lebensstil war nun wirklich kein Wellnessurlaub, er war auch nicht immer achtsam mit sich selber, sonst wäre er wohl kaum so früh am Kreuz gestorben. Oder er wäre gar nicht erst auf diese Erde gekommen, da hätte er sich einiges erspart. Aber Jesus hat das alles getan, weil es ihm um mehr ging als nur um sein persönliches Wohlbefinden. Manchmal müssen wir uns der rauen Wirklichkeit stellen, Herausforderungen annehmen, auch wenn andere Dinge gerade bequemer wären. Eben weil wir an etwas Größeres denken als an uns selber.

> Aber Jesus hat das alles getan, weil es ihm um mehr ging als nur um sein persönliches Wohlbefinden.

Entscheidungen treffen

Wir müssen Entscheidungen treffen. Welche Dinge tun wir? Welche nicht. Wo leben wir, wo nicht?

Es gibt zum Beispiel einige Orte, an denen ich mir ein schöneres Leben vorstellen kann als in Magdeburg. Immer mal wieder verbringen wir als Familie im Sommer ein paar Tage am Starnberger See: Es ist wunderschön dort. Der See vor der Haustür, die Alpen im Hintergrund, den Sonnenuntergang jeden Abend inklusive. Sehr nette Menschen, keine hässlichen Graffitis an den Häuserwänden. Natürlich weiß ich, dass auch dort genug Tragödien in den netten Villen stattfinden. Aber trotzdem: Unseren Kindern würde es auch gefallen, jeden Tag in den See springen zu können. Oder auch wenn wir aus unserem Urlaub in Dänemark zurückkommen – das Meer so vor der Haustür zu haben ist schon fein.

Aber: Wir leben in Magdeburg. Bewusst und gerne. Mit allen schönen Seiten und allen Herausforderungen. Und wir wollen genau hier sein. Und wir merken auch, dass Magdeburg immer wieder in den Medien negativ dargestellt wird. Auch wenn es viele schöne Dinge über diese Stadt zu berichten gäbe! Ich bin sicher, es gibt viele Städte, die größere Probleme haben als Magdeburg – viel größere Probleme! Und es gibt vielleicht auch Städte, die weniger oder andere Probleme haben als Magdeburg. Aber darum geht es nicht. Es geht nicht darum, unbedingt an dem Ort zu leben, wo es am härtesten oder am schönsten ist. Es geht darum zu wissen: Hier sind wir richtig. Wir haben uns entschieden, hier zu leben. Mit allen Vor- und Nachteilen. Sicher würde es hier auch ohne uns gehen, aber wir wollen, dass es mit uns geht.

Wir müssen auch Entscheidungen treffen, wenn es um unsere Familie geht. Ich glaube nicht, dass ausschließlich gilt: Familie geht immer vor. Das ist zwar ein schöner Satz und ich bin völlig dagegen, dass die Kinder darunter leiden, wenn die Eltern für den Herrn unterwegs sind und die Kinder ihre Eltern nicht zu Gesicht bekommen, weil diese ständig die Welt retten müssen. Nein, die Kinder sind uns anvertraut und wenn wir uns um unsere Kinder nicht kümmern können, brauchen wir auch nicht woanders Theater machen. Aber ich glaube auch nicht, dass dieser Satz grundsätzlich und immer gilt. Dass wir unsere Kinder vor allem bewahren und beschützen können. So haben wir auch schon unseren Kindern oder uns als Ehepaar gegenseitig manche Dinge zugemutet, auf manche gemeinsame Zeit verzichtet, während wir an anderen Punkten bewusst Abstriche gemacht haben, um gemeinsam Familienzeit zu haben. Mit ausgeschaltetem Handy.

> Sicher würde es hier auch ohne uns gehen, aber wir wollen, dass es mit uns geht.

Es ist eine Herausforderung, einen guten Weg zu finden im Spannungsfeld zwischen Arbeit und Familie. Es gibt kein „Das gilt immer und grundsätzlich".

Eine Flut, ein Freund und ein Lied

Vor einigen Jahren hatten wir in Magdeburg eine Flut. Die Elbe hatte so richtig Hochwasser und Tausende von Helfern schleppten Tag und Nacht Sandsäcke. Unsere beiden Söhne waren gerade eineinhalb und drei Jahre alt.

Wir hatten geplant, in dieser Zeit ein Wochenende in die sauerländische Heimat zu fahren – was meine Mutter sehr glücklich machte, da sie einfach Angst um uns hatte (wobei unsere Wohnung niemals auch nur einen Tropfen vom Hochwasser gesehen hat). Außerdem hatte ich Simon zum Geburtstag einen Flug nach Costa Rica zu unserem Freund Micha geschenkt und der Flieger startete in Frankfurt/Main. Ausgerechnet an dem Tag, an dem die Elbe den Höchststand erreichte, tuckerten wir also über die A2 Richtung Westen.

Es fühlte sich an wie eine Flucht. Stündlich erreichten uns Nachrichten von dem Zustand in Magdeburg. All unsere Freunde schleppten Sandsäcke und wir fuhren weg. Wir haben hin und her überlegt und doch beschlossen, dass Simon tatsächlich fliegen sollte: Ja, es würde auch ohne ihn gehen. Er stieg also ins Flugzeug und schrieb dort einen eingängigen Song: *Ohne mich.* Während ich mit den Jungs bei meiner Mutter saß. Unruhig und gar nicht gechillt. Ich habe mich einfach am falschen Platz gefühlt. Also habe ich einen Entschluss gefasst.

Ich bin am Sonntagmorgen in den Gottesdienst gegangen und habe von der Situation in Magdeburg erzählt und auch erzählt, dass ich am Abend wieder zurückfahren würde. Mir war klar, dass ich mit den Jungs keine Sandsäcke würde schleppen können, aber ich könnte den Helfern helfen, und zwar mit Kuchen zur Stärkung. Wer also auch noch einen Kuchen backen wollte, könnte ihn mir vorbeibringen – ich würde alles mitnehmen, was in unseren VW-Bus passen würde. Wenn Sie diese Gemeinde kennen würden, wüssten Sie, dass Kuchenbacken eine besondere Begabung dieser Gemeinde ist!

Abends war der Bus voll! Mit Kuchen, Salamibroten, Getränken und was weiß ich noch allem. Wir drei fanden auch noch irgendwie Platz. Begleitet von vielen Gebeten für die 400 Kilometer fuhr ich los. Die Fahrt lief wunderbar – was schon keine Selbstverständlichkeit ist mit Kleinkindern im Auto. Doch irgendwann kam mir der Gedanke, wie ich die Lebensmittel denn nun loswerden könnte, da ich ja mitten in der Nacht ankommen würde und zwei hoffentlich schlafende Kinder im Auto hätte.

Hm. Mir fiel auf, dass ich nicht ganz so weit gedacht hatte.

Dass ich keinen Plan im Kopf hatte, sondern einfach entschieden hatte. Kein Text, kein Drehbuch, kein Regisseur, keine Ahnung, wie das Ende werden würde. Planlos herausspaziert, einem Impuls gefolgt, der vielleicht nicht so clever war.

Die Vorgabe war Flut, zwei Kleinkinder, Bus mit Essen, Bettina, Nacht.

Wenn ich beim Improvisationstheater bei solch einer Szene auf der Bühne bin, wird es Zeit, dass noch ein anderer Darsteller oder eine andere Darstellerin dazukommt. *Ja – Und* halt ...

Und genauso war es und wieder durfte ich merken, dass ich nicht alleine bin.

Gleichzeitig mit mir kam ein Freund in Magdeburg an, der ebenfalls das ganze Wochenende unterwegs war und nun auch seinen Teil zur Fluthilfe beitragen wollte, aber nicht wusste, wo er gebraucht wurde. Wir haben telefoniert und einen kurzen Plan geschmiedet (beide auf verschiedenen Autobahnen Richtung Magdeburg unterwegs): Er half mir, die schlafenden Jungs in die Wohnung zu tragen und stieg dann in den Bus, um das Essen zu verteilen. Er ist die halbe Nacht von Sandsackstation zu Sandsackstation gefahren, bis er mir irgendwann ein leeres Auto wieder vor die Tür gestellt hat. Dieser Part lief komplett ohne mich. Ich konnte in aller Ruhe meine Kinder ins Bett bringen, musste noch nicht mal einen Parkplatz suchen und habe schön geschlafen.

Es ging also mit mir, aber auch ohne mich.

Nicht ganz, aber fast.

Das war ein wunderbares Erlebnis. Gott hatte sich bis ins Detail um alles gekümmert. Ich musste lediglich die Ansage im Gottesdienst machen und die Fahrt, die ich eh irgendwann hätte machen müssen. Alles andere ging ohne mich.

Und es ging auch ohne meinen Überblick.

Hier wurde für mich der Bibelvers Epheser 2,10 noch einmal ganz deutlich: „Gott hat alles, was wir tun sollen, vorbereitet, an uns ist es nun, das Vorbereitete auszuführen" (NGÜ). Genauso habe ich mich gefühlt: Als wären die Dinge schon vorbereitet, als müsste ich nur noch losgehen bzw. in dem Fall losfahren …

Manchmal gibt es diese verrückten Dinge. Dinge, die wir noch nicht überschauen. Situationen, in denen ich spüre: Ja, Gott kümmert sich um mich, auch in den Details. Ich tue das, was ich kann, den Rest übernimmt er. Ich muss nicht alles durchgeplant haben. Ich trage nicht die Verantwortung für alles, sondern nur für meinen Teil.

> Ich tue das, was ich kann, den Rest übernimmt er.

Aber wie und nach welchen Maßstäben entscheiden wir?

Und wer trifft die Entscheidung, wann es ohne uns geht und wann nicht?

Wir. Nur wir alleine können das entscheiden. Je nach Situation.

Und wir können von außen nicht beurteilen, ob andere richtig oder falsch entscheiden.

Den Prediger, von dem ich zu Beginn des Kapitels geschrieben habe, habe ich innerlich aufs Äußerste verurteilt. Aber mit welchem Recht? Mit welcher Einsicht in das große Ganze? Mit überhaupt keiner! Wenn es für ihn und für seine Frau in Ordnung ist, wer bin ich, dass ich das verurteilen darf? Nur weil ich vielleicht anders entscheiden würde.

Er darf seine Entscheidung treffen – ohne mich!

Wir müssen Entscheidungen für uns treffen. In Verantwortung für uns und unsere Lieben. In Verantwortung für das Leben und die Liebe. Im Vertrauen darauf, dass wir nicht alleine sind. Irgendwo geht es grad immer ohne uns. Leben ist Antwort und Verantwortung.

Und irgendwo sind genau wir jetzt gerade gefragt.

Eine Frage der Ehre und der Grenzen

Ich habe weiter vorne geschrieben, dass ich oft über meine Grenzen hinaus gearbeitet habe. Weitergemacht habe, obwohl ich nicht mehr konnte. In der Hoffnung, dass es doch irgendwie geht. Oder vielleicht auch einfach, weil ich zu stolz war, um zu sagen: Es geht auch ohne mich.

Denn es braucht manchmal mehr Mut zu sagen: „Es geht auch ohne mich", als die Dinge einfach durchzuziehen. Das ist manchmal eine Frage der Ehre. Weil wir uns Dinge so gerne auf die Fahne schreiben würden. Weil wir so gerne mit dabei sein wollen. Und weil andere es vielleicht nicht so machen, wie wir das gerne hätten.

Mein Leben war immer geprägt von Powern, von Energie, von Grenzen überwinden. Mit diesem „Alles-ist-möglich-Denken" habe ich Herausforderungen angenommen, die Bibel gelesen, meinen Glauben gelebt. Und in der Bibel ist es ja nun mal so, dass man immer etwas findet, was einen bestätigt.

Ich war schon zwei Jahre beruflich unterwegs, war noch nicht verheiratet und hatte noch keine Kinder. Voller Begeisterung. Ich hatte auf großen und kleinen Veranstaltungen gepredigt, Theater gespielt, Workshops gegeben, Prostituierte besucht. Es war ein wunderbares, buntes, aufregendes Berufsleben. Von meinem Arbeitgeber hatte ich alle Freiheiten und ich genoss es sehr! Alles, was ich brauchte, hatte ich immer in meinem Golf II. Schlafsack, Zahnbürste, Bibel, Requisiten, Geschenke – man wusste ja nie, wen man traf. Schlaf und Essen wurde reduziert.

„Dann kriege ich vielleicht mein Kind zurück."

Ins Kino gehen, Urlaub machen, entspannen? Völlig überbewertet.

Doch dann wurde die Kraft plötzlich weniger.

Irgendwie hatte ich immer weniger Lust auf all die Sachen. Menschen wurden mir zu anstrengend, meine WG nervte mich. Ich war immer stolz darauf gewesen, mit wenig Geld auszukommen, doch plötzlich war Unsicherheit da: Was, wenn es nicht reichte? Alle möglichen Dinge machten mir Angst. Und dann gab es da diesen einen Moment: Fix und fertig ging ich spazieren, sammelte noch einmal Kraft, um Gott in meiner absoluten Bescheidenheit zu sagen: „Wenn du hier nicht aufpasst, verlierst du bald 'ne gute Mitarbeiterin."

Und postwendend kam die Antwort. Ganz klar und deutlich: „Dann kriege ich vielleicht mein Kind zurück."

Das war erst mal eindrücklich. Irgendwie hatte ich mich immer mehr als Mitarbeiterin als als Kind gesehen.

Notbremse

Diesen Satz habe ich nie vergessen. Er hat mich in diesem Moment ganz stark berührt.

Und trotzdem saß ich eine Woche später wieder in meinem Golf II.

Ein Gemeindewochende stand an, auf dem ich fünf Predigten halten, den erlebnispädagogischen Part übernehmen und einen Theaterworkshop geben wollte. Das hatte ich mir selber so überlegt. Kraft war ja immer genug da gewesen.

Also düste ich 500 Kilometer über die Autobahn ...

Es war heiß, es gab Stau, ich war spät dran.

Plötzlich klingelte mein Handy und meine Freundin Caro war dran: „Bettina, wie geht es dir?"

Mehr sagte sie nicht. In diesem Moment brachen alle Dämme.

Ich weiß nicht mehr, was dann passierte. Weiß nur noch, dass ich irgendwann schluchzend hinterm Lenkrad saß und nicht mehr aufhören konnte zu weinen.

Viele Jahre vorher hatte ich mir das Weinen abgewöhnt, aber jetzt konnte ich es nicht stoppen. Ich weiß auch nicht, wie lange das so ging. Irgendwann klopfte ein fremder Mann an meine Scheibe. Ob alles in Ordnung sei. Ich nickte ihm schief lächelnd und schniefend zu, aber er ließ sich nicht beirren.

Er überzeugte mich, die Veranstaltung abzusagen und nahm mir das Versprechen ab, nach Hause zu fahren: „Es geht auch ohne Sie."

Da ich nicht mehr fähig war zu diskutieren, tat ich einfach, was er sagte. Ich wendete und fuhr wieder zurück. Mittlerweile war es Abend geworden.

Irgendwann klingelte mein Handy. Der Pastor der Gemeinde war dran. Die warteten schon auf mich. Ich war in diesem Moment wirklich völlig unfähig, irgendetwas zu erklären und sagte nur etwas wie: „Ich komme nicht. Ich bin auf dem Rückweg. Persönliche Gründe." Ich weiß nicht, ob es unprofessioneller geht, aber er sagte nur: „Okay, dann gute Fahrt." Und ich fuhr weiter. Bis nach Hause. Es ging auch ohne mich.

Dort wartete Simon auf mich, und tat das Beste, was er hätte tun können: Er packte mich am nächsten Morgen ins Auto und fuhr mit mir an den Strand. Dort blieben wir das ganze Wochenende, obwohl er in der nächsten Woche Prüfungen hatte.

> Es ging auch ohne mich. Alles. Nur ich selber nicht. Ich gehe nicht ohne mich.

Die Geschichte ist da nicht zu Ende. Drei Monate lang musste ich alle Veranstaltungen absagen. Drei Monate, in denen ich Ruhe brauchte, in denen ich kaum Menschen sehen konnte. Aber drei Monate, in denen niemand durch meine Abwesenheit Schaden genommen hat. Es ging auch ohne mich. Alles. Nur ich selber nicht. Ich gehe nicht ohne mich.

Und das hatte ich übersehen. Dass ich ohne mich powern wollte.

Seitdem versuche ich, nicht mehr ohne mich aus dem Haus zu gehen. Hans-Joachim Eckstein schreibt dazu:

„Überlastet?
Manchmal gründet unsere Kraftlosigkeit
nicht in unserem Mangel an Stärke,
sondern in dem Übermaß unserer Belastung.

Dann sollten wir Gott nicht
um mehr Kraft bitten,
sondern um die Weisheit,
zu erkennen,
was wir an abzulegendem Ballast
und an unangemessenen Lasten
mit uns herumtragen.

Wenn wir nämlich
nur die Belastungen aushalten
und nur die Aufgaben erfüllen,
die Gott uns selbst zugedacht hat,
dann dürfen wir ihm auch
getrost zutrauen,
dass er uns dafür von sich aus
die nötige Kraft gibt."[50]

Sehr viele Dinge gehen ohne mich. Und bei allem Welt- Retten dürfen wir uns selber nicht vergessen.

Vielleicht sind Sie jetzt so ein bisschen genervt, weil Sie denken: Jetzt muss ich ja schon wieder selbst entscheiden. Wie viel Anspannung und Entspannung ist denn jetzt richtig? Wann darf ich sagen: Es geht auch ohne mich und wann nicht? Wer sagt mir das?

Keiner. Sie alleine. Als Kind Gottes. Glauben heißt Antwort und Verantwortung. Und das meint auch Verantwortung für mich selber.

Gehen Sie nicht ohne sich aus dem Haus und Sie werden spüren, was dran ist.

Es gibt viel zu tun. Sehr viel. Scheinbar zu viel.

Und ich leide oft darunter, dass ich nur so wenig tun kann. Dass ich oft sagen muss: Es geht auch ohne mich. Lieber wäre mir, ich könnte die Welt retten – das würde mir schon echt ein gutes Gefühl geben ;-), aber ich kann es nicht.

"Bettina, die Rolle des Retters ist vergeben."

Meine Supervisorin sagt mir immer wieder: „Bettina, die Rolle des Retters ist vergeben."

Und damit hat sie recht. Die Rettung der Welt ging damals auch ohne mich, aber auch für mich.

Ich kann niemanden retten. Aber ich kann das tun, was ich tun muss.

Ich bin ein Teil des großen Ganzen

Ich kann und muss nicht die Welt retten. Aber ich bin ein Teil des großen Ganzen. Eine Darstellerin in einem großen, unvorhersehbaren Improtheater. Die Rolle des Retters ist schon vergeben. Aber es gibt viele, viele andere Rollen zu besetzen.

Rollen, die erst dann entstehen, wenn wir auf die Bühne gehen. Rollen, die so individuell sind, wie das Stück, das noch keiner kennt. Es gibt keine Textvorgabe und keine Anweisungen, wann wir wo zu stehen haben, aber die Art wie wir unsere ganz persönliche Rolle spielen, macht das Stück, gemeinsam mit dem Retter, zu dem, was es sein kann.

So wie bei Sarah:

Sarah war 15 Jahre alt und war Teilnehmerin in einem Theaterprojekt. Das Projekt an sich war vorbei und sie schrieb mich an: Ob ich mich mit minderjährigen Schwangeren auskennen würde? Ihre gesamte Familie wollten sie zwingen, ihr Baby abzutreiben. Sarah wollte nicht. Sie war sich ganz sicher, dass sie dieses Kind behalten wollte. Das gab Stress, richtigen Stress. Wir haben uns getroffen, geredet, geschrieben, für das ungeborene Baby gebetet. Sie hatte Kontakt zu Beratungsstellen, zum Jugendamt, das ihr Unterstützung anbot. Aber es schien keinen Ausweg zu geben. Sie wurde massiv unter Druck gesetzt. In der Nacht vor dem Abtreibungstermin hat sie einen Abschiedsbrief an ihr Baby geschrieben, weil sie dem Druck ihrer Eltern nicht mehr standhalten konnte. Und ich musste meine Hoffnung loslassen. Ich habe mich darauf eingestellt, sie „danach" zu begleiten und zu trösten.

Am nächsten Morgen hatte ich eine Nachricht auf meinem Handy: „Ich bin weggelaufen. Fünf Minuten vor dem Termin (mein Vater saß im Krankenhausflur neben mir). Da kam die Arzthelferin und hat mich in ein Zimmer mitgenommen. Sie hat zu mir gesagt, dass ich mir das gut überlegen soll, sie würde sehen, dass ich es nicht will und hätte selber vor 20 Jahren eine Abtreibung gehabt, die sie immer noch bereut. Ich könne jetzt sofort abhauen. Das habe ich dann gemacht."

Vor ein paar Wochen hat Sarah einen kleinen Jungen geboren.

Es geht auch ohne uns. Wir müssen und können niemanden retten.

Aber es geht auch mit uns. An unserem Platz, wenn wir Menschen lieben und das tun, was wir können und da loslassen, wo wir loslassen müssen.

Wir sind nicht alleine.

Sarah hat dieses Kind von Anfang an geliebt und hat dafür gekämpft. Aber sie hat Menschen gebraucht, die ihr Mut machen, zu ihrer Entscheidung zu stehen. Menschen, die keinen Wert auf Professionalität, sondern auf Menschlichkeit legen.

Es geht auch ohne uns und es geht auch mit uns.

Simon Becker – Ohne mich[51]

Ich hänge heut den ganzen Tag in meiner Hütte rum
So darf es gerne immer bleiben
Willst du im Stillen n bisschen chillen, komm doch bitte rum
Ich würd dir meine Zimmer zeigen

Du kommst nicht ungelegen, ich hab bloß rumgelegen
alle ringsum hingegen kämpfen sich durch diesen Tag

Ich werde heute endlich anfangen, damit aufzuhörn
Es allen andern zu beweisen
Generationen hatten schon genug damit zu tun
Sich gegenseitig zu umkreisen

Ich lass die Welt da draußen einfach ihre Kreise ziehn
Ich glaub, das schaffen die ohne mich
und werde dann mal irgendwann mal diesem Kreis entfliehn
doch jetzt im Augenblick lohnt sich's nicht

Du kommst nicht ungelegen, ich hab bloß rumgelegen alle ringsum
hingegen kämpfen sich durch diesen Tag

KAPITEL 13:
NASS, ABER GLÜCKLICH

Es geht auch ohne mich. Aber es geht auch mit mir. Und ich möchte mit dabei sein.

Simon sagt immer: „Wenn Gott in dieser Welt etwas Großes tut, dann will ich vorne mit dabei sein und nicht bloß Geschichten darüber hören!"

> „Wenn Gott in dieser Welt etwas Großes tut, dann will ich vorne mit dabei sein und nicht bloß Geschichten darüber hören!"

Ich will als Christin leben und diesem Namen alle Ehre machen. Weil es Hoffnung bringt, weil es Spaß macht, weil es Sinn macht. Auch wenn ich weiß, dass ich dabei an meine Grenzen kommen werde, dass ich scheitern kann, dass ich mich manchmal hilflos fühlen werde.

Das könnte ich nie ...

In unseren Improworkshops erlebe ich immer wieder, dass die Teilnehmenden unsicher sind: „Was ist, wenn ich auf die Bühne gehe und mir nichts einfällt? Das wird peinlich!"

Dann wird auf erfolgreiche Ensembles geschaut, die jahrzehntelang proben, Schauspielunterricht haben und man vergleicht sich: Das kann ich nicht!

Ein großer Wert beim Improvisationstheater ist unsere Einzigartigkeit. Wir dürfen spielen, so, wie wir sind. Ich sehe es bei *Tapetenwechsel*, wie wir von den Unikaten in unserer Gruppe leben. Da ist der eine

Spieler, der unglaublich wortgewandt ist, während der andere einen irren körpersprachlichen Ausdruck hat. Die Nächste singt die tollsten Opern, während eine andere die tiefsten Gefühle in ein Stück einbringt. In den Geschichten der Bibel sehen wir, dass Gott gemeinsam mit Menschen in dieser Welt handelt. Mit Menschen, die unsicher waren, die weggelaufen sind, Leute, die sich zu klein fühlten, Leute, die meinten, nicht gut reden zu können.

Als der Prophet Jeremia ihm zum Beispiel sagte: „Oh nein! Ich habe keine Erfahrung im Reden, denn ich bin viel zu jung!", antwortete Gott: „Sag nicht, ich bin zu jung! Fürchte dich nicht vor ihnen. Ich bin bei dir und werde dich beschützen."[52] Was für eine Ermutigung! Und genauso arbeitete Gott mit Menschen zusammen, die sehr selbstbewusst schienen, die Mist gebaut hatten, egoistisch waren oder die vielleicht manchmal eine etwas zu große Klappe hatten.

Alle werden gebraucht. Egal, wie schlau oder dumm, wie alt oder jung, wie krank oder gesund, wie vorlaut oder schüchtern. Und immer, wenn ich dann wieder unsicher werde (oh ja, das werde ich!), wenn ich wieder Angst davor habe, meine Komfortzone zu verlassen, wieder herauszuspazieren, muss ich an Petrus denken.

Große Klappe, aber ängstlich

Petrus, der ganz eng mit Jesus unterwegs war. Der viel mit ihm erlebt hatte und der immer als erstes „Ich!" schrie. Beim Improtheater wäre er vermutlich eher Rampensau als Mauerblümchen.

Gut, als er und seine Freunde nachts in dem kleinen Boot in diesen schweren Sturm gerieten, hatte er auch Angst. Und als ihnen diese Gestalt dann auf dem Wasser entgegenkam, dachte er auch, es sei ein Gespenst und schrie vor Angst. Aber als dann klar war, dass es sich bei dem vermeintlichen Gespenst um Jesus handelte, war natürlich alles in Ordnung. Vielleicht war ihm das Ganze auch ein wenig unangenehm und er hatte das Gefühl, seine Ehre schnell wiederherstellen zu müssen.

Und während sich die anderen noch vom Schock erholen, brüllt
Petrus plötzlich durch das ganze Getöse:
„Herr, wenn du es wirklich bist, befiehl mir, auf dem Wasser zu dir
zu kommen."

Puh, wäre ich einer der anderen im Boot gewesen, hätte Petrus mich spätestens da tierisch genervt: „Toll, Petrus. Ganz, ganz klasse. Reicht es Dir nicht? Willst du was Besseres sein?"

Gerade hatte er sich noch vor Angst in die Hose gemacht und jetzt hat er schon wieder eine große Klappe!

Warum sollte ich im Boot bleiben, wenn ich auch aussteigen könnte?

Aber Petrus denkt anders. Er denkt in Abenteuern.

Warum sollte ich im Boot bleiben, wenn ich auch aussteigen könnte?

Warum sollte ich nicht einfach mal einen Schritt weitergehen?

Wer bin ich, dass ich nicht auf dem Wasser gehen könnte?

Wieso eigentlich nicht?

Wieso eigentlich nicht?

„Wo kämen wir hin, wenn jeder sagte,
wo kämen wir hin
und keiner ginge, um zu sehen,
wohin wir kämen,
wenn wir gingen."
(Kurt Marti, Schweizer Pfarrer und Schriftsteller)[53]

Das scheint Petrus' Motto gewesen zu sein.

Und ich kann ihn gut verstehen. Auf der einen Seite Angst haben, auf der anderen Seite ist da der Reiz: Warum nicht? Und warum nicht ich?

Petrus gibt sich nicht zufrieden.

Er will wissen, ob noch mehr geht.

Er will wissen, ob das, was Jesus da tut, auch für ihn möglich ist.

Ob Jesus irgendetwas mit seiner Situation jetzt zu tun hat.

Er will wissen, ob noch mehr möglich ist.

Das Offensichtliche tun

Ein weiteres Motto beim Improvisationstheater lautet: „Keep it simple",
also halte es einfach, mach es nicht kompliziert. Versuch nicht, originell
zu sein, sondern tu das Offensichtliche. Es geht eben nicht darum, sich
etwas möglichst Verrücktes auszudenken, sondern das zu tun, was auf
der Hand liegt. Gunter Lösel schreibt dazu:

> *Insbesondere intellektuelle Spieler haben mit dieser Regel im Trai-*
> *ning oft schwer zu kämpfen. Sie müssen nach und nach davon*
> *überzeugt werden, dass einfache Angebote keineswegs zu trivialen*
> *Geschichten führen, sondern eine gewisse Komplexität von selber*
> *entsteht.*[54]

Das ist nicht nur beim Improvisationstheater so. Es geht um die einfa-
chen Dinge, es geht um das Offensichtliche.

Da haben die Intelligenten es manchmal wirklich schwerer, weil
sie immer alles im Blick behalten und durchdenken wollen, nach der
möglichst besten Lösung suchen und viele Abers
sehen. Aber vor lauter Hinterfragen und Konzepti-
onieren und Abwägen, vergessen sie manchmal, das
Offensichtliche zu tun. Den ersten Schritt zu gehen.
Manchmal ist einfach Erste Hilfe angesagt: Wir wollten mit unseren Kindern noch schnell Pommes holen gehen, als vor
unserer Tür ein stark alkoholisierter Mensch lag. Es war Winter. Also
haben wir eine Decke geholt, den Rettungswagen gerufen und gewartet,
bis der kam. Als der ihn mitgenommen hatte, haben wir Pommes gegs-
sen. Wir haben einfach gehandelt. Da muss man kein Präventionskon-
zept schreiben. Da liegt der Fall klar auf der Hand – oder vor der Tür.

Für Petrus scheint es offensichtlich zu sein: Wenn Jesus das kann,
kann ich das auch!

Hat Jesus etwas mit meiner Situation jetzt zu tun?

Genau das will ich auch wissen!

> Versuch nicht, origi-
> nell zu sein, sondern
> tu das Offensichtliche.

Ich stelle mir vor, wie die anderen im Boot auf eine ablehnende Antwort von Jesus hoffen:

„Hey Kleiner, auf dem Wasser gehen ist immer noch mein Ding. Lern du erst mal Füße waschen." Oder so ähnlich.

Aber nichts da. Jesus sagt seelenruhig: „Dann komm!"

Ganz schlicht und einfach: „Komm."

Keine Analyse, kein Nachfragen nach seinen wirklichen Motiven, keine Anleitung, wie man das nun am besten oder originellsten macht. „Komm." Wenn du willst – bitteschön.

Und Petrus stieg aus dem Boot.

Das ist mal Improvisation. Das ist Mut zum Scheitern. Das ist Leben. Das ist Herausspazieren.

Was muss in Petrus' Kopf vorgegangen sein...

Vielleicht Gedanken wie:

- Hab' ich das grad etwa laut gesagt?
- Was sagen meine Freunde, wenn ich jetzt einen Rückzieher mache?
- Wie komme eigentlich wieder zurück ins Boot?

Diese Mischung aus Angst und großer Klappe kenne ich recht gut. Ich erinnere mich, dass ich als 19-Jährige auf einem Festival war, auf dem auch Bungee-Jumping angeboten wurde. Der Moderator ging durch die Reihen und rief in sein Mikrofon: „Was seid ihr für feige Sauerländerinnen? Heute ist noch keine einzige Frau gesprungen! Welche Frau will einen Freisprung gewinnen?" Und plötzlich hörte ich eine wohlbekannte Stimme laut und deutlich rufen: „Ich!" Ich drehte mich um und merkte, dass es meine eigene war. Ups – hatte ich das wirklich laut gesagt? Zu spät... Er hatte es gehört. Und es ging mir wie Petrus: „Dann komm", sagte der Moderator. Da war es für einen Rückzieher zu spät. Und nach außen bin ich mutig losgegangen, aber innerlich... Puh. Naja... Muss ich nicht noch einmal wiederholen.

Aber egal, was in seinem Kopf vorgegangen sein mag, Petrus ist losgegangen.

Von außen können wir es als mutig, leichtsinnig oder vertrauensvoll bezeichnen. Vielleicht eine Mischung aus allem. Aber ist das nicht bei allen so, die wir für das, was sie getan haben bewundern?

Wenn es funktioniert, sagen wir: Das war vertrauensvoll oder mutig. Wenn nicht, war es leichtsinnig. Wir schließen von dem Ergebnis darauf, wie etwas zu bewerten ist. Diese Methode ist mehr als fraglich.

Wir wissen nicht, was in Petrus vorgegangen ist, aber wir wissen, dass er losgegangen ist.

So wie sie alle irgendwann mal losgegangen sind: die großen oder auch kleinen Helden. Gideon – wenn auch zitternd. Jona – wenn auch mit der falschen Absicht. Zachäus – wenn auch mit ergaunertem Geld.

Petrus steigt aus und es funktioniert: Er geht tatsächlich ein paar Schritte auf dem Wasser!

Mann, was hätte ich mich gefreut, wäre ich an seiner Stelle gewesen! Wie gerne hätte ich mich als Petrus triumphierend zu den anderen umgedreht: „Seht ihr – geht doch! Tatatataaaa!"

Aber Petrus dreht sich nicht zu den anderen um, er hat ein Ziel: Er geht schnurstracks auf Jesus zu.

Und wo ist Jesus?

Jesus ist im Sturm

Mitten in dem Sturm, zwischen Wind und Wellen im Getöse. Nachts.

Irgendwie hat dieses Auf-dem-Wasser-Gehen in meinem Kopf immer so das Setting vom Starnberger See im Frühling. Ein leichter Hauch von Wind, plätscherndes Wasser und Sonne.

Aber hier war keine Sonne, hier war es dunkel, stürmisch, nasskalt. Im Boot war es zwar auch nicht unbedingt bequem, aber definitiv sicherer.

Herausspaziert.

Es gibt viele Möglichkeiten, herauszugehen. Viele Möglichkeiten, etwas auszuprobieren.

Und viele Möglichkeiten, anderen zu beweisen, dass man mehr kann, mutiger ist. Aber wenn ich über „Herausspazieren" schreibe, dann geht es mir nicht ums Rausgehen an sich. Darum, einfach mal etwas anderes zu wagen. Darum, mal was Verrücktes zu tun. Auch wenn das alles vielleicht ganz lustig sein kann.

Sondern herauszugehen, um dahin zu gehen, wo es dunkel ist. Dahin, wo der Sturm tobt. Dahin, wo die Not der Welt ist und da kann es stürmisch, gefährlich, nass und dunkel sein. Da kann es sein, dass die Wellen über uns zusammenschlagen. Und das kann Angst machen.

Aber ich habe immer wieder erlebt: Jesus ist da. Mitten im Sturm.

> Es gibt keinen Ort, an dem Gott nicht ist.

Wenn er uns auffordert, herauszuspazieren, lädt er uns ein, dahin zu kommen, wo er ist. Und das ist etwas, was ich immer wieder bestätigt bekommen habe: Es gibt keinen Ort, an dem Gott nicht ist. Egal, wohin wir kommen: Einer war schon da. Einer wartet schon auf uns.

Es geht nicht darum, einfach auf dem Wasser zu gehen. Einfach draußen zu sein und wild über die Wellen zu tanzen. Es geht darum, da zu sein, wo Menschen in Not sind. Deswegen sollen wir herausspazieren. Um Menschen zu begegnen. Weil nur durch Bewegung Begegnung entsteht.

Und wie Petrus dürfen wir dann losgehen, ohne alles komplett vorher zu planen. Wir dürfen das Offensichtliche tun. Bewegen wir uns. Steigen wir aus dem sicheren Boot und gehen hin zu den Menschen. Und genau dort werden wir Jesus treffen. In jedem Menschen.

Rausgehen ist ein Abenteuer. Und das Wort Abenteuer beinhaltet auch „teuer" – es kostet also etwas. Aber es funktioniert. Petrus kann auf dem Wasser gehen. Jesus hat tatsächlich etwas mit dem Hier und Jetzt zu tun.

Was für eine Erfahrung!

Petrus säuft ab

Aber dann geschieht etwas.

„Als er den starken Wind sah, erschrak er und begann zu sinken" (Matthäus 14,30).

Das klingt ein bisschen lustig. So als würde Petrus – huch – den Wind plötzlich zum ersten Mal wahrnehmen, nachdem er doch die halbe Nacht dagegen angekämpft hat.

Ich kann mir nur schwer vorstellen, wie ein Mensch „beginnt zu sinken", vielleicht so wie ein vollgesogenes Blatt Papier. Es hört sich schon fast nach gaaaaanz langsam und friedlich einsinken an.

Nein, wenn ich im Wasser bin und nicht mehr kann, dann gehe ich unter, komme wieder hoch, strampel, schnappe nach Luft. Pruste, schnaufe, verschlucke mich. Ich erwähnte ja bereits die Geschichte im Nil.

Also um es mal deutlich zu sagen: Petrus säuft ab.

Petrus kriegt Angst und säuft ab. Schuhe, Hose, Jacke alles zieht sich voll mit kaltem Wasser und es zieht ihn nach unten, in den dunklen See. Das macht Angst.

Petrus säuft ab und das finde ich gut.

Weil es mir Mut macht. Mut zu Scheitern.

Mut zu wissen, dass die Wellen über mir zusammenschlagen dürfen.

Weil ich auch so oft schon abgesoffen bin. Verzweifelt bin. Im Nachhinein doch lieber im Boot geblieben wäre. Und weil es so viele Dinge gibt, die mich runterziehen. Von denen ich mich runterziehen lasse. Entweder, weil ich nur noch auf die Wellen schaue, oder weil ich auf mich selber schaue und spüre, dass meine Kraft viel zu klein ist. Oder weil ich auf all das Elend schaue. Auf die Drogen, auf die Familiensituationen. Ich lasse mich runterziehen von persönlichem Leid, von Kritik, von Angst, von Abschiebungen. Und manchmal sogar von einem geklauten Fahrrad. Ich habe immer wieder das Gefühl, abzusaufen. Die Geschichte von Petrus zeigt mir: Das ist okay. Ich muss nicht immer die Starke sein!

Obwohl ich es natürlich gerne wäre.

Petrus säuft ab und das finde ich gut.

Um Hilfe rufen ist erlaubt

Aber dann geht es weiter: Petrus schreit um Hilfe und sofort streckte Jesus ihm die Hand hin und hielt ihn fest (Vers 31).

Das ist gut für Petrus, aber mal ganz ehrlich: Wenn ich Petrus wäre und geahnt hätte, dass meine Geschichte in der Bibel abgedruckt wird, hätte ich doch irgendwie versucht, das anders zu lösen. Damit hinterher so etwas in der Bibel steht wie: Aber Bettina riss sich zusammen, sah dem Feind – in diesem Fall den Wellen – tapfer in die Augen und kämpfte sich Schritt für Schritt vorwärts, bis sie wieder im Boot saß. Unterwegs rettete sie noch Andreas, der vor Staunen über ihren Mut aus dem Boot gefallen war. Als alle im Boot waren, klopfte Jesus ihr anerkennend auf die Schulter: Bettina, solche Leute wie dich kann ich gebrauchen.

Hach, ich will so gerne alles selber schaffen.

Petrus konnte nicht mehr. Er hatte die ganze Nacht gegen den Sturm angekämpft, war müde und k. o. Er konnte nicht mehr kämpfen und musste einsehen: Die Wellen sind stärker.

Ich will mir merken: Schreien ist erlaubt. Hilfe brauchen ist erlaubt. Fallen lassen ist erlaubt. Nicht immer stark sein ist erlaubt.

Das muss ich mir immer und immer wieder sagen. Ich fürchte, ich habe so ein Kämpferin-Gen in mir und deswegen muss ich mir umso mehr sagen: Ich darf um Hilfe schreien. Ich muss es nicht alleine machen. Ich bin nicht alleine.

Um Hilfe rufen ist erlaubt.

Noch auf dem Wasser, während des Sturms, sagt Jesus zu ihm: „Du hast nicht viel Glauben. Warum hast du gezweifelt?" Naja, also, ich weiß da schon ein paar Gründe, warum Petrus gezweifelt haben könnte. Zum Beispiel die Wellen oder der Wind, die Schwerkraft, das Wasser in seinen Hosenbeinen oder auch ganz einfach die plötzliche Erkenntnis, dass er mitten in der Nacht auf einem See steht. Ich finde, das sind gute Gründe, um zu zweifeln und Angst zu bekommen.

Um Hilfe rufen ist erlaubt.

„Du hast nicht viel Glauben." Ha! Also noch jemand, der nicht selig ist. Willkommen im Boot.

Sie steigen auch direkt wieder ein und der Wind legt sich. Endlich.

Die anderen Jünger sind begeistert: „Du bist wirklich der Sohn Gottes!" Sie haben gesehen, was Jesus kann. Sie waren Augenzeugen, wie

Petrus aus dem Boot stieg, übers Wasser gegangen ist, abgesoffen ist und von Jesus gerettet wurde.

Toll! Augenzeugen. Live dabei!

Aber mehr auch nicht. Sie waren dabei … nicht mittendrin. Sie haben zugeguckt, aber rausgehen ist einfach mal krasser.

Nass, aber glücklich

Petrus hatte den Mut zu Scheitern. Er war es, der ausgestiegen ist, der das Experiment gewagt hat. Er war es, der Angst hatte, der nass geworden ist. Aber *er* war es, der eine Hand an seinem Arm gespürt hat, als er untergegangen ist.

Ich bin mir sicher, Petrus war nass – aber glücklich.

Weil er mutig herausspaziert ist und weil er erlebt hat: Jesus hat etwas mit meinem Alltag zu tun. In den absurdesten Situationen. Er schenkt mir neue Erfahrungen. Er zieht mich auch wieder raus und nimmt mich wieder mit zurück ins sichere Boot.

Noch so ein kleiner Vermerk für mich: Es ist gut, immer mal wieder im sicheren Boot zu sitzen und mitzukriegen, wie der Sturm sich legt. Keiner muss immer draußen rumrennen!

Ich wünsche mir immer wieder, diesen Mut zu haben.

Eben in dem Wissen: Es hängt nicht alles an mir. Ich muss nicht perfekt sein. Ich darf Fehler machen. Ich darf Mensch sein.

Einer meiner Improlehrer hat mal gesagt: „Beim Improvisationstheater muss man mindestens 5000 Fehler machen." (Für mich war die Konsequenz möglichst viel zu spielen, damit ich die 5000 Fehler bald hinter mir habe.)

Ein alter Mann sagte mal:

> Es ist gut, immer mal wieder im sicheren Boot zu sitzen und mitzukriegen, wie der Sturm sich legt.

Wenn ich mein Leben noch einmal leben könnte, im nächsten Leben würde ich versuchen, mehr Fehler zu machen. Ich würde nicht so perfekt sein wollen, ich würde mich mehr entspannen. Ich wäre ein bisschen verrückter, als ich gewesen bin, ich würde viel weniger Dinge ernst nehmen. Ich würde nicht so gesund leben. Ich würde mehr riskieren, würde mehr reisen, Sonnenuntergänge betrachten, mehr bergsteigen, mehr in Flüssen schwimmen.

Ich war einer dieser klugen Menschen, die jede Minute ihres Lebens fruchtbar verbrachten; freilich hatte ich Momente der Freude, aber, wenn ich noch einmal anfangen könnte, würde ich versuchen, nur mehr gute Augenblicke zu haben. Falls du es noch nicht weißt, aus diesen besteht nämlich das Leben; nur aus Augenblicken; vergiss nicht den jetzigen. Wenn ich noch einmal leben könnte, würde ich von Frühlingsbeginn an bis in den Spätherbst hinein barfuß gehen. Und ich würde mehr mit Kindern spielen, wenn ich das Leben noch vor mir hätte. Aber sehen Sie, ich bin 85 Jahre alt und weiß, dass ich bald sterben werde.[55]

Wir sollten nicht so leben, damit wir wieder „wie neu" zurückgehen. Jesus hat nicht gelebt, ist gestorben und wieder auferstanden, um uns vor dem Tod zu bewahren, sondern um uns die Angst vor dem Tod zu nehmen.

> Jesus hat nicht gelebt, ist gestorben und wieder auferstanden, um uns vor dem Tod zu bewahren, sondern um uns die Angst vor dem Tod zu nehmen.

Wobei es bei unserer Angst vor dem Herausspazieren, ja meist gar nicht um die Angst vor dem Tod geht, sondern vielmehr um die Angst, etwas falsch zu machen, uns zu blamieren, anderen auf die Füße zu treten …

So wie bei mir, als ich Liz zum ersten Mal am Wohnwagen besucht habe: „Meine Güte, was soll ich denn da sagen? Was, wenn ich in ein Fettnäpfchen trete? Was wird die dann über mich denken?"

Wir dürfen Fehler machen

Wir dürfen Fehler machen. Ich habe Fehler gemacht und mache immer noch Fehler.

Ich habe falsche Entscheidungen getroffen oder manchmal aus Angst gar keine Entscheidungen. (Das ist oft noch schlimmer.) Ich habe Menschen übersehen oder dumme, verletzende Sachen gesagt.

Manchmal habe ich das bemerkt und konnte mich entschuldigen. Manches habe ich vielleicht auch gar nicht bemerkt. Es ist nicht schön, sich das einzugestehen. Aber das gehört zum Leben dazu. Und ich muss damit leben, dass das auch in Zukunft so weitergeht. Wir dürfen Fehler machen und wir werden Fehler machen. Beim Improvisationstheater. Beim inszenierten Theater. Im Leben. Es geht nicht um Perfektionismus.[56]

Die Angst vorm Scheitern kann uns lähmen und der Blick auf diejenigen, die scheinbar so Großes tun, kann uns hindern, das Nächstliegende, Logischste und Einfachste zu tun.

Wir haben so viel mehr. Wir sind so viel mutiger, als wir manchmal denken.

Denn Gott hat uns nicht einen Geist der Furcht gegeben, sondern der Kraft, der Liebe und der Besonnenheit. (2. Timotheus 1,7)

Denken und überlegen ist gut, diskutieren und die beste Alternative suchen ist gut. Aber die besten Konzepte entstehen von den Menschen, die Menschen begegnet sind, die wissen, was es heißt, anderen auf Augenhöhe zu begegnen. Und die gescheitert sind und aus diesen Fehlern gelernt und sich weiterentwickelt haben.

Also, machen wir nicht nur das Fenster auf, sondern spazieren heraus in dem Wissen, dass wir auch manchmal absaufen werden. Dann sind wir vielleicht nass – aber glücklich.

KAPITEL 14:
HERAUSSPAZIERT

Himmel auf Erden

„Du wünschst dir ja den Himmel auf Erden", sagte mir ein Freund mal.

Und ja: Er hat recht.

Ich wünsche mir so viel Himmel auf Erden wie nur irgendwie möglich.

Ich wünsche mir eine bessere Welt.

Und ich bin sicher, dass eine bessere Welt möglich ist.

Ich will Gott daran erinnern, dass er schon im Alten Testament versprochen hat, dass das Licht die Dunkelheit vertreiben wird. Und zwar nicht auf magische Weise, indem irgendein Held vom Himmel fällt, sondern immer dann, wenn wir Menschen befreien, Unterdrückung abschaffen, Hungrigen zu essen geben, Obdachlose bei uns aufnehmen. Wenn wir helfen, wo wir können und unsere Augen nicht vor den Nöten unserer Mitmenschen verschließen.

> *Ich wünsche mir so viel Himmel auf Erden wie nur irgendwie möglich.*

Dann wird mein Licht eure Dunkelheit vertreiben wie die Morgensonne, und in kurzer Zeit sind eure Wunden geheilt. Eure barmherzigen Taten gehen vor euch her, meine Macht und Herrlichkeit beschließt euren Zug. [...] Mein Wort gilt! (vgl. Jesaja 58)

Und wann ist mal Schluss?

Und damit werden wir nicht so schnell fertig.

Denn dieses Herausspazieren hört nicht auf.

Petrus war nass, aber glücklich, und genau das hat ihm Mut gemacht, sich immer wieder auf neue Abenteuer einzulassen. Wie zum Beispiel, als er Kornelius begegnete…

Es wird immer wieder neue Herausforderungen geben und ich will mich nicht auf dem ausruhen, was bisher passiert ist.

Das geht so schnell und das ist so gefährlich. Da hat man ein Buch geschrieben und liest die Geschichten immer wieder und freut sich. Da hat man eine Homepage und schöne Flyer und meint, dass es läuft.

Da hat man schöne Räume und plötzlich kosten die einfach nur noch Geld, Kraft und Energie.

Aber werden sie jetzt gerade noch gebraucht? Machen sie jetzt Sinn?

Wir haben hier in Magdeburg ein Kulturkollektiv gegründet. 100 m² als Proberaum und für Workshops, aber auch als Büro, Veranstaltungsort oder für Mitarbeitergespräche. Wir haben mit vielen Leuten ganz viel Liebe und Herzblut hineingesteckt und wir lieben diesen Raum.

Wir freuen uns über jede Veranstaltung hier, ob es um Theater, ein Tippkickturnier oder ein Konzert geht.

Aber wir wollen auch offen sein, wenn etwas Neues dran ist. Offen sein, falls er zu klein oder zu groß werden sollte.

Es sollte uns zumindest innehalten und stark hinterfragen lassen, wenn wir in 20 Jahren immer noch die gleichen Veranstaltungen in dem gleichen Raum machen würden.

Es geht immer wieder raus, es geht immer weiter.

Wir dürfen weiterlernen und wir dürfen uns darauf freuen, mit jedem Menschen, den wir kennenlernen, Gott ein Stück mehr zu entdecken.

Hängt nicht wehmütig diesen Wundern nach! Bleibt nicht bei der Vergangenheit stehen! Schaut nach vorne, denn ich will etwas Neues

tun! Es hat schon begonnen, habt ihr es noch nicht gemerkt?
(Jesaja 43,18f)

Das Ende der Geschichte

Wir wären dann jetzt also am Ende dieses Buches angelangt. Vielleicht haben Sie das ganze Buch durchgelesen, vielleicht aber einfach nur schnell die letzte Seite aufgeschlagen, um das Ende der Geschichte herauszufinden.

Nun, wie auch immer Sie hier hinten angekommen sind, wenn sie das Ende suchen, muss ich Sie enttäuschen: Es gibt kein Ende der Geschichte. Die Geschichte fängt genau jetzt an.

Es gibt kein Ende der Geschichte.

Ihre Geschichte.

Schlagen Sie dieses Buch zu. Packen Sie es zur Seite, oder verschenken Sie es. Oder verticken Sie es bei Ebay. Oder geben Sie es mir zurück. Und dann stehen Sie auf und spazieren heraus.

Heraus in diese wunderschöne, verrückte, erwartungsvolle Welt.

Hin zu den Menschen, die Sie beim Lesen dieses Buches immer wieder vor Augen hatten. Verbreiten Sie Hoffnung und machen Sie ihre Stadt zu einem Ort, an dem es leichter ist, gut zu sein.

Sie brauchen keine Angst zu haben.

Schauen Sie, was passiert.

Lassen Sie sich überraschen.

Von den Menschen. Von sich selbst. Von Gott.

Und sollten Sie voller Herzklopfen zu einem Ort schleichen, an dem Sie nichts verloren haben, dann beten Sie vielleicht wie ich: „Bitte, Gott, mach, dass niemand da ist."

Vielleicht haben Sie ja Erfolg.

DIE KLEINE FACKEL

Es war einmal eine kleine Fackel.

Diese kleine Fackel hatte große Träume:

Sie wollte gerne etwas Besonderes sein,

groß sein,

hell strahlen!

Aber in Wirklichkeit

war sie nur eine einfache kleine Fackel.

Um sie herum war es immerzu dunkel und es roch muffig.

Ganz selten

kam mal jemand vorbei, ging aber rasch weiter.

Nie blieb jemand stehen.

Nie bewunderte sie jemand.

Nie dankte ihr jemand.

Es war, als sei sie überhaupt nicht da.

Als ginge es nur darum, möglichst schnell weg von ihr zu kommen.

Doch eines Tages kam eine gute Fee und verkündete ihr, sie habe einen Wunsch frei.

Die kleine Fackel zögerte nicht lange:

„Ich wünsche mir, eine große, elegante Fackel zu sein. Ich möchte im Thronsaal des Königs leuchten, direkt am Eingang!"

Und schwuppdiwupp verzauberte die gute Fee die kleine Fackel in eine große, elegante Fackel im Thronsaal des Königs.

Wie glücklich und stolz war sie da!

Um sie herum erstrahlte alles in wunderbarer Pracht und Schönheit.

Endlich.

Sie war etwas Besonderes! Sie gehörte zu etwas Großem.

Und dann kam der große Moment: Die Prinzessin wurde im Thronsaal erwartet!

Die kleine große Fackel freute sich – endlich konnte sie für die Königstochter persönlich leuchten.

Ganz in ihrer Nähe. Sie den ganzen Abend bewundern und sie ihn ihrem Licht noch schöner aussehen lassen.

Die Tür öffnete sich und herein kam die Prinzessin:

Aber wie sah sie aus!

Ganz dreckig war sie, das Kleid verschmutzt und an der Stirn blutete sie sogar!

Die kleine Fackel erschrak: Was war passiert?

Da hörte sie die Prinzessin sagen: „Auf dem Rückweg vom Stall bin ich durch das Kellergewölbe gegangen, als es plötzlich dunkel wurde.

Ich bin gestolpert und habe mir den Kopf gestoßen.

Jemand muss die kleine Fackel weggenommen haben,

dabei war sie die Einzige, die mir dort unten den Weg erleuchtet hat."

Bettina Becker

DANKE

Das ist jetzt ein schöner Part! Es gibt so viele Menschen, bei denen ich mich bedanken möchte. Menschen, dir mir Gutes getan haben, an mich geglaubt haben, mich herausgefordert, hinterfragt und kritisiert haben. Das ist ein riesiges Geschenk und ein Privileg! Ihr beschenkt mich alle so reich und ohne euch wäre dieses Buch nie entstanden, denn ihr seid ein Teil davon. Danke!

Ein paar möchte ich aber trotzdem mit Namen erwähnen:

Simon, mein bester Freund und Ehemann, ich danke dir! Viele dieser Geschichten sind unsere Geschichten. Über die Fragen schreibst du die Lieder und ich das Buch. Danke, dass wir am Horizont nicht stehen bleiben. Danke, dass du mir Mut machst, mich herausforderst und mich liebst, wenn ich stark bin und wenn ich schwach bin und wenn ich irgendwo dazwischen bin. Ich liebe dich!

Ich danke meinen wundervollen Kindern: **Moritz, Pit und Tilda** – ihr seid großartig! Von euch kann ich so viel lernen! Ich liebe euch!

Ein riesiger Dank geht an **meine Eltern – Walter und Sigrid Böddener.** Ihr seid zwei wirkliche Vorbilder für mich! So entspannt und deutlich wie ihr euren Glauben lebt und gelebt habt! Bevor sich irgendjemand das Wort missional überhaupt ausgedacht hat, habt ihr es in die Tat umgesetzt!

Danke, **Petra Siemens**, du weise Frau! All die Fragen, Höhen und Tiefen, die wir während unserer Fahrten durch den Westerwald von Wohnwagen zu Wohnwagen und auch in den letzten Jahren hier in Magdeburg gemeinsam gewälzt, diskutiert und gefeiert haben, haben mich so bereichert. Dass du meine Freundin bist, ist ein riesiges Geschenk!

Sunrise e.V. – Holger und Georgia Mix, Franzi Schmitt, Dani Harter und Micha Baldauf! Danke, ihr verrückten Freunde. Das war eine wirklich schöne, unüberschaubare und, wie sich gezeigt hat, sehr sinnvolle Idee, an diesem schönen Abend doch einfach einen Verein zu gründen.

Ich danke allen, die sich irgendwie zum **Schwarm von Sunrise e. V. Magdeburg und vom Kulturkollektiv** zählen – ob durch Mitarbeit, Sympathie, Spenden, Gebet, Mutmachen, Putzen. Danke für eure Kreativität, eure Vielfalt und eure Unterschiedlichkeit. Es macht Spaß mit euch. Ihr tut Magdeburg gut.

Besonders Danke allen Mitarbeiterinnen und Mitarbeitern von **Kindertheater:** Mailin, Hanna, Lydia, Sonja, Anne, Malú, Laura, Markus, Simon, Ann-Kathrin, Matty und Judith! Ihr seid brillant!

Danke auch an euch alle vom **Improvisationstheater Tapetenwechsel:** Simon, Karsten, Flo, Vivien, Jenny, Christiane, Robert – mit euch wird es nie langweilig! Es hat doch alles Sinn gemacht ;-)

Es gibt so viele Menschen, die meinen Weg gekreuzt haben und mich begleitet haben, Vorbilder für mich sind und mir Mut machen, weiterzugehen. Ganz besonders gehört ihr dazu:

Danke **Torsten Hebel** – du hast immer an mich geglaubt und mich ermutigt, noch drei Schritte weiterzugehen. Danke **Monika Deitenbeck-Goseberg,** deinen ersten Satz in Lüdenscheid zu mir werde ich nie vergessen (auch wenn du dich vermutlich nicht mehr daran erinnern kannst). Danke **Elena Lill,** du stellst einfach die richtigen Fragen. Und Danke, **Jens Stangenberg** (du wunderst dich jetzt sicher ;-)) für deine inspirierenden Predigten – schön, dass sich Intelligenz und Theologie nicht ausschließen müssen. Vielleicht treffen wir uns ja doch bald mal!

Theologisches Seminar Rheinland: Danke euch allen, Dozenten und Dozentinnen und Mitarbeitern und Mitarbeiterinnen, ihr habt mir so viele Möglichkeiten gegeben, mich auszuprobieren und meine Begabungen und Leidenschaften zu entdecken.

Und danke natürlich an den SCM-Verlag, besonders an **Silke Gabrisch** und an meine Lektorin **Heike Hütter,** dass dieses Buch überhaupt erscheinen darf und dass es so ist, wie es ist.

ANMERKUNGEN

1. Solowodi: www.solwodi.de/Alabasterjar: www.alabasterjar.de (beide zuletzt geladen am 06.06.2016.)
2. Vgl. Johannes 2,14 ff.
3. Wer mehr über den aktuellen Stand erfahren will: www.sunrise-online.de, oder konkret für Magdeburg: www.sunrise-magdeburg.de. Dort steht auch einiges zur Entstehung des Namens. (Zuletzt aufgerufen am 30.04.2016).
4. Martin Buber: Ich und Du. 10. Auflage, Verlag Lambert Schneider, 1979.
5. Tobias Faix: Martin Hofmann: Tobias Künkler: Warum ich nicht mehr glaube. SCM R.Brockhaus, 2014.
6. So krass sich dieser Name auch vielleicht anhört, ist „der Knast" tatsächlich für viele Kinder und Jugendliche in Magdeburg-Neustadt wie ein zweites Zuhause geworden. Und ich habe riesigen Respekt vor der Arbeit, die die Leiterin und die Mitarbeitenden dort tun.
7. © 1994 cap!-music.
8. Zumindest mit einem kurzzeitigen Happy End. Irgendwann später ist Lazarus natürlich doch gestorben, das darf man auch nicht vergessen.
9. Gunter Lösel: Das Spiel mit dem Chaos. Zur Performativität des Improtheaters. Transkript Verlag, 2013, S. 55.
10. Viola Spolin: Improvisationstechniken für Pädagogik, Theater & Therapie, Junfermann, 1997, S. 18.
11. www.tapetenwechseltheater.de. Falls sie in der Nähe von Magdeburg sind, ansonsten einfach mal Improvisationstheater in ihrer Stadt googeln.
12. Zitiert nach: Maier, Gerhard, Edition C. Lukas-Evangelium 1. Teil, SCM Hänssler, 2013, S. 341 f.
13. Einen aktuellen Überblick findet man unter www.sunrise-magdeburg.de. (Zuletzt geladen am 06.06.2016.)
14. Zugegeben, es gibt auch Abende, an denen wir uns alle mies gefühlt haben und das zu Recht ... wie zum Beispiel bei dem legendären Auftritt bei der feucht-fröhlichen Weihnachtsfeier einer Alte-Herren-Fußballmannschaft. Das hätten wir uns aber schon bei der Begrüßung durch den 1. Vorsitzenden denken können: „Die verstehen das nicht, aber Kultur tut denen auch gut." Ja. Danke.
15. Das ist übrigens ein Grund, warum wir einen Verein gegründet haben, der sich aus Spenden finanziert, da wir überzeugt sind, dass der Erfolg unserer Arbeit nicht von der Teilnehmerzahl abhängig sein darf!
16. Ups ... Diesen Absatz hab ich vor zwei Wochen geschrieben. Dummerweise gab es da ein paar doofe Vorfälle, die uns überlegen lassen, ob die Gruppe so weiter tragbar ist ... Vielleicht sieht es aber in zwei Wochen schon wieder anders aus. Also, bevor Sie irgendetwas aus dem Buch zu sehr in Stein meißeln, fragen Sie lieber nach, ob das grad noch aktuell ist. Ist halt sehr lebendig hier ...
17. Sie meinte damit sämtliche Streetworker, christliche Jugendmitarbeiter, Therapeutinnen und Sozialarbeiter, mit denen sie schon zu tun hatte.

[18] Jasper Juul: Agression. Warum sie für uns und unsere Kinder notwendig ist, Fischer, 2014, S. 37 f.

[19] N.T. Wright: Von Hoffnung überrascht. Neukirchener Aussaat, 2016, S. 87.

[20] Wer diesen Gedanken weiterverfolgen möchte, sollte sich die sehr inspirierenden Vorträge von Jens Stangenberg anhören: https://www.zellgemeindebremen.de/predigt/vom-garten-die-stadt-homosexualitaet.

[21] https://www.ndr.de/fernsehen/sendungen/der_tatortreiniger/Der-Tatortreiniger-Anbieterwechsel,sendung454292.html. (Zuletzt geladen am 06.06.2016.) Oder DVD „Der Tatoreiniger 5", Folge 22, Anbieterwechsel, 25,35-57, NDR fernsehen

[22] Jens Stangenberg: Tanz auf der Fontäne, c&P Verlagsgesellschaft mbH, 2009, S. 74.

[23] Gunter Lösel: Das Spiel mit dem Chaos. Zur Performativität des Improtheaters. Transkript Verlag, 2013, S. 44.

[24] Diesen Ausdruck habe ich von Barbara Maria-Kitzmüller geklaut, die in den Slums auf den Philippinen mit Straßenkindern gearbeitet hat. Danke, Babse!

[25] Ich weiß, dass das jetzt größere Diskussionen auslösen könnte, deswegen verweise ich sehr gerne auf zwei Bücher, die sich meiner Meinung nach sehr gut und intensiv mit dem Thema auseinandergesetzt haben: Neben N.T. Wright: Von Hoffnung überrascht. Neukirchener Aussaat, 2016, auch Timothy Keller: Warum Gott? Vernünftiger Glaube oder Irrlicht der Menschheit? Brunnen Verlag, Gießen, 2016.

[26] Zitiert nach Timothy Keller: Warum Gott. Vernünftiger Glaube oder Irrlicht der Menschheit. Brunnen Verlag, Gießen, S. 251.

[27] Danke, Jens Stangenberg, für diesen schönen Vergleich.

[28] Ich habe diese Folge schon an anderer Stelle erwähnt! https://www.ndr.de/fernsehen/sendungen/der_tatortreiniger/Der-Tatortreiniger-Anbieterwechsel, sendung454292.html. Lohnt sich anzuschauen!!!

[29] Wie ein Vater, der wegen seines kranken Kindes zu Jesus geht, nachzulesen in Matthäus 9.

[30] 1. Samuel 16,7.

[31] http://www.ohnegottistallessinnlos.de/blog/2013/01/am-31-januar-1892-vor-121-jah-ren-ging-charles/. (Zuletzt geladen am 06.06.2016.)

[32] Shaine Claiborne: Ich muss verrückt sein, so zu leben. Brunnenverlag, Gießen, S. 147 f. Er spielt hier auf Matthäus 25 an.

[33] http://www.zeit.de/2010/39/IG-Hilfe. (Zuletzt geladen am 06.06.2016.)

[34] Dr. Viktor Frankl im Ghetto in Theresienstadt. http://www.viktorfrankl.at/Dr. Viktor Frankl im Ghetto in Theresienstadt. Auch sehr lesenswert von ihm ist sein Buch: Trotzdem Ja zum Leben sagen. Ein Psychologe überlebt das Konzentrationslager. Kösel-Verlag, [28]2007.

[35] Besonders sympathisch bei N.T. Wright finde ich sein Schreiben über die zukünftigen Dinge und die Unsicherheit, die oft mit der Diskussion über die Hölle einhergeht: „Das Letzte, was ich möchte, ist, dass irgendjemand annimmt, ich (oder sonst jemand) wisse viel zu diesem Thema zu sagen." N.T. Wright, Von Hoffnung überrascht. Neukirchener Aussaat, 2016, S. 197.

36 http://www.der-postillon.com/2015/12/um-sich-von-csu-zu-distanzieren-jesus.html. (Zuletzt geladen am 06.06.2016.)

37 Rahmenbedingungen für die Geschichte in Apostelgeschichte 1,10 f.

38 Dieser Text wird häufig Nelson Mandela zugeschrieben, aber vermutlich hat er ihn lediglich in einer seiner Reden zitiert. Im Original stammt er wohl von der amerikanischen Autorin Marianne Willamson und steht in ihrem Buch „Rückkehr zur Liebe", Goldmann Verlag. Siehe dazu https://kraftwort.wordpress.com/2010/03/04/nelson-mandela-unsere-tiefste-angst/. (Zuletzt geladen am 06.06.2016.)

39 Ja, ja, die Unterscheidung Paradies/neue Welt habe ich vorne schon angedeutet, aber so spitzfindig wollte sie in diesem Moment nicht sein.

40 Dieses Zitat wird auch noch anderen zugeschrieben, aber als gebürtige Sauerländerin lasse ich es gerne bei dem Pfarrer aus Lüdenscheid, dem ich leider selber nie begegnet bin. Dafür aber seiner Tochter Monika Deitenbeck-Goseberg… Und es lohnt sich, diese Frau kennenzulernen!

41 Zu diesem Thema wurden viele gute Bücher geschrieben, zum Beispiel: Birgit Schilling: Berufung finden und leben. SCM R.Brockhaus, 2013.

42 Caro, das ist jetzt für dich :-).

43 Ein ausgezeichnetes Buch zu dem Thema ist: Susanne Garsoffky/Britta Sembach: Die Alles ist möglich-Lüge. Wieso Familie und Beruf nicht zu vereinbaren sind. Pantheon Verlag, 2014.

44 Hier nachzuhören: http://worthaus.org/mediathek/die-schwule-frage-die-bibel-die-christen-und-das-homosexuelle-5-1-1/.

45 https://www.youtube.com/watch?v=f7XhrXUoD6U. (Zuletzt geladen am 06.06.2016.)

46 http://www.cecu.de/armutsgrenze.html. (Zuletzt geladen am 06.06.2016.)

47 http://www.sunrise-magdeburg.de/projekte/obdimahl/. (Zuletzt geladen am 06.06.2016.)

48 2. Korinther 12,9.

49 Jesaja 40,31.

50 Hans-Joachim Eckstein: Ich habe meine Mitte in dir. SCM Hänssler, S. 66.

51 Vom Album „Egal wohin das führt". © 2013, geschrieben im Flugzeug nach Costa Rica. www.sim-becker.de.

52 Vgl. Jeremia 1,7ff.

53 Rosa Loui: Vierzg Gedicht ir bärner umgangssprach, Luchterhand 1967; auch in: wo chiemte mer hi? gedicht und schtückli ir bärner umgangssprach. Zitiert nach: https://de.wikiquote.org/wiki/Kurt_Marti.

54 Gunter Lösel: Spiel mit dem Chaos. S. 115.

55 Die Urheberschaft dieses Textes ist nicht klar, er wird verschiedenen Personen zugesprochen.

56 Dieses Thema begeistert mich schon lange so sehr, dass ich mal ein Buch dazu geschrieben habe: „Nicht perfekt, aber brillant. Warum Frauen mit Ecken und Kanten erst richtig strahlen". Gerth Medien, 2008.

Sunrise e.V. Magdeburg